本书还得到教育部人文社会科学重点研究基地基金、吉林大学“985工程”哲学社会科学创新基地资助

吉林大学哲学社会科学学术文库

中国经济发展中的财政分权体制改革研究

Fiscal Decentralization
in China's Economic Development

邵学峰 张在茂◎著

社会科学文献出版社
SOCIAL SCIENCES ACADEMIC PRESS (CHINA)

摘　要

这是一部对中国经济发展过程中财政体制进行研究的著作，侧重于20世纪90年代分税制财政管理改革以来的有关内容。在此阶段，中央、省级以下地方政府进行财政分权体制改革，取得了较为理想的政策性效果。财政分权体制改革作为经济发展的内生性变量，在提高公共产品和服务的供给效率方面成绩显著。

但是，现阶段的财政分权体制改革已经无法满足经济发展的需要。从改革的进度看，财政分权体制改革滞后于经济高速增长，导致中央与地方、地方与地方之间诸多发展不均衡。从改革的绩效看，财政分权体制具有多重激励，不仅要关注于效率，还要关注于公平，尤其是财权和事权不匹配导致的利益选择；不仅要有利于保持稳定、持续的经济增长，还要面对地方政府诸多自利性行为导致的社会经济矛盾，现有财政体制在上述方面差强人意。

客观评价中国的财政分权体制改革，成功经验与失败教训并存。当前亟待正视的事实在于，一方面，财政分权体制改革在关注效率的同时忽视了公平，追求高增长付出高成本，经济增长中福利短缺和分配机制出现“短板”；另一方面，各级政府激励有余而监管不足，尤其是个别地方官员为了实现个人晋升，利用财政权力为政治晋升做铺垫，甚至产生了贪腐、寻租等社会性问题。

本书从学术视角就这一主题做一些研究。

Abstract

This book studies some issues on fiscal decentralization in the process of China's economic development, focus on public finance management since the tax – sharing reform in the 1990s. At this stage, the central and local governments below the provincial obtained ideal policy effects on fiscal decentralization reform. As one of the endogenous variable of economic development, the fiscal decentralization is successful relatively in improving efficiency supply public goods and service.

However, the reform of fiscal decentralization in China has been unable to meet the needs of economic development at this stage. From the progress of the reform, fiscal decentralization lags behind the rapid economic growth, leads to many uneven development objective facts between the central and local governments. From the performance of the reform, fiscal decentralization has multiple incentive not only focus on efficiency, also concern on allocation fairness, especially on interest selection in the case of the financial income and responsibility does net match, not only remain stable and sustainable economic growth, but also face the social and economic contradictions by many local – self – interesting behavior, in the above aspects, the existing fiscal decentralization policies are barely satisfactory.

It is objective evaluation that success and lessons coexist in China's fiscal decentralization reform. The urgent need to face show that on the one hand, fiscal decentralization reform ignore allocation fairness while focus on efficiency in China, high cost while pursuit of growth, welfare and allocation institutions shortage while keep economic growth. On the other hand, there are too more incentives but less supervision of central and local government, especially, in order to achieve personal promotion, some local officials pave the way for themselves by public finance which even led to corruption, rent – seeking and other social issues.

This book shows some work we did on the subject from the perspective of academic research. It just only touched tentacles of the related content on which our point of view or policy proposal. The slight contribution we do hope is that scholar would have possible inspiration or gratified smile occasionally after read it.

目录
CONTENTS

第三篇 分析与研判

第四篇 发展与完善

目录
CONTENTS

导 论

一 我们的立意

政府职能得以实现不仅仅体现一般性的公共产品供给，而更主要在于如何有效率地满足区别于地区、偏好以及其他方面的一般性的差异性需求。随着经济社会的发展，新古典经济学强调的单一中央政府可以在资源禀赋既定前提下实现公共产品供给和社会福利最大化的观点已经愈发显得形单影孤。按照公共产品和服务的供给层次实行政府间分权管理模式，可以有助于提高公共产品和服务的效率水平，实现资源有效配置。在此背景下，政府间的财政分权（fiscal decentralization）作为不同经济发展水平国家或地区热衷讨论的议题，试图寻找“各级政府的作用及其相互联系的方式方法”（Oates，1999），以体现不同层级政府提供公共产品所追求的效率标准和社会福利标准。与此同时，在公共政策演变过程中，政治利益从来都是经济制度的影子，作为“经纪人”的各级政府以财政分权为道具，在经济发展中扮演了既相同也不同的角色。政府间财政分权不仅仅是经济利益得以实现的诱因，还是公共选择的必然结果。由于不同国家的财政分权可能面临经济环境、政治体制、民主程度等方面的制约因素，财政分权的表现形式会呈现差异。

经济发展是一个多方面的变化过程，不仅意味着经济增长，还包括不平等和贫困的减少甚至消除，同时也体现了社会结构、国家制度以及大众心态的改变（毕世杰、马春文，1999），其内涵可以抽象地概括为效率与公平的协调与均衡。分权化改革的表象在于中央与地方分割权力以实现公共产品和服务的有效供给，其根本在于推动地区经济发展中市场主体的利益调整与和谐。财政分权与地区经济发展的研究议题正在逐渐成为政府与市场相互契合的反馈。值得关注的是，财政分权是否促进经济增长并没有一个统一的结论；同时，对分权化改革究竟能否平抑地区间或者地区内部分配差异的研究也没有达成共识。特别是随着经济转型中的财政分权成为一个热议话题以来，经典文献中包括“软约束（Constraint Soft Budget）”为代表的描述地方政府的政策激励与选择的相关内容更加凸显了对财政分权深入研究的必要性。伴随着包括中国在内的经济转型国家财政分权体制构建，这种研究也逐渐具体化。然而，以往的文献大多对财政分权促进不同层面公共产品配置效率进行分析，而忽视了财政分权政策缩小区域差距、促进分配公平的相关内容，对实施财政分权体制以来的政策实施效果以及绩效考察更是鲜有研究成果，而这些都是构建和谐社会、实现经济社会更快更好发展的重要组成部分和前提条件，对它的研究具有十分重要的理论和现实意义。基于以上考虑，本书在已有文献和国外经验的基础上，对中国财政分权体制改革的理论内容、基本状况、可供总结的利弊得失以及模式选择等方面进行系统研究。

二　研究现状和主要文献回顾

财政分权被视为促进地方政府间竞争、提高公共产品供给效率和实现经济增长的有效机制。Tiebout（1956），Musgrave（1939），Oates（1969，1972）等关于财政分权理论的研究对财政分权的存在理由、必然性及财政工具的效率条件进行了系统分析，大多从效率角度分析了地方政府在公共产品提供方面发挥的资源配置作用，其核心观点在于将资源配置权力向地方政府倾斜，可以更加便利和直接地反映纳税人偏好。上述观点也对古典经济学关于政府功能和政府间权利分配内容作了进一步补充。有学者认为可以把这一阶段的相关研究称为第一代财政分权理论。与此相对应，第二代财政分权理论以 Qian Yingyi 和 Gerard Roland（1998），Ricard W. Tresch（1981）等为代表，阐述了财政分权和预算“软约束”的基本观点，将政府与企业的联系引入了理论体系，并认为财政分权有助于政府对市场的补充和维护，但要达到这种效果，联邦主义政策的实行必须是可持续的，这种可持续性的产生需要政府通过自我强制机制予以保证。

财政分权在地方经济发展过程中是否可以提高效率和促进公平，学术界存在着相当大的争论。一方面，在财政分权与经济增长的关联度方面颇有争议。在福利经济学的框架内考虑，问题就是集中制还是分权制更有可能使社会福利最大化（Rosen，2005）。联邦制是一种切实可行的制度，允许地方社会自行决策，很可能会增进地方公用品提供的效率。Shah 和 Qureshi（1994）；林毅夫、刘志强（2000）；Jin Hehui，Qian Yingyi，Weingast Barry（2005）；史宇鹏、周黎安（2007）等的研究得出了相同的结论。与此相反，Zhang，T. and Zou，H.（1998）的研究发现财政分权不支持地区经济增长。周黎安（2004）；M. Keen 和 M. Marchand（1997）；陈抗、Hillman、顾清扬（2002）等的研究也得出了相似结论。还有一种观点认为，财政分权导致政府对经济增长的影响在公共产品供给结构、时间、地区甚至行业类型等方面存在着差异。张晏、龚六堂（2004，2005）；王文剑、覃成林（2008）等的研究得到了相同的结论。另一方面，财政分权是否在平抑地区差异上发挥作用也没有得到一致的意见。支持这种观点的认为，财政分权在促进分配公平上发挥了积极的作用。沈坤荣、付文林（2005）；杨汝岱、朱诗娥（2007）等的研究支持这种观点。而反对这种观点的研究结论也颇为丰富，如 Oates（1993）；C. V. Brown，P. M. Jackson（2000）；斯蒂芬·贝利（2006）；Olson（2000）等。

中国的财政分权管理体制不仅体现了上述事实，还具有鲜明特色。以 Lin 和 Liu（2000）；Qian 和 Gerard Roland（1998）；傅勇、张晏（2007）；平新乔（2007）；姚洋、杨雷（2003）等为代表。综合其观点，有的认为财政分权提高了省级人均 GDP 的增长率，有利于促进地方政府竞争，也会给地方政府的预算“软约束”增加机会成本限制；有的认为中国式分权推动中国经济增长的同时，在支出结构上也造就了“重基本建设、轻人力资本投资和公共服务”的扭曲成本；有的认为中央与地方财政关系的“再集权化”措施并未改变财政分权的基本格局，地方政府一味强调“事权与财政不对称”已经超越了客观可行性；有的认为中国的财政分权是在一个制度供给失衡的环境中进行的；等等。虽然学者对财政分权体制改革进行了针对性研究，但大多是从某一个侧面进行分析而缺少系统性，而且以地方经济实现均衡发展为目标构建财政分权体制的研究尚不多见。

三　本书的篇章结构

除序言和结论之外，本书包括 4 篇 10 章的内容。各篇章的主要内容如下：

第一篇为理论与比较。首先，对财政分权体制改革的国内外重要文献进行回顾和梳理，按照传统财政分权理论溯源，对财政分权理论研究进行拓展与深化，对财政分权与地方经济发展的逻辑进行归纳和分析。其次，借鉴主要发达国家的经验和教训，重点分析美国、德国、日本三个主要国家在实施财政分权过程中的经济发展状况，进而分析发达国家的经验与启示。

第二篇为事实与检验。首先，分析中国财政分权体制改革的发展与演进，按照计划经济下财政管理体制、渐进式分权与财政管理体制转变、财政分权体制改革的内生逻辑进行分析。其次，对中国目前各省级行政单位财政分权与经济发展进行面板数据的分析，从数据上分析分权化改革以来的效率与公平，探讨中国经济增长、分配差异与财政收支的特征化事实，从而解读财政分权对县（市）经济增长具有贡献的同时是否以扩大分配差距为代价以及这种差距程度如何。最后，以吉林省为样本省份，进一步分析财政分权与经济增长的关系，探讨财政分权改革后的地方政策偏好。

第三篇是分析与研判。首先，分析财政分权与分配差异的关系，提出对财政分权以来因患寡而不均的认识。其次，分析财政生态与地方政府行为，研究分权改革下的政府间经济利益与财政生态，探讨政府预算管理过程中面临的两难选择，探讨各利益主体之间的分配关系。最后，研究分权化改革对企业的经济影响，分析财政分权化改革下国有资产“流失的悲剧”和非经营性国有资产的主体缺位，研究财政分权体制改革所带来的负面激励及影响。

第四篇是发展与完善。首先，提出进一步完善财政分权体制改革的路径，面向构建和谐财政关系，在财政与各利益主体、财政制度和管理体制改革、相关配套机制上进行进一步调整。其次，提出后续研究的拓展。

最后是本书的结论。

四 逻辑和技术路线

本书的研究逻辑主要遵循以下路线：

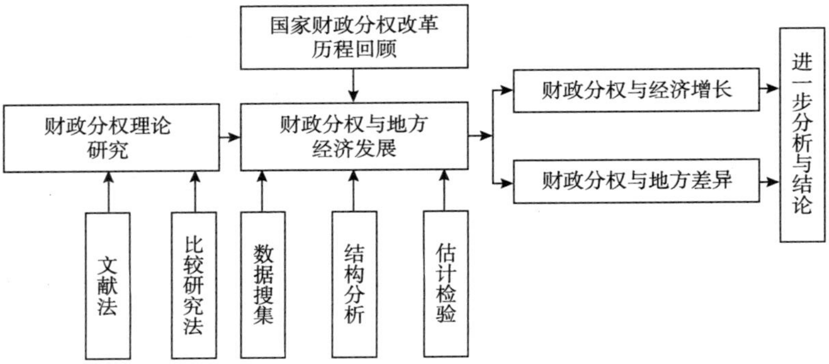

本书的研究目标在于系统分析财政分权在地方经济发展过程中的理论、比较、绩效评价及调整路径。首先，财政分权的根本在于解决经济发展中的效率与公平问题，二者的辩证统一关系需要在不断完善财政分权体制过程中逐渐得到体现。其次，财政转型的焦点在于优化资源配置和提高社会福利，需要建立财政分权绩效与政策选择相契合的激励机制。最后，针对财政分权现状以及所反映的问题，提出改进意见以及政策性建议。

本书坚持理论分析和实证分析相结合的研究方法。在理论分析基础上，研究分析现有财政分权绩效对增长地方经济和缩小地区差距、促进分配公平的实施效果，并对问题和影响因素进行梳理，提出具有理论性和实践意义的财政体制和制度创新的建议和意见。具体的分析方法可以概括为：针对实际问题建立数学模型，使模型与实际问题相融合；通过一定的数理推导和分析，力求使结论更加具有解释性、可操作性和通用性；通过理论分析阐述财政分权体制框架下不同利益群体政治经济选择和策略模式。

五 创新和不足

本书的创新主要体现在三个方面：第一，本书立足于已有文献和比较分析的基础上，力求从财政分权与地方经济发展的相关性这一角度进行研究，研究财政分权对地方经济的影响和作用机理。第二，本书的撰写要求用到大量数据，而地方政府和财政部门的数据也是十分庞大的，研究地方经济发展，需要收集与此相关的大量数据并通过实证分析得到推论，而收集这样的数据必然耗时耗力，具有挑战性，本书力求在这方面进行尝试。第三，本书试图在研究方法上进行创新，采用公共选择、制度经济学的有关理论来解释财政分权框架下多级政府关系以及财政政策所反映出来的深层次内容。

限于笔者的研究能力和水平，本书具有一定的局限性和不足。一是对财政分权进行研究的广度有待拓展，很多内容还需进一步展开，所研究的具体内容还应该更加宽泛一些；二是研究的深度有待挖掘，个别观点仅为研究期间的小结，还缺少针对性的具体分析，甚至有些观点还需要实证检验；三是研究资料尚需进一步补充和完善，以便更好地对该领域进行研究和分析。笔者就自认为相对前沿并且也比较感兴趣的后续研究内容在“研究拓展”中简要列出，有待在今后科研和实践工作中进一步完善和补充。

第一篇　理论与比较

第一章 文献与研究综述

在政府间对公共产品和服务实行的分权管理，可以有助于提高公共产品和服务的效率，实现资源优化配置，促进社会福利水平的提高。同时，在政府间财政分权管理过程中，由于政策选择的作用，这种管理体制也会导致不同的激励效果。本章作为全书的理论基础，系统阐述和分析了财政分权理论在经济发展中的演变逻辑和主要思想。

第一节　传统财政分权理论缘起

财政制度变迁和体制演变是国家发展战略在一定生产力前提下进行调整的内生变量，其转变不仅与特定条件相符合，还需要遵循历史经验和相对清晰的理论。Nelson and Winter（1982）认为，如果对传统理论的批评者被指责为没有正确认识到一个脉络清晰的理论结构的重要性以及没有正确领会到盛行的传统理论的伸缩性和包容性，那么，对传统的辩护者就被指责为试图否认现象的重要性以及过高地估计了用传统理论框架构造的模型包容现象的潜在能力。西方经济学理论对财政分权的研究大多以对公共产品的分析作为切入点，对政府责任与财政职能等做了经典论述[①]，为进一步分析政府间财政关系以及分权治理模式等提供了较为丰富的理论依据。

---

① 政府财政职能还包括配置效率、集权与分权、政府间财政关系、税收与支出、成本—收益以及转移支付等内容。

一 公共产品供给“市场解”：争论的出发点

在诸多经典文献中，一些学者针对公共产品供给进行了一系列研究，具有代表性的如 Musgrave（1939）和 Samuelson（1954）等都针对财政职能及其实现机制提出了各自的观点。Musgrave 在 Marco（1936）的研究基础上，提出了将“收入—支出过程”列入“高度复杂的问题”①。他认为，公共产品供给过程不存在类似于市场中自愿交换所产生的结果，公共产品的收入和支出的“两方面都可以发现自愿交换理论的反对者，因此证实了它的有限的意义”。Musgrave 没有对地方财政在公共产品供给效率方面给出明确答案，但是他从一个宏观的视角对财政职能进行了非常重要的概括，提出了政府职能通过资源配置、收入分配和经济稳定三个方面来贯彻。财政的存在，首先在于满足公共产品供给；其次在于实现社会分配公平；同时要促进经济稳定，奠定了现代财政职能的理论基础（Musgrave，1959）。Samuelson 基于新古典经济学的研究方法得出结论，认为由于偏好显示、社会选择以及公共产品管理三个问题的存在，在公共产品的支出水平上具有“分散自发的不可能性”，即公共产品供给不存在“市场解”②。

对公共产品供给体制和模式的研究至少应该回答两个问题：第一，政府财政在公共产品和服务中的作用和地位；第二，如何有效率地提供公共产品和服务。就第一个问题而言，福利经济学的基本框架给出了一个比较合理的解释。目前，较多的研究在市场力量与非市场力量的互补性上做出了比较好的回答，认为国家（政府）通过包括财政在内的公共政策，以适当方式干预市场经济行为，促进社会福利最大化；同时，在市场出现“失灵”时，通过适当政府政策予以必要的纠正。针对这一问题的系统分析虽然也是本书十分重要的理论逻辑基础，但是鉴于作者与目前已有文献的主

① Musgrave（1939）在“The Voluntary Exchange Theory of Public Economy”的开篇写道：“（DeMarco 的研究）忽略了公共经济的支出方面，在对这一问题（财政理论）的收入问题进行考察时过度强调了公平——没有将收入—支出过程列入经济理论的主要部分”。

② 在他看来，首先，在公共产品使用过程中，居民不会像购买私用品过程中显示出自己的偏好，往往存在着谎报偏好的动机；其次，不存在导致非专制性、可传递性、选择的独立性以及帕累托效率等同时实现的社会选择机制，导致单一财政公共产品供给低效率；最后，社区居民没有或者不完全具备选择合适的公共管理者而获取信息的积极性。

流观点意见相同，故不在此赘述。就第二个问题而言，笔者认为，Musgrave 和 Samuelson 等并没有对其做出比较好的回答。首先，现实社会对公共产品和服务的需求是多元化的，而鉴于信息不对称、交易成本等原因，单一政府的财政职能作为供给主体的效率是值得怀疑的。其次，公共产品供给是市场经济中优化资源配置的比较复杂的运行过程，一味通过"收入—支出"作为衡量财政制度效率的尺度同样会是简单化的理想模式。再次，财政在提供公共产品和服务过程中，由于政府财政的科层结构、公共产品和服务的供求双方等诸多参与者之间的利益关系，必然面临着对运行效率评价的困难以及一系列公共选择问题。最后，随着开放程度的不断深入，政府财政对公共产品的提供会产生实施效果的外溢，区域之间基于公共产品使用必然存在着资源配置的动态化不确定趋势。

在一个社会中，经济条件是由社会中的制度决定的，经济条件本身与制度变迁密切相关（Field，1979）。财政制度变迁及其管理体制随着经济条件的改变而不断变化，并随着经济条件的变化进一步解释经济发展。正如 Bromley（1985）所言，经济的制度结构决定了什么是有效率的。可见，财政体制作为经济发展过程中一个不可或缺的解释变量，以不同方式对其深入研究在相当长的时期内都具有现实意义。

二　蒂伯特[①]模型：理想假设下地方性公共产品供给

蒂伯特（Tiebout）分析了地方政府财政支出的合理性及其供给效率。他认为，在一定假设下，人们可以将地方公共产品和服务的供给看成类似于完全竞争市场上的产品供给，即如果社区间的竞争使各种不同的公共产品被提供出来，居民将通过用脚投票（迁徙）的方式显示他们对公共产品的偏好，导致一个有效率的结果。蒂伯特模型的提出，为财政联邦主义提供了一个较好的分析视角和思路，成为现代西方财政分权理论的标志。Fischel（2000）认为，蒂伯特"第一个证实，迁徙和地方政府有可能成为

① 在有些学术著作中，该名也翻译为"蒂布特"等。在本书撰写过程中，笔者参考了相关文献后，采用了由人民大学出版社出版的"经济学译丛"最新版本的译法。

解决与某种特殊公共产品有关的问题的手段”。

（一）蒂伯特模型及其假设条件

如前所述，蒂伯特模型提出之前，一些学者针对公共产品供给进行了一系列研究，得出结论在公共产品的支出水平上不存在基于自愿交换原则的“市场解”。蒂伯特模型分析了社区[①]间流动、自愿社区形成和公共产品有效提供之间的关系，认为“尽管他们的分析对联邦支出是适用的，但不适用于地方支出”（Tiebout，1956），如果考虑上述三个问题，则分权的经济效率可以得到比较好的提高，社区之间流动能力是提高地方公共产品供给效率的市场方法。

当然，蒂伯特模型建立在比较严格的假设前提基础上。虽然在蒂伯特的论述中没有对其进行明确的阐述，但是，众多学者对其结论进行了大量研究，试图寻找一组“精确的充分条件”。按照 Rosen（2005）等人的归纳，蒂伯特模型的假设前提至少包括：一是社区居民具有消费者和投票人的双重身份；二是政府活动不产生外部性，社会的溢出效应导致无效率；三是社区居民完全流动，每个人可以无成本地找到最适合的社区，就业和收入没有限制和影响；四是居民对社区内公共服务和税收具有完全信息；五是社区数量足够多，并且具有多样化的特征；六是公共服务的单位成本不随社会规模增加而发生变化；七是公共服务用比例财产税筹资，税率在社区间可以不同；八是社区可以颁布排他性区域规划法规。正是建立在上述假设前提下，蒂伯特得出的研究结论在于“如同私人领域经济的一般均衡解一样，如果偏好和资源禀赋既定，地方政府提供公共产品就是最优的，而且可解”。“这个解可能是不完美的，但这并没有降低它的重要性”。基于此，“地方政府代表了一个在公共产品的配置上（作为对居民偏好的反应）不逊于私用品的部门”。（Tiebout，1956）

---

① 西方财政分权理论对社区的理解，主要将其类似于一个俱乐部。在此范围内，人们聚在一起共享某种好处，同时共担由此导致的一系列成本，属于成本—收益对等的、以福利最大化为目标的自愿联合体。

（二）对蒂伯特模型的争论与研究拓展

大量的文献对蒂伯特模型提出的地方政府效率问题进行了讨论，也提出了不同的观点。一方面，支持的意见在承认该模型的理想化前提下肯定了其见解的独到性。如 Stiglitz（1983）认为只有在非常特殊和不合理的假设下，居民在社区间的选择过程才导致帕累托最优，该模型对选择在政治过程中的重要性的认识十分重要等。另一方面，一些学者对蒂伯特模型提出了质疑。Bewely（1982）认为如果没有更多的真实性，蒂伯特模型不会成为一般化理论，而只存在一种需要经验检验的可能性；Buchanan 和 Goetz（1972）认为，即使通过概念上的理想化形式进行解释，蒂伯特模型也因为忽视了两个导致无效率的特征而依然内在的存在无效率；Rosen（2005）从政策研究的角度认为，蒂伯特模型显然不能完全描述现实情况。

更多的学者则试图进一步修正蒂伯特模型。其中，Oates 的贡献是显著的[①]。Hamilton（1975）推进了蒂伯特模型和 Oates 的一系列研究，认为地方土地使用法规能够排除搭便车者，即通过分区法来防止看重公共产品价值的居民建造低于平均水平的住房。而 Fischel 在此基础上进一步讨论了“重新分区”和“过度分区”的问题，认为地方公共产品的质量和成本系统地影响了当地的住房价值，如果不进行分区或采取其他类似方式，在一个成功的城市内拥有一处住所的收益将很快被机会主义入侵者侵蚀掉，因此，重新分区和过度分区是没有效率的，需要进行合理的补偿。同时，还有一些学者试图将蒂伯特模型进一步扩展，Rubinfeld，Shapiro and Roberts（1987）在蒂伯特模型基础上对地方性学校的需求模式进行了研究；Rogowski（2000）则试图以蒂伯特模型对社区间竞争的解释路径，研究全球化背景下国家之间公共产品供给的竞争。

（三）蒂伯特模型的启示

传统的财政联邦主义理论是关于公共职能部门合理分配和不同层次的政府间资源优化配置的理论。蒂伯特首次提出了解决财政分权、地方政府

---

① 有关 Wallace Oates 的学术观点将专门剖析，见本章第一节（三）。

职能、搭便车、财政竞争的问题以及相互间的内在联系，在一定程度上拓展了 Musgrave 提出的财政职能，并进一步提出了政府间财政划分的基本内容。同时，蒂伯特模型描述性地分析了居民基于双重身份前提下的“进入”和“退出”问题，将公共选择与财政分权理论有机结合，对于进一步分析和研究政府间财政分权、地方政府行为以及国有企业激励体制等内容都具有一定的理论意义。虽然蒂伯特模型的假设条件过于理想化，但是，其“具有丰富的政策含义”的“伟大的见解”（Stiglitz，1983）在实证研究中不失为“对现实的一个良好的（理论）概括”（Rosen，2005）。

蒂伯特模型的提出，改变了学术界此前对公共产品提供的理解。在笔者看来，它的学术贡献主要体现在以下四个方面：首先，蒂伯特模型认为地方政府对地方性公共产品的供给效率可能比单一（中央）政府要高，从而进一步修正了新古典经济学关于公共产品供给体制的理论研究，丰富并拓展了这一研究领域的内容。其次，蒂伯特模型提出了地方政府在地方性公共产品供给过程中，可以通过社区之间的竞争，实现资源配置效率，从而得出了政府公共产品和服务也许并不是没有“市场解”的结论。再次，蒂伯特模型建立了传统财政分权理论的基本框架，揭示了财政分权体制改革理论与实践的研究路径和发展方向，提出了在其之后众多学者趋之若鹜并苦苦思索的一个问题——财政分权促进经济发展的效率研究。最后，蒂伯特模型隐含的一个结论在于，围绕地方性公共产品供给，存在来自于中央和地方财政、地方财政与管辖范围内企业①、区域（社区）之间甚至社区内居民（双重身份所有者）与当局等诸多方面基于政治或经济利益的多方博弈，也必然导致了分权化改革的财政绩效不仅体现在制度构建上，还需要关注制度的运行机制及其带来的结果。

---

① 社区内企业可以增加当地的税收、提高居民收入水平、吸纳劳动力人口等，而社区企业又可以依靠社区赋予的社会资源从事利润化经营。社区与其内部企业形成互惠的利益共同体；如果企业资本构成中存在社区或以社区投资人身份体现的大股东，这种联系则更加紧密（如乡镇企业）。

三 奥茨的财政分权理论与发展

奥茨（Oates）通过一系列的经验研究完善了蒂伯特模型，进一步分析了地方财政与公共产品的关系。值得研究的是，Oates对蒂伯特模型的完善是一个渐进过程，对模型的理解和假设条件也存在着保留意见，甚至在很多方面进一步修正了原有的前提假设。

（一）对需求方的研究与奥茨分权定理

Oates（1969）以税收资本化对地方公共产品的影响为视角，通过地方公共预算对社区内财产价值的影响进行经验研究，发现以财产税为代表的地方税和公共产品的质量差异反映在居民的住房价值中。在选择地方居住时，潜在居民确实会对地方公共产品进行衡量。在Oates的研究中应用了横截面研究，为了避免可能出现的联立方程偏差，运用了两阶段最小二乘法。研究结果表明，地方财产价值与实际税率之间表现出显著的负相关，而与社区公立学校学生的平均支出之间表现出显著的正相关[①]。Oates在对蒂伯特模型稍做修正后认为，理性消费者在选择社区居住时，将对地方性公共产品所带来的收益与其成本（支付的税收）进行比较。如果社区公共产品的质量较高，居民存在支付递增预期。可见，Oates对蒂伯特模型的财政需求予以支持，认为分权化的地方财政责任（更好的公共产品服务）有助于达成蒂伯特提出“以足投票”（居民进入）的选择。在此之后，Oates对政府间财政支出效率的研究夯实了这一结论。其“分权定理”认为，与中央政府相比，地方政府更接近居民，更了解其所管辖区选民的效用与需求。对某种公共产品而言，如果对其消费涉及全部地域的所有人口的子集，并且公共产品单位供给成本在中央和地方之间无差异，那么，由地方财政向各自选民提供“任何特定的且一致的产出量”会实现帕累托优化，即在政府间，财政权力和责任向地方政府转移有助于提高效率（Oates，1972）。

---

① Oates，Wallace E.，“The Effects of Property Taxes and Local Public Spending on Property Values：An Empirical Study of Tax Capitalization and the Tiebout Hypothesis.” The Journal of Political Economy，Vol. 77（1969）：p27.

（二）制度供给与地方公共选择

Oates（1972）认为，“尽管蒂伯特模型得出了容易让人接受的结论”，但是，“这个纯模型包括的一组假设一点也不接近现实”；同时，“它对消费者行为的本质和制度结构所提出的要求很难让人接受”。仅仅从需求一方研究居民的选择，由于存在着太多差异性而导致“精确地反映地方服务的边际成本是不明确的”，需要加入对供给方——政府部门的研究。Oates认为，当用一个完全的经济效率标准衡量时，地方财政部门具有某种“非完美性”，但不应该对所有这些（地方政府的非完美性）做出过度反应，更不应该“全盘否定”。社区中单个家庭在消费地方政府提供的公共产品上有一定的判断力，而地方政府也的确有一些“改进效率的重要特征”，因此，财政制度从集权向分权的转变，能提高经济的长期增长率和社会总体福利水平（Oates，1993）。可见，Oates和蒂伯特都关注财政分权带来的“竞争性”促进了社会资源配置的优化。一方面，鼓励居民充分表露自身的消费者偏好；另一方面，也对地方政府部门、官僚施加了（财政）压力，促使他们“寻找节约成本的合理生产技术”，限制（而不是彻底消除）“地方官员谋求私利的潜在行为”。也就是说，财政向地方分权强化了地方政府的竞争机制，可以迫使政府官员的财政决策更好地反映纳税人（居民或选民）偏好，进一步强化对政府行为的预算约束。

（三）财政分权与经济发展

公共产品供给效率不仅要以制度构建为依托，还需要一个相对完善的体制性框架，政府责任和财政功能在一定程度上决定了公共产品的体制性供给效率①。Oates系统地研究了政府财政在公共产品供给方面的体制性构架，并分析了分权化改革与经济发展之间的关系。

Oates（1999）进一步分析了信息不对称对财政分权的影响，解释了蒂

① 在笔者看来，公共产品供给存在着市场效率和体制性效率。一方面，公共产品供给需要遵循市场规则，也需要核算成本—收益（虽然在某些情况下，即使是成本大于收益的产品也需要提供，但是更多的还是在履行社会责任）；另一方面，公共产品供给也受体制性因素影响，而财政体制属于其中比较关键的组成部分。

伯特假设前提下的地方财政支出效率问题。他认为“公共部门转型和权力下放并不简单等同于分权”，而随着其对“此研究领域出现的一系列新的现实问题和趋向——实验室联邦制、区域竞争和环境联邦制、财政分权的政治经济学、市场保护的联邦制以及发展中国家和转型经济体的财政分权”的关注，发现公共财政的纵向演化正在以“有趣和新颖的方式”不断继续。信息对财政分权改革的影响尤为显著。在完全信息条件下，中央政府很可能根据各地不同的需求提供不同的产出，以使社会福利最大化，此时财政分权无存在的必要性。但现实情况是，由于信息不对称的客观存在，地方政府对其辖区内居民的偏好、公共产品提供的成本比中央政府了解得多，更具有信息优势；迫于一些政治压力也限制了中央政府对某地提供相对于其他地方来说更高的公共产品和服务。在此情况下，驳斥了“政府财政的‘离心力’似乎是短暂的，而‘向心力’则是持续而长久的”（Lord Bryce，1888）以及“联邦制仅仅是一个短暂的过程”（Edward，1965）等观点，财政分权治理成为“一个逐渐复杂和个性化的公共部门纵向（分权）结构”的事实和发展趋势。

同时，Oates 进一步阐述了财政分权和经济发展的关系。他通过比较工业化国家和发展中国家经济发展过程中所采取的财政管理体制认为，虽然财政分权具有“促进经济政治进步的潜力”，但是，促进经济发展的结果只有结合所研究样本国家（地区）的特定环境进行合理评估，才能得到理想的结论。有些研究事实表明，提高财政分权水平促进经济增长；有些研究却得到相反的结论。Oates（1999）为发展中国家财政改革提出了方向，认为需要从三个方面着手，即构建政府间转移支付体系、完善税收管理系统、降低政府债务，从而实现政府预算约束的“硬化”，同时要构建财政监督体系和民主化社会。

四　传统财政理论的启示

Oates 拓展和补充了蒂伯特关于地方性公共产品提供效率方面的研究，并对财政分权所带来的经济社会影响进行了系统的理论研究和实证分析，特别是他（们）所从事的财政分权研究对发展地方经济具有启发性。社会制度的变迁依赖于制度环境，制度体系的构建、运行机制的完善和经济发展之间的“交互影响”很难分割。财政分权在经济发展过程中是否具有促进作用及其绩效，取决于样本国家（地区）的抽取结果，而这也是本书试图通过对选取样本进行检验的前提。

正如 Oates（1999）所言，“现有关于财政分权的文献可以提供在这一研究领域的一般性的指导，而我的感觉是，当我们这些从事这一领域研究的人在纵向财政与政治结构方面提供政策建议的时候，（我们）并不比别人知道多少。我们还有很多东西需要学习”。与此同时，Oates 试图对其多年来的研究情况予以总结，并试图深化对财政分权的研究。Oates（2005）认为，从一个更广的范围看，“第二代财政分权理论”提出了一个十分新颖的视角，深入研究这些理论对于构建财政制度体系具有启发性。

第二节 财政分权理论的深化

以 Musgrave，Tiebout 和 Oates 等为代表的第一代财政分权理论（The FGTs）成为 20 世纪 50 年代以来“嵌入于公共财政理论的主流思想”，其核心在于通过竞争解决地方政府的辖区与居民偏好不相符的问题（刘晓路，2007），提出了一个关于财政分权的简明扼要的标准化理论框架。但是，由于将政府作为理想化的“黑箱”，仍旧有一些（关于财政分权的）要素需要进一步研究（Oates，2005）。在 Oates 看来，相对于“第一代”，第二代财政分权理论（The SGTs）打开了这一“黑箱”，进一步研究了多级政府之间、政府与企业（选民）之间的激励相容问题。这一理论主要有两方面的突出贡献：一方面，与以往假定政府提供公共产品供给不存在与被服务对象（居民或选民）有差别的偏好不同，第二代财政分权理论更加关注行政过程和政治代理行为，认为政府官员不仅关注委托人（选民）福利最大化，还关注其本身的“基于政治制度的具体化的行为选择”；另一方面，与以往财政分权理论的完备信息假定不同，“第二代”认为公共产品供给存在着信息不对称则必然导致与预期不同的分权结果。近几年来，以 Qian and Weingast（1997），Qian and Gerard（1998）等为代表，对财政分权一系列问题进行了深入研究，丰富了财政分权理论的文献。

一 地方经济发展中的公共政策选择

分权化的财政目标和实现过程产生公共政策选择。中央或地方政府在制定管辖区经济政策的时候，面临着多元化的偏好或利益选择。政策选择可能来自不同社会价值观念与多种社会政策目标的实现，也可能来自公共部门内部“经纪人”的理性选择。Arrow（1951）认为，在一定社会状况下，从个人选择中推导出符合某些理性条件的社会选择，一般是办不到的，将个人偏好或利益加总为集体偏好或利益存在着内在困难。因此，如果从一个“仁慈”政府的角色考虑，地方政府无法满足辖区内所有居民（选民）的偏好，理想的第一代财政分权需要进一步深化。同时，政府也是理性人，Buchanan（1975）认为，在公共政策制定过程中，并不存在根据公共利益进行选择的过程，而只存在各种特殊利益集团之间的“缔约”过程。财政分权体制下地方政府对管辖区内企业的激励机制导致不同的行为选择。

（一）地方政府利益与财政政策选择

在财政分权体制框架下，地方政府需要推动辖区内社会福利政策目标的实现。地方政府部门从自身利益出发，一方面，在所辖区域内需要获得更多的选票以“当选”；另一方面，从中央政府争取到更多可以用来支配的资源①，因此，力求提供更加具有竞争力的地方性公共产品和改善地方福利，以实现地方政府目标。可见，地方财政背负着政策压力，一方面，假定存在着成本—收益约束，地方政府需要获得丰厚的可供支配的税收收入，以满足地方性公共产品的资金需求；另一方面，地方政府作为上一级政府的代理人，在辖区“经营”上为握有“政治资源”的“投资人”生产更多的“税收利润”②。为了缓解财政政策压力，地方政府存在着干预企

① 在多级财政体制框架下，地方政府从更加广泛的意义，需要从上几级政府中获得经济和社会资源等方面的支持。

② 地方财政在实现地方本级和中央的税收收入上，存在着动态博弈。一般而言，地方财政完成上级税收收入具有棘轮效应的基本特征；而在完成本级和上级税收收入的选择中，地方政府出于自身利益考虑，会优先保证上级财政的需要，而寄希望于从上级（政府或财政部门）那里获得更多的政治和经济的“租”。

业生产经营的激励。

地方财政政策与企业经营目标存在差异。单纯的企业经营目标在于实现利润的增长和效率的提高，而地方财政目标是多元化的，效率仅仅是其中的组成部分。分权框架下地方政府干预企业经营的动因更多地来自政策偏好。如果地方政府为了实现自身利益最大化而干预企业经营（特别是国有资本比例相对较大的企业），那么企业经营业绩会与效率严重背离，甚至会使企业演变成为地方财政的“提款机”；如果地方政府也追求效率目标，政府和企业的关系则更加关注“承诺”，地方政府“背诺”也会导致企业背负社会负担，成为地方政府“无效率干预的根源”。地方政府官员们“本质上不在乎效率，他们脑袋里装的是其他目标，除非对政治的看法非常天真，这种观点很难反驳”。（Persson，Roland and Tabellini，2002）可见，在财政体制框架下如果加入了公共选择的制度性变量，分权化的预期效果能否实现变得很不确定。不同政策反映了利益集团不同的利害关系，关键之处取决于他们的利益是否“可以部分地与效率相吻合”，如果是这样，“代表这些力量的政府在服务于他们的特殊利益的同时，也可能做出提高效率的决策”。（热若尔·罗兰，2002）

（二）政府干预与效率

与中央政府相比较，地方政府掌握着更加丰富的信息资源，对辖区内的企业相对比较了解。地方政府无论是出于对地方性公共产品支出成本——税收的考虑，还是出于对自身利益最大化的考虑，都存在着对企业各种形式的干预，并且这种对企业的“渗透”能力相对于中央政府而言，更加具有优势，其“监督”强度也比较高。在管辖区内，按照所有制形式不同，主要包括国有企业和非国有企业。国有企业的所有权归属于政府①，地方政府掌控了企业的控制权，企业不得不承担以地方政府为代理人所“摊派”的一系列社会责任，这种社会责任导致国有企业经营一定程度上偏离了效率目标。同时，管辖区内还存在着非国有企业，它们虽然具有相

① 在财政分权框架下，虽然存在着一些中央级企业，但是由于其坐落在地方政府所在地，也必然需要遵循一系列由地方政府制定的政策，承担辖区内部分社会责任和公共产品成本。

对独立的所有权，但是，政府也通过各种干预，试图对企业扩大影响力。可见，无论是何种所有制形式的企业，在地方政府辖区范围内，都会受到来自政府的显性或隐性程度不同的干预。

地方政府干预对辖区内企业和地方经济增长的影响存在差异。对企业，地方政府的干预，无论是来自制度内还是制度外，都对辖区内企业的经营构成影响。一方面，成为了企业利润增长的减项；另一方面，企业凭借其对地方政府的贡献度与政府有关部门讨价还价，谋求尽可能多的“租”，企业最终的经营绩效取决于二者的衡量结果。在财政预算框架下，地方政府通过各种干预和制度规则，增加了对辖区内企业的经济负担；在预算外，仍旧存在着出于地方政府自身利益考虑的、不规范的财务负担。这种地方政府的经济行为导致的低效率在经济转型国家尤其存在。“干预的权利是低效率的直接根源”。（热若尔·罗兰，2002）虽然很多文献表明，财政分权有利于地方政府对辖区内企业的扶植，但是不可否认地方政府在实现本地区经济增长的同时，促使企业承担了不同程度的社会责任；同时，在缺少事前承诺的前提下，棘轮效应[①]的潜在影响也会抑制企业的经营动力，导致资源配置效率的降低（Schmidt，1995）。这种程度究竟有多大，需要实证检验。王文剑、覃成林（2008）的研究表明，分税制改革后，各个地区的地方政府都更加强烈地极力扩大预算外收入，加大对地区经济的攫取。但由于东中西部地区在产业结构、所有制结构等存在显著差异，地方政府行为在不同地区也表现各异，主要表现为非农产业和非国有制经济越发达，地方政府的“攫取之手”就越少。因此，在非农产业和非国有经济相对发达的东部地区，当前的财政分权体制有利于地区经济增长，在中西部地区则相反。

---

① 棘轮效应（Ratcheting Effect），又称制轮作用，原意是指人的消费习惯形成之后有不可逆性，即易于向上调整，而难于向下调整，尤其是在短期内消费是不可逆的，其习惯效应较大。这种习惯效应，使消费取决于相对收入，即相对于自己过去的高峰收入。在经济转型文献中，“棘轮效应”则被用来对计划经济体制进行研究，指企业的年度生产指标根据上年的实际生产不断调整，因此好的表现反而由此受到惩罚，这种期望或考核标准存在着随业绩而上升的趋向（罗兰，2002）。在合同理论中，棘轮效应表现为对经理人的一种激励机制，属于在重复的委托—代理关系中的动态承诺问题，表现为由于信息不对称，委托人无法完全识别代理人的能力和努力程度，而存在着对高能力和努力水平的经理人不断增加经营压力的趋势。

地方政府为了实现自身利益，通过对企业的干预获得更多的可利用资源，不但可以为地方公共产品提供更多的资金，而且可以弥补上级财政转移支付的不足，一定意义上可以为地方政府实现经济增长目标创造条件。Oates（1972）认为，财政权力和责任向各级地方政府的转移有助于提高经济效率，其理由在于和中央政府相比较，各级地方政府在资源配置上具有信息优势，即地方政府可以更好地提供各种公共产品的服务以满足本地需要。Oates（1993）预计，财政制度从集权向分权的转变，能提高经济的长期增长率和社会总体福利水平。然而，地方政府在关注经济增长和经济效率的同时，也具有经纪人的主要特征。地方政府出于自身利益的考虑，会将掌控资源投放到更加有利于自身利益最大化的分配结构中。对于中国而言，财政分权以及基于政绩考核下的政府竞争，造成了地方政府公共支出结构“重基本建设、轻人力资本投资和公共服务”的明显扭曲；并且，政府竞争会加剧财政分权对政府支出结构的扭曲，竞争对支出结构的最终影响取决于分权程度，中国式分权在推动市场化和激发地方政府“为增长而竞争”的同时，与之伴随的成本可能正在上升（傅勇、张晏，2007）。这种情况潜藏在地区经济“繁荣”的包装之下，似乎也造成了社会福利的优化。但是，其长远影响值得研究。Qian 等人借助新厂商理论打开了政府这个“黑箱”，认为传统分权理论只从地方政府的信息优势说明了分权的好处，但没有充分说明分权的机制。事实上，政府和官员都有自己的利益，只要缺乏约束就会有寻租行为，有效的政府结构应该使官员与辖区选民（企业或居民）的福利激励相容。

二　预算约束与财政分权

以 Qian and Roland（1998）为代表的第二代财政分权理论学家，系统分析了中央和地方政府及其各级官员之间、地方政府和企业之间的相互关系，提出建立适宜的机制以实现经济行为主体之间激励相容和社会福利最大化，使之能够形成一种有助于保护市场的地区间财政竞争，从而硬化地方政府预算约束，促进经济发展。

（一）集权条件下的软预算约束问题

在市场经济下，对市场机制的理解不应当局限于资源配置，还应该看到供给与需求背后的激励约束机制，这是市场经济活力的根本原因。其中，如何抑制软预算可以被看做是市场规范性的一个重要约束性变量。软预算约束（Soft Budget Constraint）是一般性动态承诺问题，即当事人由于知道他会得到追加资金而不采取有效行为，或从事无效行为。在一定程度上，软预算约束具有特定体制的内生性。一方面，对投资人而言，所有的前期投资都已成为沉淀成本，把当事人解救出来而不是清算他的经济活动似乎是事后最优的选择；另一方面，对企业而言，意料到会有追加的预算，在经营过程中存在着道德风险。因此，软预算约束是一种无效率行为，表现为零和博弈前提下缺少事前承诺的再融资。

Qian（1998）等将软预算约束模型置于公共财政框架内，分析了财政体制与企业的预算关系，构造了政府与（国有）企业的约束博弈。在他们看来，政府与辖区内企业存在一个基于时间流程的基本博弈。如图 1－1 所示。在零期，有 N 个（国有）企业项目，其中，好项目的比例为 α，坏项目的比例为（$1-\alpha$）。假定项目种类等相关信息不对称。第一期，好项目获得可征税收收入 R_g 和私人收益 B_g（可视同为经理人薪酬和工人工资收入）；而坏项目只有在付出高努力水平 e_h 情况下才能得到相同结果（R_g，B_g）。假定私人收益 B_g 是扣除努力之后的净收益，如果在第一期选择低努力 e_l，则产出为（0，0）。在此情况下，政府面临的选择，或者中止项目，使产出结果为（0，0）；或者注入补贴 1 来拯救该项目。若采取拯救策略，第二期产出将是（R_p，B_p）。若政府拯救后 $R_p=0$，假定 $B_p>B_g>0$，即坏项目如果知道政府会拯救它，宁愿付出低努力（而得到扣减努力成本后的高于 B_g 的净收益）；相反，如果它预期政府会中止项目，则会有动力实行结构重组。

Qian（1998）等的研究发现，集权制政府存在着软预算约束。假定社会总资本量是既定的，即 $K=\sum_{i=1}^{N}K_i$，但是资本在地区之间完全流动，因此，存在着一个客观的财政竞争模型。第一期，政府收入来源是税收收入

T_i，而财政支出表现为企业补贴金 S_i，公共基础设施投资 I_i 和地方性公共产品 Z_i。在 $T_i - S_i = I_i + Z_i = E_i$ 的预算形式下，政府如果中止坏项目，就不会产生企业补贴 S_i，政府基础设施投资 I_i 和地方性公共产品 Z_i 将会以最佳的方式选定，也会产生理想的社会福利。然而，由于 $I_i + Z_i = E_i^S$；同时，假如政府不拯救坏项目，那么，在第二期将会损失 B_p，而不拯救的收益取决于 $u'(Z_i) = \frac{\partial x(K_i, I_i)}{\partial I_i}$。不拯救企业的事后成本高于事后收益。由于 $B_p > \frac{\partial x(K_i, I_i^{FB})}{\partial I_i}$，政府存在 $I_i + Z_i = E_i^S$，可以从拯救坏项目中获利，必然以企业补贴的形式拯救，不会出现硬化预算约束的状况。因此，在集权体制下，由于中央政府与企业的动态博弈，必然导致软预算约束的存在，硬化预算约束以提高效率的可能性很小。

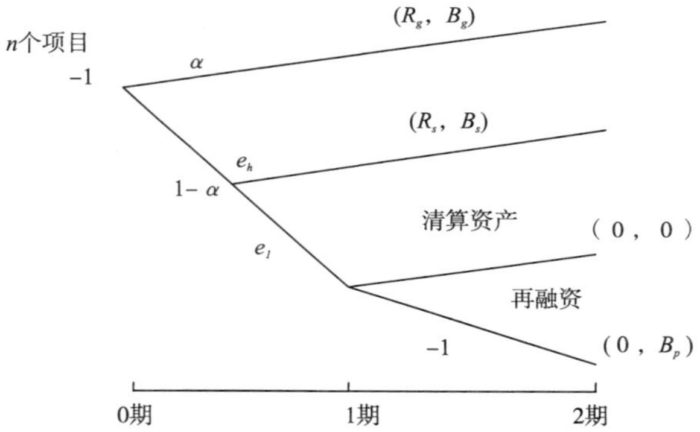

图 1－1　政府—企业之间的预算约束博弈

（二）财政分权与预算约束

在事权—税权完全统一的情况下，财政分权可以硬化预算约束。承接上面的假设前提，Qian（1998）等进一步提出假设，即存在着理想化的财政分权，地方政府负责辖区范围内的公共支出，同时负责征收本地区所有的税收，存在着内部化的成本—收益预算机制。如果赋予地方政府这种权力，那么地方政府要促进社会福利优化，就必然导致基于提供公共基础设施和公共产品服务的地方性竞争[①]，即会将外资[②]从其他地区吸引到本地区来。

$$f_{KK}(K_i, I_i)<0 \text{ 和 } f_{KI}(K_j, I_j)>0 \Rightarrow \frac{dK_i}{dI_i}>0 \text{ 和 } \frac{dK_j}{dI_j}<0$$

虽然吸引资本的财政竞争也是零和博弈，但是对于地方政府而言，竞争改变了激励机制。地方政府首先考虑如何在约束条件 $I_i + Z_i = E_i^H$ 条件下，尽量扩大公共基础设施和公共产品服务的规模以满足好项目的高努力经营。基础设施和公共产品服务的边际收益越大，则拯救辖区内企业的机会成本就越大。地方政府为了获得区域竞争优势，存在扩大公共基础设施和公共产品服务规模的偏好。一方面，硬化了政府对（国有）企业的约束；另一方面，由于财政竞争导致了资源配置过多向公共基础设施和公共产品服务投放的扭曲。财政分权后的地方政府需要在这两方面进行权衡。

在事权—税权不完全统一的情况下，财政分权可以出现地方政府预算约束软性和硬化企业预算约束的结果。在局部财政分权情况下，地方政府仅拥有部分税权，而中央政府保留部分财政收入，以拨款方式分配给地方政府。在此情况下会产生两种结果。从中央与地方政府层面看，地方政府可能为争得拨款而相互竞争，试图比其他地方政府获得更多的拨款。地方政府所采取的策略一方面扩大对基础设施建设和公共产品服务的投资，进一步造成资金短缺和资源配置的扭曲，以吸引更多的中央拨款，导致地方政府预算约束软性；另一方面存在着向企业课税、以争取更多资金来源的倾向。

（三）硬化预算约束与制度运行效率

实践上，财政分权所导致的政府间职能交叠的复杂性可能非常之大，其与地区经济发展的关系已经超出了模型的分析结果。值得一提的是，财

① 在笔者看来，地方政府即使出于自身利益的选择，也会增加地方性公共基础设施和公共产品服务的数量；姑且不谈质量问题，也会导致程度不同的区域竞争；如果数量和质量都提高，社会福利和竞争优势就会得到改善。然而，即使在一个理想化的分权竞争环境里，这种完全的改善也比较困难。

② 在 Qian and Gerard（1998）的模型中，国内非国有资本和外国资本都作为广义的外资。

政分权对预算约束的硬化不仅需要完善的体制性，运行效率也是十分重要的因素。财政分权与经济效率的关联度，一方面体现在经济数字上，在经济转型国家尤为明显，竞争指标在评价官员业绩即在决定他们的仕途晋升方面起着重要作用（热若尔·罗兰，2002）；另一方面，制度的运行效率也会对财政分权是否促进经济增长予以反馈。“硬化预算约束”更多地被看成一个纯粹的政策变量或者作为外生政策变量的一个直接的选择。“政策制定人决定硬化预算约束，宣布政策之后，硬化预算约束就会出现”并不可信。关键问题不是硬化预算约束的选择，而在于是否具备硬化预算约束的制度条件。硬化预算约束不是一种简单的直接政策选择的问题，而是以制度设计和制度运行效率作为附加条件的结果。

第三节　财政分权与地方经济发展

经济学通常以研究地方财政在公共服务过程中的工具作用为视角，分析其在实现资源配置优化和促进社会福利改善方面的作用。Tiebout，Oates以及Qian等，从经济的“局部”出发，分析了财政分权与地方经济增长的关系，也提供了一个比较理想的范式和结论；然而就一般性而言，财政职能以及分权之后的政策倾向则宽泛得多，某种意义上已经超越了单纯的经济学研究内涵，而涉及社会、政治以及其他因素。

一　公共产品供给与财政分权治理

经济研究的一个重要部分锁定于政府如何参与市场经济以解决资源配置合意性和纠正市场失灵。福利经济学通过规范分析方法认为，虽然在一定假设条件下，帕累托效率的资源配置会出现比较合意的结果，自由企业制度在提供商品和服务方面“具有惊人的生产性”（Rosen，2005）。但是，由于理想状态下社会成员无法表露其偏好；社会福利函数中不同社会价值判断标准也会导致选择结果偏离契约曲线。因此，即使经济能够产生帕累托效率的资源配置，但是为了实现“公平”的效用分配，政府干预也是必要的。不仅如此，对政府与市场的研究还关注由于市场影响力和市场不存在导致的失灵问题，表现为垄断、外部性等具体内容。虽然政府具有弥补市场失灵的条件，但是市场决定的资源配置不完善并不意味着政府可以做得更好，政府的有限理性、不完全信息等导致的交易成本也会产生并体现在管理体制、决策机制等方面。政府与市场孰优孰劣并无定论，二者都有缺陷。然而，二者之间并不完全对立，甚至可以相互补充，吸收对方的优势以改进自身效率。

政府职能得以实现不仅体现一般性的公共产品供给，更主要在于如何有效率地满足区别于地区、偏好以及其他方面的差异性需求。建立在假设前提下的社区“集体支付意愿”[①] 通过成本—收益的衡量满足公共产品均衡。在福利经济学框架内，问题的关键在于集中抑或分权更有可能使社会福利最大化，也就是单一政府与多级政府的制度选择。制度与经济发展具有明显的互动关系，一方面，制度会影响经济发展的水平与速度；另一方面，经济发展常常导致制度的变迁。随着经济社会的发展，新古典经济学强调的单一中央政府可以在资源禀赋既定前提下实现公共产品供给和社会福利最大化的观点已经愈发显得形单影孤，更多国家选择了中央与地方多级政府基于资源配置优化和福利目标得以实现的事权与财权协调的体制模式与治理结构。制度的选择受制于国家的发展战略，财政制度变迁与财政体制同样也内生于经济发展与发展战略[②]。

二　财政分权与经济增长：观点评述

在财政分权与经济增长的关联度方面，争议颇多。在福利经济学的框架内，主要问题在于集中制还是分权制更有可能使社会福利最大化（Rosen，2005），在此方面，并没有形成一致意见。

一些观点认为，财政分权是一种切实可行的制度，允许地方社会自行决策，可能会增进地方公共产品提供效率。林毅夫、刘志强（2000）利用了中国省级数据来估算自20世纪80年代开始的财政分权对经济增长产生

---

① 西方经济学教科书对“集体支付意愿”的解释，主要关注公共产品供给效率的问题，即公共产品供给必须满足每个人对既定数量的物品所愿意支付的价格与获得的效用相等，以实现社会资源最大化利用。

② 阿吉翁等（2004）对内生经济增长各个方面的有关理论和实践进行了详细分析。林毅夫、蔡昉、李周（1999）对中国的经济体制内生性问题进行了精辟阐述。

的作用并发现，在控制了同时期其他各项改革措施的影响后，财政分权提高了省级人均GDP的增长率。这与其财政分权可以提高经济效率的假说一致。另外，发现农村改革、非国有部门的发展以及资本积累也是推动中国经济在研究时间跨度内迅速增长的关键因素。Shah and Qureshi（1994）认为，当地方官员承担提供公共产品和服务的责任时，他们也就处于当地居民更严密的监督之下，从而更有动力去行使他们的财政职能为公众谋求最大利益。史宇鹏、周黎安（2007）认为，中国的经济改革始于放权，尤其是对地区的放权。他们以计划单列为例，研究整体性行政放权对经济效率的影响并通过构造省内和省外城市的对比组来估计计划单列的因果效应。并认为，总体上，放权确实有助于计划单列市提高其经济效率。Jin，Qian and Weingast（2005）等的研究得出了相同的结论。

与此相反，一些学者通过研究发现，鉴于多种原因，财政分权对于经济增长的支持还是不确定的，甚至在某些方面的表现成为抑制经济效率的根源。姚洋、杨雷（2003）认为，财政分权在多大程度上可以解释研究期内的高速经济增长，至今还是一个未知数。可以肯定的是，研究期内的高速经济增长是许多因素共同作用的结果，财政分权如果有作用，也仅仅是原因之一。中国的财政分权是在一个制度供给失衡的环境中进行的，其结果未必是好的。这个失衡表现在三个方面，即财政分权没有法律保障、财政分权和行政垂直集权矛盾以及分权制度安排本身不规范。陈抗、Hillman和顾清扬（2002）认为，中央与地方政府分配财政资源的不同方式会引起地方政府的利益机制和行为的重大变化。通过构建一个中央与地方政府的博弈模型，并且采用省级数据来说明在20世纪90年代中期伴随分税制而来的财政集权如何加剧了地方政府从“援助之手”到“攫取之手”的行为转变。研究发现，虽然中央政府从财政集权中受益，预算收入和经济增长速度确因地方政府的行为变化而显著下降。Zhang and Zou（1998）的研究发现，财政分权不支持地区经济增长。周黎安（2004）认为，由于地方官员晋升竞争是一种锦标赛式的零和博弈，受官员任期等因素影响，地方官员的政治晋升激励可能使得官员主导性的投资过度进入某个行业或项目，甚至进行“恶意竞争”。陈健（2007）认为，财政联邦制的一个潜在消极后果是地方政府竞相从事高风险投资项目等脱离中央监管的非正式财政活动，从而引起预算软约束，并导致政府债务的积累。如果地方政府都这样做，就会形成“太多而不能惩罚”的局面。郭旭新（2007）从对不同参与者的博弈过程及其约束条件的分析入手，对经济转型中财政分权化与经济稳定的关系进行了理论探讨。由于信息不透明以及缺乏有力的预算约束，经济转型过程中财政分权化导致了地方政府某些不合理的投资行为。这些负面影响并非财政分权化改革本身导致的必然结果，而是由分权化过程中未能建立相应的配套制度所引起的。M. Keen and M. Marchand（1997）等的研究也得出了相似结论。

三　财政分权改革以来地方收入差距分析

财政分权是否在平抑地区差异上发挥作用也没有一致意见。目前主要存在两种观点，一种认为，财政分权促进了区域之间的分配；另一种则持相反的观点。

支持的观点认为，财政分权在促进区域分配公平上发挥了积极的作用。沈坤荣、付文林（2005，2006）通过对中国省际税收竞争增长绩效的格兰杰因果检验显示，公共服务水平对地区经济增长率具有显著的促进作用，并且地方政府的征税努力与其财政充裕状况直接相关。杨汝岱、朱诗娥（2007）等支持这种观点。他们利用中国社会科学院经济研究所收入分配课题组分别于1995年和2002年进行的城乡家庭与个人调查的微观数据，考察居民边际消费倾向与收入水平之间的关系。实证表明，相对于低收入阶层和高收入阶层，中等收入阶层的边际消费倾向最高，缩小收入差距不仅有利于解决社会公平与公正问题，而且有利于扩大消费需求，拉动经济持续增长，同时实现“公平”与“效率”两大目标。

Brown 和 Jackson（2000）认为，尽管分权政府的配置职能可以提高效率，但是中央政府最有能力把地方政府实行稳定政策和再分配政策时产生的外在性内在化。斯蒂芬·贝利（2006）认为，地方政府倾向于强调服务产出的数量而不是质量，而且，涉及服务质量问题的灵活性、选择性及其他方面的问题几乎无人关注。有些学者认为，财政分权导致政府对经济增长的影响在公共产品供给结构、时间、地区甚至行业类型等方面存在差异。张晏、龚六堂（2005）发现，中国的财政分权效应存在显著的跨时差异和地区差异，认为分税制改革后各级政府之间政策协调能力的加强是促进财政分权积极作用的重要原因之一；同时，体制变革的因素、转移支付的设计和政府财政支出的构成也影响了财政分权与经济增长之间的关系。张晏、夏纪军（2007）通过一个不对称资本竞争模型分析地区竞争对市场化进程地区差距的影响，并讨论了地区间市场化进程趋同的可能性。如果地区间技术水平差距过大，地区竞争不仅导致不发达地区非国有经济发展滞后，而且抑制不发达地区国有经济的市场化改革进程，导致地区间市场化进程差距的扩大。

四　均衡发展：财政职能与分权化治理

（一）代理人角色：经济发展中的地方财政

地方财政职能是财政基本职能的一个子集。按照 Musgrave（1959）的研究，财政职能主要体现在资源配置、收入分配和社会稳定三个主要方面。首先，有效配置资源是经济的重要组成部分，而资源配置的核心是效率问题，效率问题又是资源的使用方式和使用结构问题（陈共，2007）。市场经济体制下，市场在资源配置中起基础性作用，具备充分竞争条件的市场，会通过价格与产量的均衡自发地形成一种资源配置的帕累托状态。但由于市场失灵，市场自发形成的配置，不可能实现最优的效率状态，因而需要政府介入和干预，以更加合理而有效地利用社会资源。其次，市场自发运行的结果所呈现的收入、财富和福利分布，经常和社会认同的公正标准相悖，造成分配不公平，使社会公众难以接受，这样，客观上要求有一种实现公平的再分配机制。财政既参与由价格形成的起始阶段的要素分配，又参与要素分配基础上的再分配，在社会产品分配和再分配过程中都发挥了不可替代的作用。最后，财政还承担着保持社会稳定的职能。

地方财政承担着发展辖区内经济的职责。地方政府的特征在于它们在地方性判断尺度这一认识中所处的位置，而不在于众多的次中央一级机构之间显著的类别划分。传统经济观点认为，地方政府只应该被限制在资源配置上，即如何纠正市场失灵，而地方政府对分配和稳定职能的追求可能导致无效率。地方政府可以代表中央政府承担干预（管制）职能，也可以不承担这一职能（斯蒂芬·贝利，2006）。Qian 等的研究通过引入公共选择和委托—代理关系，深化了财政分权在促进地方经济发展中的作用。财政分权可以硬化预算约束，促进社会福利的提高。可以认为，在分权化治理过程中，地方财政处于双重委托—代理关系中。一方面，作为本地区选民（企业和居民）的代理人，承担着优化本地区资源配置和稳定社会的职能；另一方面，作为中央政府（财政）的代理人，承担着辖区范围内分配公平化和福利提高的职能。

（二）财政分权与地方经济发展

经济发展是地区多元化的变化过程，不仅包括经济增长、生产率的提高，还包括不平等和贫困的减少或消除，也包括社会结构的变迁以及大众心态的改变等。概括而言，发展是改进生活质量的过程，其基本目标是满足基本需要、提高人类尊严、扩大选择自由（毕世杰、马春文，2004）。对于地方性经济发展，不仅包括经济增长率的提高，还要关注人均收入水平的显著改善，以及与此相关的经济结构、工业（城市）化水平以及消费结构的调整等。人类追求发展的本性不仅体现在追求财物的增长，还更多地关注收入与成就之间、现实与可能之间、拥有财富多寡与按照自己的意愿享受生活的能力之间的关系。也就是说，更应该认真地思考经济社会发展和进步、效率与公平的合理搭配等诸多方面。

概括地讲，经济发展中的效率和公平是辩证统一的。首先，效率和公平存在着对立关系，提高一方要以降低另一方为代价。财政效率的提高以牺牲一定的公平为代价；相反，政府财政政策建立的再分配机制和社会保障机制，会导致效率损失。其次，效率和公平也存在统一性。财政政策不能只强调效率而忽视公平；反之亦然。如果切断效率和公平的联系，就会既无效率，也无公平。最后，效率与公平存在着地位的相互转换。二者虽然同样重要，但是在不同经济发展状况下、同一国家不同发展阶段，应该有所侧重。实现经济和社会的协调发展，经济发展层次随着整个社会的效率与公平的不断转化逐渐从低级走向高级。

中国财政分权体制改革需要在多重利益博弈中兼顾效率和公平。近些年来，中国的“渐进主义”和“试验”（即实事求是）的经济转型（庄宗明，2005）已经取得了阶段性的成就。但转型是机遇和挑战并存的发展过程，伴随经济体制改革的不断深化，势必触及既得利益者，同时也可能存在某些被忽视或者暂时无法兼顾的利益群体，所凸显出来的利益冲突和矛盾也是毋庸回避的。马克思认为，社会经济活动“首先是为了经济利益而进行，政治权利不过是用来实现经济利益的手段”。市场经济推崇对利益的追求，既存在着对不同利益的追求，也存在着如何处理好不同利益群体相互关系的问题，而这些正是促进经济不断发展和推动社会进步的关键。只有正确认识和处理不同利益群体、利益结构等相关内容，才能真正实现社会经济的和谐与进步。财政分权体制改革作为经济调控的主要杠杆，合理协调中央与地方、地方政府与企业的关系，在经济转型中“相机选择”，在促进经济发展过程中实现资源优化、促进公平分配以及维持社会稳定。

第二章
发达国家地方经济发展中财政分权比较分析

经济学理论通常强调地方政府在公共产品和服务过程中的工具性作用，并试图确定实现经济福利最大化所需要的条件（斯蒂芬·贝利，2006）。在笔者看来，这种观点虽然并没有完全概括地方政府财政职能，但是至少诠释了地方政府在经济发展中的基本作用。一方面，财政体制内生于经济发展，分权的财政模式是财政体制的重要组成部分。财政体制归根结底是为经济发展服务的，“是在特定的行政体制下，通过一定的方式调节政府间财力分配的基本制度。具体地说，它是国家在中央和地方以及地方各级政权之间，划分财政收支范围和财政管理职责与权限的一项根本制度”（叶振鹏、张馨，1999），其目标在于探讨能够协调处理好中央和地方政府之间以及地方政府上下级之间财政分配关系和经济利益关系，以利于经济更快、更好地发展。另一方面，实行市场经济的国家存在着财政分权的现实基础。从世界范围看，各国在处理政府间关系的实践中不可能由单一政府履行政府职责，实际上都由若干级或层次的地方政府按照特定的职权履行政府职责，都在不断摸索高效率的管理体制，尽管市场经济国家在文化、经济、历史、疆域等方面存在差异，都普遍采取了财政分权体制，在政府的事权和财权等方面做出合理和必要划分。本章的目的在于比较分析发达国家相对成熟的、具有特色的财政分权体制，研究地方政府在财政分权体制框架下促进经济发展的内生作用。

第一节 美国财政分权体制在地方经济发展中的作用

美国实行联邦制的政治体制，政府分为联邦、州和地方[①]三个层次，与此相对应，美国宪法赋予联邦和州独立的立法权、执法权和司法权，州政府有选择地赋予地方政府一定权力，因此，美国三级政府都具有各自的事权和财权，地方政府可以在联邦、州的支持下，提供满足本辖区范围内的公共产品和服务；然而，地方之间也存在竞争。美国地方经济是在包括财政在内的诸多竞争中不断谋求协调，在平衡中逐渐发展的。

一 美国政府间财政关系分析

美国属于联邦体制，各级政府都有自己的权力和地位，并以法律的形式予以确定。包括各级政府财政关系在内的各项政府权力、管辖范围以及政府行为方式都在法律上得到具体体现。根据美国宪法，联邦、州和地方政府实行纵向分权，都拥有相对独立的权力。第一，联邦与州在各自权限范围内独立行使相应的权力。如果面临联邦和州之间的冲突，按照宪法，联邦政府地位高于州政府并拥有优先权，但是，根据美国宪法第 10 条修正案“凡宪法所未授予联邦或未禁止各州行使的权力，皆由各州或人民保留”。第二，联邦和州在部分权力上共同分享。在二者的分权体制上，除了“专有权”之外，其他权力由联邦和州共同拥有。第三，地方政府虽然有部分权力，但受制于州政府。在美国三级联邦体制中，地方政府的权力和职责由州宪法和相关法律规定，地方政府在联邦宪法和州宪法的统一框架下行使权力。虽然在美国市场经济建立初期，由于公共产品和服务的需求都是地方性的，地方政府权责曾经相对较大，但是自 20 世纪 30 年代大萧条之后，联邦政府承担起经济调控、宏观经济稳定乃至社会保障等多项职能，导致政府间的财政关系逐渐“向上”倾斜。即使是这样，美国地方政府在

---

① 美国地方政府包括县、市、镇、学区和特殊劳务区，据不完全统计大约为 8 万个。

联邦制框架下的权力和地位仍旧不可忽视。

美国遵循自由竞争原则，但是政府间财政更加关注分配公平和社会福利的提高。美国是市场经济国家，政府一般不介入竞争性、盈利性企业的生产经营活动，各级政府的职责仅限于适度干预和调节，解决市场资源配置低效和失效的问题，以矫正市场偏差、弥补市场力量不足。一方面，当市场出现资源配置低效率的时候，美国各级政府通过必要的规制，引导市场向有利于竞争的方向发展；另一方面，当市场出现供给不足的时候，如地方性教育、公共设施等，政府又通过适当的投资，以利于促进公平分配。美国虽然是高调提倡自由竞争的国家，但是，政府间的效率和公平以及二者的协调一直是美国公众关注的重要问题，甚至美国政府更把这一问题作为制定经济政策的主要目标。在政府间财政关系上，美国联邦、州和地方政府注重横向分配和纵向分配的相对平等，有效地保证了公民的基本权利，促进了社会福利水平的提高。

二　美国政府间事权划分与地方财政支出分析

美国联邦、州和地方三级政府各有独立的事权，各级事权既有交叉，又相互补充，这种事权的划分为确定政府间财政支出规模和范围奠定了基础。根据美国宪法，除已经明确的由联邦政府承担的事权，如行政、国防、外交、（联邦）征税、社会保障、借债以及货币发行等之外，其余没有明确的事权，可以由州和地方政府承担。州政府则负责管理州内的工商业、建立地方政府、负责辖区居民健康保健、保护财产和维护秩序等；然而，宪法也禁止州行使部分权力（如铸币等）。地方政府的主要职责体现在负责辖区内行政事务、社会治安、消防、交通管理、公用事业、地方教育与基础设施建设等。孙开（1999）经过整理，列示了美国政府间事权划分情况（见表2-1），比较清晰地显示了美国政府间事权划分的基本框架。

表 2－1 美国政府间事权划分

事权范围	联 邦	州	地 方
社会保障	P	P	N
高速公路	P	P	S
外 交	P	S	N
国 防	P	S	N
教 育	S	S	P
卫 生	S	S	P
通信和交通	S	S	S
城市发展	S	S	P
财产保护	S	S	P
自然资源开发	S	S	N

注：P 为该政府的主要事权；S 为该政府的次要事权；N 为不是该政府的事权。

资料来源：根据 Anonymity（1988），Local Government Finance，Basil Co.，p 80；转引自孙开《多级政府体制比较分析》，中国经济出版社，1999 年，第 70 页。

可见，美国州和地方政府承担了大量的事权，这些公共产品和服务的供给满足了所辖区范围内的消费需要。如表 2－2 所示，近些年来，就美国财政支出的行政主体结构进行比较，联邦财政居于主导地位，地方财政支出居于次要位置。以 1999 年为例，该年度联邦财政支出占当年支出的 51.2%，州财政支出占当年支出的 20.9%，地方财政支出占当年支出的 27.9%。美国州和地方政府的大量支出是由联邦控制的，其支出行为受联邦政府的约束（Rosen，2005），联邦政府可以要求下级政府提供某些服务，但不相应增加财政资金。这种强制性服务种类繁多，据估计，州和地方政府每年要为此花费 400 亿美元（Cullen，1996）。虽然就财政集中度①而言，美国为 51%。但是，以集中度这一指标来衡量一个国家集权化程度并不可靠（Rosen，2005），根本原因在于忽略了联邦（中央）政府对下级政府的制约程度。

① 所谓财政集中度，是指中央政府支出占政府直接支出总额的比例。一般认为，财政集中度越高，表示集权程度越高，地方政府事权越低。

表 2－2　美国各级政府支出分配情况

单位：%

年　份	联　邦	州	地　方
1900	34.1	8.2	57.7
1910	30.1	9.0	60.9
1920	39.7	9.8	50.5
1930	32.5	16.3	51.2
1950	59.3	15.2	25.5
1960	57.6	13.8	28.6
1971	48.4	18.6	33.0
1980	54.9	18.1	27.0
1990	56.2	17.9	25.9
1999	51.2	20.9	27.9

资料来源：Werner Pommerehne，"Quantitative Aspects of Federalism：A Study of Six Countries"，in *The Political Economy of Fiscal Federalism*，ed. W. Oates（Lexingtong，MA：D. C. Heath，1977），p. 311；except for figures after 1980，which are come from various of US Bureau of the Census，*Statistical Abstract of the United States*。引自〔美〕哈维·罗森《财政学》（第六版），中译本，中国人民大学出版社，2006 年，第 420～421 页。

可见，美国是典型的财政分权国家，政府间事权范围没有一个全面、明确的法律制度规定，大多是在历史演化过程中的约定俗成。联邦、州和地方政府各自独立管理自己的财政预算，并不存在统一的、严格意义上的国家预算，联邦政府对各州、地方政府财政预算的影响，主要是通过各种有条件拨款的引导来实现。州以下，尤其是地方政府在所辖区范围内，相对独立地提供公共产品和服务，满足区域内消费者（企业和个人）的需要。同时，以辖区范围内的税收（部分来自转移支付）提供必要的支出，在政治选择框架约束下，满足区域内经济发展的需要，提供社会福利所需要的资金。

三　美国地方财政收入来源结构分析

美国财政收入主要来源于各项税收、非税收（如收费等）、资本收益和捐赠等。在美国财政收入中，税收占据绝对主导地位，每个财政年度的统计数据显示，税收在财政收入中的比重一直都在 90% 以上。总的来看，美国各级政府间财政收入的基本特征体现在两个方面：一方面，随着财政收入规模的提高，税收比重逐渐提高，非税收逐渐降低，资本收益所占比重微乎其微；另一方面，随着联邦政府职能不断加强，财政收入比重逐渐提高，而州和地方政府的比重逐渐降低。

美国财政收入权力划分比较分散，联邦、州和地方三级政府都相应地开征了一定数量的税种，使得美国税收权力层次复杂、内容丰富，形成较为分散的分权机制。根据美国宪法，联邦和州拥有独立的税收立法权、执行权和收入分配权，州政府有选择地授予地方政府一定权力，各州、地方税收的确定不须联邦政府审核批准，没有统一的类型规范。地方政府财政收入的特点在于：

第一，美国地方政府具有相对稳定的税收收入，但是在全部财政收入中所占比重日渐减少。如表 2－3 所示。20 世纪初，美国税收收入主要来自地方政府，地方税收占全部税收收入的一半以上，联邦政府次之，州政府最少。第二次世界大战（简称“二战”，下同）前，州政府的税收收入份额增加较快，地方政府的税收收入比重开始下降。“二战”后，联邦政府的税收收入迅速增加，而同期州和地方政府税收收入虽有增加，但是幅度很小。到目前，美国联邦政府税收占据十分重要的地位，收入总额基本达到税收总额的 70% 左右，而州和地方政府税收在全部税收收入中的比重分别约为 20% 和 10%，地方税收收入比重呈现显著下降趋势。

表 2－3　美国各级政府税收收入比重变动情况

单位：%

年份	联邦	州	地方
1902	37	11	52
1913	29	13	58
1934	33	23	44
1942	58	22	20
1960	70	16	14
1980	67	20	13
1991	63	24	13
1996	66	22	12
1998	67	22	11
2000	68	21	11

续表

年　份	联　邦	州	地　方
2002	67	21	12
2004	69	20	11
2006	68	21	11

资料来源：根据相关年份的 Tax Foundation；U. S. Bureau of the Census，Governmental Finances 的有关数据计算。

第二，美国地方政府有主要的独立税收来源。美国三级政府都有各自独立的税收来源渠道，其中，地方政府主要依靠财产税作为主要的税收来源。自 20 世纪 90 年代以来，地方政府主要依靠财产税、个人所得税、公司所得税、销售税、国内消费税等，其中财产税占主导地位，大约占地方政府财政收入的 25% 以上；联邦和州的补助（转移支付）、同源共享税等也成为美国地方政府财政收入来源的主要方式和渠道。

第三，美国三级政府之间税源共享。如图 2－1 和图 2－2 所示。两项所得税是三级政府同源税，税源分享。联邦政府课征所得税后，州和地方政府再分别按照各自的税率附征各自所得税。两项所得税收入 81% 划归联邦政府、17% 划归州政府、2% 划归地方政府。同样，国内消费税和一般销售税等都存在共享比例，只有财产税属于地方独享税收入。这种划分税收收入方式从根本上是由美国政治体制决定的，政治分权必然导致各级政府在税收运行体制上相对分散，具有很强的独特性，保证了地方政府财政收入来源的稳定。

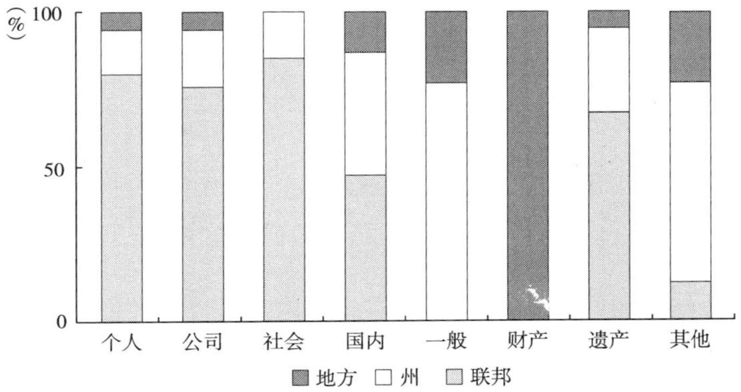

图 2－1　美国政府间税收收入划分情况

资料来源：H. Duncan and C. Mcluer：《美国的税务管理：分权制度》，《税收译丛》2003 年第 4 期，第 8～9 页。

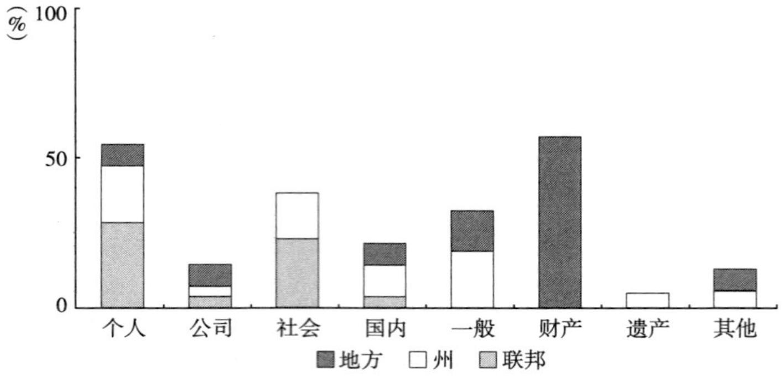

图 2-2 税收收入占美国各级政府收入比重

资料来源：H. Duncan and C. Mcluer：《美国的税务管理：分权制度》，《税收译丛》2003 年第 4 期。

四 美国政府间财政转移支付体系分析

如前所述，虽然美国联邦政府财政支出占全国支出总额的 51%，但是，联邦政府支出的一半以上用于转移支付（李齐云，2003）。目前，转移支付已经成为美国联邦政府调节经济和促进社会经济发展、实现区域间经济均衡、调节收入分配关系的重要工具，也是州和地方政府重要的财政支柱之一。美国政府间转移支付主要通过分类拨款（categorical grants）、无条件拨款（general purpose grants）和整块拨款（block grants）三种方式。

分类拨款是美国联邦政府与州和地方政府实现转移支付的主要方式。分类拨款分为公式拨款（formula - based grants）和项目拨款（project grants）两种方式。公式拨款是指通过一定的公式计算，在各个地区之间分配款额，符合条件的州和地方政府可以自动获得拨款而无须申请。美国的公式拨款一般都使用人口情况和人均国民收入等因素作为衡量各地区对拨款需求程度的指标，由于拨款种类不同，各种公式拨款所依据的具体公式也存在较大差别。项目拨款是一种审批拨款机制，即拟申请拨款的州和地方政府需要首先提出申请，在申请得到受理、批准之后，联邦政府或州政府以受补者提出的拨款用途建议为基础进行拨款。目前，公式拨款在分类拨款中所占比例较大，为 70% 左右，项目拨款为 30% 左右。同时，项目拨款还存在着约束，即要求受补的州和地方政府要有配套资金，配套率一般在5% ~50%。美国联邦政府对州和地方分类拨款的重点领域随着经济发展灵活调整，一般都用于联邦以下地区交通、保健、社区和地区发展、农业、自然资源与环境等有利于经济发展的领域和方向。

州或地方可以根据需要自主决定联邦拨款的用途，这种款项称为无条件拨款。这项拨款方式有较长的历史。按照美国国会的规定，根据州或地方的人均收入、税源情况、人口数量等，由联邦政府拨付用于受补地区（州或地方）的财政补助。受补地区可以根据情况自行使用，不需事前申请，不附加条件。拨付给州的款项，1/3 由州政府自留，2/3 分配给地方的市、县和镇政府，但不包括学区和某些特别目的的区域。尽管在美国财政转移支付体系中，无条件拨款的比例很小，仅占拨款总额的2%左右，却在地方举办维持公共安全、环境保护、娱乐设施建设、图书馆、卫生、贫困和老年人口保健、财务管理等方面发挥了积极作用。

按照一定计算流程对符合条件的受补对象普遍支付的转移支付方式为整块拨款。整块拨款与无条件拨款相比，它的资金用途受到一定限制；与分类拨款相比，它受到的限制程度相对较小，但是二者均属有条件的转移支付。与其他发达国家不同，有条件的转移支付（分类拨款和整块拨款）占美国财政转移支付资金总额的大部分，每个财政年度都占美国转移支付总额的90%以上。美国联邦政府将财政资金拨付给州和地方，受补地区根据本地情况合理使用，有利于提高资金使用效率，促进社会福利水平的提高。目前，美国整块拨款主要包括社区发展、社会服务、健康、就业培训、改善低收入家庭能源补助等9大类项目。

美国州对地方的转移支付比重较大。根据美国各州的法律，州对地方具有比较强的纵向转移支付关系，各州具有提高所辖各地经济水平、分配水平和福利状况的责任。各州对地方的转移支付，大约有25%来自联邦政府拨付，其余75%则从各州财政收入中提取。各州对地方进行转移支付的时候，确定的项目及其考虑因素、拨款的条件和方式，需要根据各州的实际情况做出调整，并没有统一的标准。近些年来，美国联邦对州和地方、各州对地方的纵向转移支付规模呈上升趋势，在地方财政资金中所占比重也呈上升趋势。上层政府往往在拨款的同时，附加一些约束条件，财力和政策主导地位逐渐加强。通过这种方式，可以形成比较合理的区域间产业布局，降低地方之间的恶意竞争，提高财政资金的使用效率。

第二节 德国财政分权体制在地方经济发展中的作用

二战之后，德国（原西德）根据当时特殊的社会、政治、经济等条件，遵照盟国对其占领政策和管理办法，选择了社会市场经济模式，制定了相应的社会政策和经济政策目标①。20世纪90年代，两德统一后，这种社会市场经济模式被承袭下来。根据德国宪法，财政政策规范和管理着国家各级机构之间资金的收入、分配和使用，具有明显的联邦制色彩。

一 德国政府间财政关系分析

虽然德国政府由联邦和州（州本级和地方）两级构成，但是，所谓的地方政府这一称谓并不是指联邦体系中一个独立层级，只是州政府的一个组成部分。在德国传统中，地方政府由两个层次构成：一个是最底层的乡镇（communes）；另一个是位于底层之上的市（县）（counties or city counties）级地方政府（赫尔穆特·沃尔曼，2005）。根据德国《基本法》，德国的联邦、州、市镇三级政府自行负责本级政府的财政收支平衡，德国三级政府的财政支出比例分别为45%、35%和20%，财政收入比例则为50%、37%和13%。德国财政分权体制的主要目标在于：一是引导区域间经济活动，确保经济健康发展；二是调节收入分配，促进社会福利提高。作为政府干预、调控经济的主要杠杆，德国财政政策对经济的发展发挥了重要作用。

德国的财政管理权限具有明显的集中性。德国联邦立法机关不仅对归

① 在德国社会市场经济构建过程中，包括路德维希·艾哈德和瓦尔特·奥肯在内的诸多社会精英认为，德国要建立一种新的经济和社会制度，既有别于传统资本主义，又尊重人对社会负责的有效率的市场经济。在他们看来，德国社会市场经济必须包括传统市场经济中的基本要素，如私有制、经营自由、择业自由、契约自由和迁徙自由等，同时还要有一个强有力的而不是“夜警式”国家。刘光耀：《德国社会市场经济：理论、发展与比较》，中共中央党校出版社，2006，第86~92页。

属于联邦政府的税种有立法权，并且对于州以下财政职能也同样拥有优先立法权。州以下政府在不与联邦立法权相冲突的情况下，在联邦专有的立法权限范围之外，经过联邦法律明确授权后也享有一定的立法权。比如，地方政府所获得的税收总量由联邦议院认可，在州立法确定的限度内，地方政府财政调整其在土地（财产）和工商业税方面的税率。地方政府有限的财政立法权限依托于联邦和州。同时，地方政府在保证预算平衡的前提下维持财政的独立性和自主性。根据德国《基本法》，德国地方政府与联邦、州政府“收入共享”，地方政府的财政收入基础因宪法规定而不可剥夺，从而在制度上保证了地方政府具有稳定的财政收入来源；同时，又要求联邦、州、地方（市镇）自行负责财政收支平衡。地方政府通过有针对性的引导，协调和管理地方企业、区域内流动资产等，发展本地经济和提高福利水平。

二　德国政府间事权划分与地方财政支出分析

作为联邦制国家，德国的事权在联邦、16 个州①和众多的地方政府②等三级之间进行职责划分。联邦政府、州与地方政府之间的职责划分与其他联邦制国家存在着很大差别。对于联邦政府而言，其职能主要体现在资源配置和收益分配两个主要方面，主要表现为关系到整个国家利益的事务，如处理对外事务和国际关系、社会安全和国防、货币政策、交通通信、社会保障、大型研究项目以及科学发展事业、能源与经济方面的区域性合作等；促进社会和地区经济平衡和财政协调平衡等；与各州一起规划和筹资的项目等。在一些具体事务上，通过“成本—收益”的衡量，在法律允许的框架内，联邦政府将一些任务委托给州政府完成。如公路、航道和航运、核能源的研究利用等。对于州政府而言，其主要职责在于文化教育、卫生健康、体育事业、法律事务、司法管理、社会救济、税收管理和环境保护等；并负责筹集本

---

① 德意志联邦共和国由 16 个州（Lander）组成，其中包括柏林、汉堡、不来梅 3 个市州（Stadtstaaten），亦即它们是市，但是在联邦体系中具有州的地位和职责。

② 目前，德国地方政府共有 543 个县、16128 个镇以及 117 个县级市。参见董礼胜：《欧盟成员国中央与地方关系比较研究》，中国政法大学出版社，2000，第 368～370 页。

州的市镇政府履行职责所需要的财政资金。对于地方政府而言，负责辖区内公共事务、公共设施的建设和维护，还承担联邦和州的委托业务，如公民选举、户籍管理、人口普查等。

德国联邦、州、地方政府之间的上述职责划分，决定了三级公共财政的支出结构。总的来看，大多数地方行政区域所用的基础设施都由地方政府建设和维护，大多数地方公共服务也都由地方政府提供。具体而言，地方财政支出大部分投入到了保健、社会福利和公共教育等方面，污水处理和地方道路的建设和维护也是地方财政支出的两个主要项目，而教育则是州财政最主要的支出项目，因为教师工资由州财政来支付，大学也是由州政府来管理；同时，内部治安和法律保护是州财政的又一主要支出项目。联邦政府在社会保障和国防等方面投入了大量的财力。可见，在德国，联邦、州、地方政府分别承担了政府支出的一定职责，形成了一个相对均衡的财政分权体系，地方财政在推动和促进地方性事务上发挥了比较重要的作用。

然而，德国州、地方两级政府也具有与事权不相匹配的财政短缺。德国《基本法》明确规定了各级政府的职能，但是，地方政府财政支出存在比较大的缺口。这种政府收入和支出之间的差距无法在短期内予以解决，地方财政面临比较严重的危机。其主要原因在于德国长时期的经济不景气导致了地方税收收入的缩减，而为了刺激经济增长，也必然导致财政支出剧增。一方面，试图解决高失业和福利救济的庞大开销；另一方面，试图改善地方投资基础设施建设，提高地方经济。尽管地方政府努力缩减开支，但是这种状况仍没有得到根本改善。2002 年，德国主要城市的债务已经上升到 100 亿欧元，相当于 10 年内增长了 10 倍，甚至在一些政府报告中已经出现了对财政改良的绝望①。

三　德国地方财政收入来源结构分析

与大多数国家一样，德国的财政收入以税收和收费为主，其中，税收在各级政府财政收入中占 95% 左右（邵学峰，2006）。德国的税收立法权

① Deutscher Stadtetag. http：//www. staedtetag. de/10/presseecke/pressedienst/artikel，2003 - 06 - 30.

高度集中在联邦立法机关，不仅对归属于联邦政府的税种有立法权，对于税收收入的全部或部分归州以下地方政府所有的其他税种也同样拥有优先立法权；但是，执行权和收入分配权分散于州和地方政府，各州在不与联邦立法权相冲突的情况下，在联邦专有的立法权限范围之外，经过联邦法律明确授权后，也享有一定的税收立法权。

从收入分配形式看，德国的联邦、州和地方形成了同源共享的政府间财政收入利益共同体。二战后，德国形成了中央和州以下两级政府分别征税的基本模式。在 1969 年的“财政大改革”之后，原来实行的两级政府（中央与州以下）分开征税的原则基本被放弃，取而代之的是一种“税收共享制”。德国现有 40 多个税种，共享税主要有工资税、固定所得税、非固定所得税、公司所得税、资本利得税、增值税、进口增值税。共享税收入占一般税收收入总额的 80% 以上，其中所得税为联邦、州和地方三级共享，增值税为联邦与州两级共享。在共享税中，所得税、法人税、增值税是 3 个最主要税种。二战后，德国上述三种共享税在不同层级政府之间的分配比例进行了多次调整。如表 2－4 所示，1950 年所得税和法人税还是州政府的专享税，此后这两种税逐渐演变成联邦政府与州政府的共享税种。经过 1969 年德国财政体制改革，地方政府开始分享所得税收入，其分得比率为 14%，联邦政府与州政府各分享 43%。并且在此次税收体制改革中，三级政府关于所得税的分配比率以及联邦政府与州政府关于法人税的分配比例相对固定，仅在 1980 年对所得税的分配比例进行了一次幅度极小的调整。1969 年德国把增值税由原来联邦政府专享税调整为联邦政府与州政府共享税，但没有明确规定分配比例，事实上每年联邦政府都与州政府就该税款的分配比例进行协商，并确定该年的分配比例，形成了增值税分配比例经常发生变动的现象[①]。20 世纪末期，德国共享税在各级政府之间分配比例基本上没有发生重大调整，共享税在各级政府税收总额中仍然占据极为重要的地位，地方政府对共享税依赖程度为 45.2%。

---

① 目前，德国地方政府共享所得税的 15%，增值税的 2.5%。

表 2-4 德国共享税分配比例演变

单位:%

税种	年限	联邦	州	地方
所得税和法人税	1950	—	100	
	1951	27	73	—
	1952	37	63	—
	1953 ~ 1954	38	62	—
	1955 ~ 1957	33	67	—
	1958 ~ 1962	35	65	—
	1963	38	62	—
	1964 ~ 1966	39	61	—
	1967 ~ 1968	37	63	—
	1969	35	65	—
	1970 ~ 1979	—	—	—
	所得税	43	43	14
	法人税	50	50	—
	1980 ~	—	—	
	所得税	42.5	42.5	15
	法人税	50	50	—
增值税	1950 ~ 1969	100	—	—
	1970 ~ 1971	70	30	—
	1972 ~ 1973	65	35	—
	1974	63	37	—
	1975	68.25	31.75	—
	1976 ~ 1977	69	31	—
	1978 ~ 1982	67.5	32.5	—
	1983	66.5	33.5	—
	1984 ~ 1985	65.5	34.5	—
	1986 ~ 1992	65	35	—
	1993 ~ 1994	63	37	—
	1995 ~	56	44	—

资料来源：〔日〕地方财政学汇编《税制改革的国际比较》，劲草书房，1995，第110页。

德国这种以共享税为主、共享税与专享税并存、共享税收入构成各级政府主要收入来源的分税体制，客观上形成了各级政府间的利益共同体，保证了地方政府在财政分权中的主体地位，有效调动了各级政府特别是地方政府在提供公共产品、制定产业政策、保证地方就业、扶植企业发展等方面的积极性，为促进经济效率的提高起到了比较好的引导和促进作用；同时，对于德国地方政府而言，可以起到加强税收征收管理，增加财政收入，在促进经济稳定发展和提高政府效率等方面都达到了引导和促进作用。

四　德国政府间财政转移支付体系分析

德国政府间财政转移支付的独到之处在于把财政的纵向和横向平衡进行综合考虑，并据此建立全面的转移支付体系。这种转移支付体系，在平衡地区间经济发展，促进各地居民社会福利整体提高等方面发挥了不可替代的作用。

德国的纵向转移支付是指在联邦、州和地方三级政府间的自上而下的财政分配体系，其原则根据各级政府事权和财政负担情况来分配资金，并根据经济情况不断做出调整，以使联邦、州和地方三级政府在财政资源上都得到均衡的优化配置。所采取的方式主要包括专项拨款和一般拨款，一般拨款是为了使下级政府能够完成其任务的拨款；专项拨款则是制定专门用途、与一定项目相关联的拨款。具体而言，德国纵向转移支付包括联邦对州的财政转移支付和州对地方的财政转移支付。联邦对州的财政转移支付主要采取增值税共享、联邦补充拨款、共同任务拨款三种方式。州对地方财政转移支付主要分为一般性分配金和特别需要分配金两种方式。一般性分配金不限定具体用途，地方可以自由支配使用，这类拨款通过基数拨款、特殊需要拨款和其他一般性拨款分配给地方，其额度占州对地方财政转移支付总额的70%。特别需要分配金则根据各地方的财力状况，对特殊需要给予专项拨款，其数额相当于州对地方转移支付资金的30%。德国纵向转移支付的主要目的在于不断提高地方财政实力，促进地方比较好地实现财政职能；同时，通过转移支付缩小地区之间的差距，促进各地区社会福利水平的普遍提高。

德国的横向转移支付主要是将经济富裕的州和地方的部分财政收入转移到较为贫困的州和地方，使后者人均收入达到全国平均水平。根据德国法律，人均财政收入达到平均值102%以上的州为富裕州，其超过平均值部分的一定比例作为转移支付资金资助贫困州，使贫困州人均财力达到全国平均值的95%。横向转移支付包括16个州级财政单位之间的分配和州内各地方（市镇）之间的分配两个层次，通过计算税收能力[①]、测算平衡指数、衡量平衡关系和划拨资金三个环节予以实现。通过横向转移支付，德国各州、州内各市镇之间的人均财政收入差距缩小，各州、地方的税收能力得到了不同程度的提高。

综上所述，德国为了平衡各层面、各地区经济发展的不平衡，使各地居民生活水平不过分悬殊，不断调整财政转移支付制度，已经形成了纵向平衡和横向平衡“纵横交错”的较为完善的体系，在总体上提高了地方的财政实力，使地方有能力行使各项职能、促进地方经济增长，保证各地之间的公共服务水平大体一致，促进了全社会收入分配和福利水平的提高。德国统一后，为了平衡原东、西德所属各地之间的差距，德国政府采取多种方式支持东部地区经济，东部地区获得的特别需要分配金和横向转移支付总额超过60%。

第三节 日本财政分权体制在地方经济发展中的作用

二战后，日本建立了现代财政体制结构框架，实行了在明确事权基础上的税收分权，具有明显的中央集权的特点。

一 日本政府间财政关系分析

日本财政管理体制具有明显的中央集权特色，表现在三个方面：第一，日本地方政府权限由中央赋予。如地方税在20世纪50年代由中央税逐渐下放后，地方税体系才逐渐形成。而财政支出范围也是在中央政府权限逐渐下放后，地方政府才逐渐拥有事权的责任和义务。第二，税收权力在中央与地方之间实行有限度的分权。即使经历了比较长的财政演变，目前日本中央政府仍管控着诸多与地方政府密切相关的重要财政权力，诸如

① 所谓税收能力，也称财力指数，是指一个州的税收收入、收费收入和地方税税收收入的综合，其中，州本级的收入全部计算在内，州内地方的税收则按照实际收入的50%计算。

地方税的立法权、地方债务发行审批权等仍归属于中央财政。第三，日本政府的纵向转移支付体系比较健全和完善。地方财政收入的一半以上来自中央政府的划拨；而地方政府则无权调整所接受的中央转移支付资金，必须按照中央政府的预算确定资金使用方向和规模，并定期报告财政运营情况，服从中央政府的调度和安排。

二战后，日本根据新宪法的规定，确定了地方政府财政自治的原则。地方长官由民主选举产生，并设置地方议会。在财政体制上实行一级政府一级财政，各级财政由本级政府负责，预算由议会审批授权，地方政府独立课税，上下级财政之间不存在行政上或业务上的管理关系。不仅如此，作为中央政府对地方财政进行统计、调查和协调的部门，其权限不在大藏省，而是由专门负责地方事务的自治省负责。

可见，虽然实行了分权制的财政框架，但是日本仍旧集中立法，地方自治是由中央政府赋予的，地方权限的大小由中央确定，地方财政管理范围由中央确定，在财政政策、收支调整以及预算划拨等多方面体现了中央政府立法权力的宽泛和权威。而与此相对应，地方政府则没有立法权限，包括税收立法权在内的财政管理权限都由中央立法规定，地方仅在十分有限的范围内具有选择权。比如日本《地方税法》规定了市町村可以征收的地方税税目，要求地方政府在此范围内选择（也可以不选择）可征收的地方税课税对象、税目、计税依据以及确定税率。中央政府规定了标准税率和税率变动幅度，地方政府如果不按照《地方税法》规定的标准税率征收，则必须上报中央政府；只有在有限的范围内，地方政府才能自主选择。上述财政管理权限的确定，虽然在一定程度上降低了地方政府财政政策的灵活性，但是从另一个侧面也反映出日本主导型经济体制所具有的政府力量在经济增长中的积极作用，可以清晰地在企业与政府之间进行信息交流，避免了中央政府制定财政政策和产业规划中来自地方政府的争议和影响。

二　日本地方政府事权与财政支出分析

日本预算管理体制实行法治化管理，一个重要部分就是明确了中央和各级地方政府提供公共产品的责任，赋予地方政府相对独立的社会经济职责和相应的财政经费。

日本政府确定了政府间相对独立的事权。日本的《宪法》、《地方自治法》、《财政法》、《地方财政法》等法律明确规定了地方政府的事权和职责范围。如表2-5所示。具有全国性、普遍意义的事权划归为中央，如国防、外交和公共安全等；都道府县则主要负责如港湾等公共产品的管理；而涉及居民日常生活的如消防、城市规划、卫生、住宅等则由市町村负责。同时，日本政府还规定了由中央和地方共同负责的事权，如公路、河流、教育、社会福利、劳动卫生、工商、农林行政等。地方政府更加贴近居民，可以根据本地居民的偏好和需求，提供适当的公共产品和服务；同时，也可以结合本地的特殊性发展相关产业，并提供本地企业相应的政策，间接地降低了地方性企业的运营成本，有效地提高了政府管理效率。

表2-5 日本中央与地方财政支出负担比例（1995~2003年）

单位：%

支出项目（大项）	财政支出项目（细项）	中央财政比例	地方财政比例
政府机关费用	一般行政费	19	81
	司法、警察、消防费	21	79
国防费	—	100	—
国土保护和开发费	国土保护费	28	72
	国土开发费	26	74
	灾害复旧费	37	63
产业经济费	商工费	65	35
	农林水产业费	40	60
教育费	学校教育费	15	85
	社会教育费	13	87
与社会保障有关费用	民生费	34	66
	卫生费	8	92
	住宅费	35	65
恩给费		90	10
公债费		60	40
其他费用		99	1

资料来源：〔日〕自治省编《地方财政白皮书（2004）》，2005，第8页。

在事权确定基础上，日本政府规定了政府间公共事务的财政支出原则，明确了地方政府的经费负担。第一，中央和地方政府共同负担的职责所发生的业务费、产出费用等由中央财政负担全部或部分费用，或者将某一事项划分为许多细项，然后确定中央和地方财政各自承担的具体比例。第二，议员选举等涉及国家利益的业务费用全部由中央财政负担。第三，地方公共团体及其机构所需经费由地方团体负担。第四，由中央政府独立进行的事业所产生的费用原则上由中央财政负担，但有时地方财政也负担一部分。如图 2－3 所示。二战后，在日本财政最终支出[①]中，地方财政支出约占 70% 的比重。

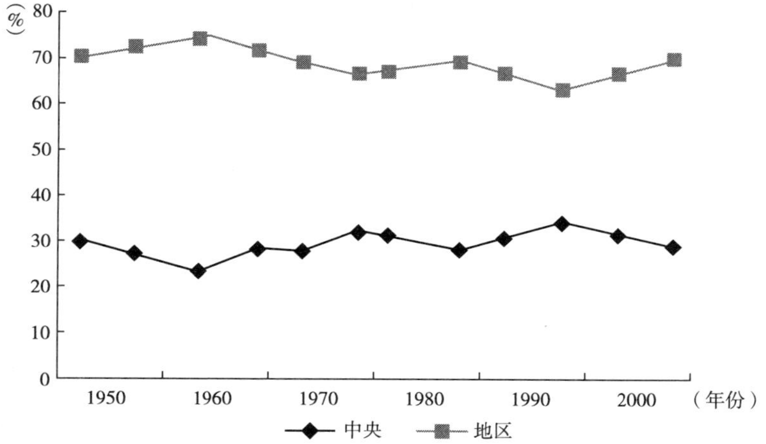

图 2－3　二战后日本中央和地方财政支出趋势

资料来源：根据〔日〕大藏省编《图说日本财政》，2006，第 84 页。

然而，日本各级政府的财政赤字逐渐膨胀，债务负担日渐加剧，财政赤字占 GDP 的比重已经远超 10%，在发达国家里面处于前列。鉴于日本人口老龄化问题日益严重、经济景气初现而经济增长式微，地方财政负担在短期内仍旧无法得到有效改善。

三　日本地方政府收入来源结构分析

和中央政府收入规模相比，地方政府收入规模相对较小。日本是一个

① 所谓财政最终支出，是指扣除了政府间转移支付所产生的重复支出后的各级政府支出总额。转移支付额计入接受转移支付的一级政府最终财政支出之中。

立法权相对集中的分权管理国家，税收在其财政收入中占据主导地位，占公共收入的 85% 以上，占经常收入的比重则往往在 95% 以上；相对而言，非税收入则一直在 5% 左右[①]。日本的税收立法权高度集中在中央政府手中，中央政府不仅负责中央税的立法工作，还负责地方税的立法工作。从财源的分配看，始终是中央税（也称国税）优于地方税，地方税属于中央税的补充；而在地方税中，府县税优于市町村税（郭冬梅，2007）。近些年来，虽然日本中央税规模已经从 1950 年 75.2% 的峰值下降到接近 60% 的比例，地方税收收入规模也由原来的 24.8% 上升到接近 40%，但是，中央税收入在税收总收入中占据大部分比重的状况并没有改变；同时，在都道府县与市町村的财源分配上，市町村税收收入规模在大部分年份都普遍高于都道府县规模。图 2－4 显示了日本中央税和地方税（都道府县和市町村）规模变化的基本趋势。日本财政收入规模在政府间的分配情况，一方面，反映出日本作为相对集中的分权制国家，中央政府在财政收入规模、立法权以及分配权力的主导地位，在平衡地方间分配差距、实行转移支付等方面具有比较强大的能力；另一方面，日本在地方税的划分上更加向基层政府（市町村）倾斜的趋势，从政策上提高了对地方经济的支持力度，也是政府努力改变市町村相对贫困、缩小城市与农村差距的一种政策性导向（郭冬梅，2007）。“地方行政的分权化，如果没有财政基盘的分权化是不行的”（大政川三，2000）。地方财政是财政体制的重要组成部分，地方财政的特点以及中央（或上级）政府的政策性因素，成为地方经济发展的重要依托，但是某些时候也会制约地方经济的发展。

日本在多级政府间明确规定了税源划分原则，地方政府以税种分享作为财政收入主渠道。概括而言，日本中央和地方税源划分主要依据三个原则（高强，2000）：一是以事权决定财权，“各级政府事务所需经费原则上由本级财政负担”；二是便于全国统一税率和征收的大宗税源归中央，而相对零散的小宗税源划归地方；三是涉及收入公平、宏观政策的归中央，而体现收益原则的税源归地方。通过以上原则，界定了中央和地方财政收

① 与此相关的详细内容可参见黄恒学编《公共经济学》，北京大学出版社，2002，第 275～278 页。

入的基本来源。按照这种划分，固定资产税、特别土地使用税、城市规划税、事业所税等税收都纳入市町村财政收入①。通过合理划分收入来源渠道，为各级政府提供了比较明确的物质基础保证，提高了日本公共产品供给的效率，为社会福利水平进一步提高确立了基础和前提。值得一提的是，近年来，日本政府在财政收入分配结构上发生了一定的变化。如图2－4所示，中央政府税收收入比重有所下降，地方政府特别是市町村一级的税收收入比重明显提高。一方面，反映出税收收入分配向基层级政府倾斜的倾向；另一方面，本着事权决定财权的原则，地方政府可以有更多的可供支配的财力用于地方经济发展。

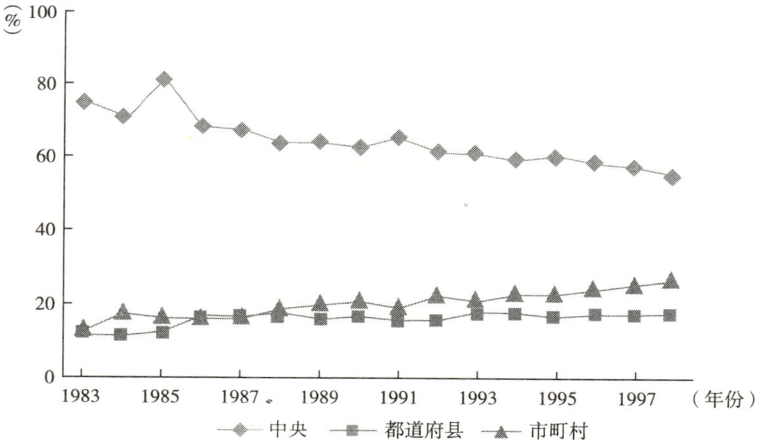

图2－4　日本政府间财政收入分配变化趋势

资料来源：高强编《日本税制》，中国财政经济出版社，2000。

四　日本政府间财政转移支付体系分析

日本地方政府财政收入无法满足日益增长的事权需要，所需资金大部分依赖于中央财政的资金转移，中央政府通过地方交付税、地方让与税和国库支出金三种主要方式，有效地发挥了对地方政府和地方经济的财政调控作用。

日本财政分权体制下的地方交付税，是一种以平衡各地区财政实力和

---

① 随着日本财政体制改革的不断进行，各级政府财政收入渠道也发生了一定变化。

纵向转移支付为目标的无条件拨款。日本根据“夏普劝告”于1954年颁布《地方交付税法》，明确规定了地方交付税的内容和形式。按照该法的有关内容，其资金来源是中央政府税收，具体为一定比例的个人所得税、法人税和酒税收入。这三个税种是日本主要税种，合计收入规模在日本中央级税收收入中大约占据了70%。之所以选择这三个税种所筹集的收入作为资金来源，主要目的在于确保地方交付税的合理规模和来源稳定，使政府有足够的财力促进地方经济发展，以制度和法律的形式予以落实。地方交付税最初实施阶段，其资金规模为上述三项税款的20%，之后经过数次修订法律，比例不断提高，目前在32%左右。其使用渠道中，94%作为普通地方交付税，用作弥补地方财政收入的不足，即基准财政支出超过基准财政收入的额度；其余6%作为特别地方交付税，用作特殊情况下（如自然灾害等）地方政府无法预知的或有财政资金需求。

日本通过地方让与税，把某些中央政府集中征收的税种按照一定标准下拨给地方政府，使之成为地方政府可支配的资金来源。从平衡地方财力的角度看，地方让与税与地方交付税的目标是一致的，但是也具有明显的区别。首先，地方让与税是以税种的形式存在的，在税法中有“让与税”，该税种以转移支付的方式划归地方使用；而地方交付税是一种资金的无偿划拨，不以税种的方式体现。其次，地方让与税名义上属于中央税，但是并不列入中央财政预算，其税收征收后，直接列入地方预算级次。最后，地方让与税属于专项转移支付，是针对地方政府某一方面的财力平衡而设立的；地方交付税则针对地方政府总收入和支出之间的差距进行补充，具有综合平衡地区间财力的功能。目前，日本地方让与税涉及5个税种，包括地方道路让与税、石油液化气让与税、特别吨位让与税、汽车重量让与税和航空燃料让与税。这些税种收入规模较小，在地方财政收入中的比例约为2%。

日本中央政府通过国库支出金的方式弥补地方政府财力不足。国库支出金是一种严格规定用途和其他附加条件的财政转移支付形式。主要包括三种类型：一是国库负担金，即地方政府兴办关系到国家利益的项目时，中央政府提供项目所需的部分或全部资金；二是国库委托金，即中央政府把本来属于本级政府的事务委托给地方政府办理，并提供给地方政府相应拨款；三是国库补助金，其在于宏观调控的需要或者平衡地方经济发展，拨付给有关地方政府的财政资金。国库支出金在日本地方政府财政收入中占据重要位置，在都道府县的财政收入中所占比重约为30%，在市町村财政收入中所占比重约为20%，这些资金的拨付和使用对于日本地方经济发展具有不可估量的作用。

综上可见，日本政府通过地方交付税、地方让与税和国库支出金“两税一金”为主控方式的财政转移传导机制，将资金来源属于中央级的财政收入，通过同源分割、核定科目或者委托责任等方式，由中央政府直接向都道府县和市町村两级地方政府分配，以平衡和弥补地方政府履行事权的资金缺口，很大程度上弥补了地方财政的缺口。三种转移传导方式在地方财政收入中所占比重接近1/3。通过这种方式，不但有效地平衡了不同发达程度的地方政府资金需求，促进地方横向分配公平，而且提高了财政资金使用和公共产品供给效率，也促进了地方所属企业的发展和本地区特色产业政策的有效实施。

第四节　发达国家财政分权体制与地方经济发展

一　发达国家财政分权体制比较分析

美、德、日在20世纪逐渐确立了相对成熟的、具有本国特色的、分权管理的财政体制模式，在促进本国、地区间经济发展上发挥了积极作用；但是，也存在着有待改进的方面。通过比较，三国财政分权体制在促进地方经济发展中都采取了较为合理的制度安排。

样本国家在事权划分上，都以法律形式明确了政府间公共产品和服务的责任归属，政府间事权既相互独立，又互为补充，共同发挥作用。国防、外交等具有全国意义的事务由中央负责，而涉及地方教育、社会治安、保健等则由基层政府（市镇或市町村）负责；除此之外，还有一些事权或者由政府间共同负担，或者由中央政府委托地方或基层政府负责，并支付相应的资金。然而，在事权的分配上，发达国家的上级政府（比如相对州而言的中央政府、相对市镇而言的州一级政府等）所发挥的作用不同。就财政权限划分而言，美国更加注重地方政府间的竞争，日本注重中央政府的主导能力，德国则注重政府间的均衡分配。在确定政府间财政管理权限上，美国赋予州以下政府（特别是州）更多的自主权，凡是联邦没有禁止的权限，州以下政府都可以作为本辖区的事权范围。美国的这种分权体制则赋予州以下的政府更多的权力，特别在立法权上，州政府有更多的机动性，从而促使各州和地方可以结合本辖区特色灵活地提供各种公共产品和服务，更好地提高本辖区内资源优化配置和效率。日本和德国都实行了集权基础上有限分权，财政立法权力都由中央立法机构行使，只有在税率确定、税目选择等有限的范围内，地方政府才有一定的机动权，保证了国家财政政策调控的有效实施，也在一定程度上提高了制度效率。从另一个角度看，财政立法权限的相对集中，可以有效抑制地方权力过于膨胀和不计成本的滥用，降低由于政策制度原因造成的分配不公发生的可能性。德国财政分权体制更加向联邦和州政府倾斜，这两个层级政府的权力划分相对均衡。联邦、州在权限划分上明显优于地方，联邦在“框架性的总体立法权限”上制定总的原则，而涉及州以下的财政权限实则大多由州去完成；而“排他性立法权限”则由联邦与州共同拥有；涉及到具体的州“独有”权限，联邦则不能干涉。这样的财政权限划分，可以保证州在立法过程中，既不违反联邦政府法律，又维护了州以下广大选民的基本需求，也有效地推动了地方经济发展。对于日本而言，财政分权更加向中央政府集中，地方权限的大小由中央赋予，地方财政管理范围的政策，地方政府则没有立法权，仅在十分有限的范围内具有选择权和执行权。日本财政管理权限的确定，一定程度上降低了地方政府财政政策的灵活性，但是，这也反映出日本政府主导型经济体制所具有的政府力量在经济增长中的积极作用。

样本国家的地方政府财政收入都以税收作为主要渠道，在税收制度及其运行上却各具特色。美国属于税收权限分散的国家，联邦、州和地方政府都拥有各自独立的税收立法权、管理权和征收权；财政收入规模在政府间的分配呈倒梯形分布，政府级别越高，拥有税收就越多；在税收收入划分上采取同源共享的形式，主要税种在三级政府之间合理配置，使各级政府尤其是地方政府拥有稳定可靠的收入来源，为履行事权职责、合理进行资源配置奠定了坚实的经济基础。德国属于税收权限均衡型的国家，税收立法权相对集中，诸如税种的开征与停征、税法的解释、税目增减、税率调整及税收减免等权限都由联邦政府负责，收益权和征收权则分属于联邦、州以下政府；财政收入规模在联邦和州以下（州和地方）之间相对均衡，在州以下政府中，州持有的比重则相对较多，市县一级政府的税收收入仅占较少比例；收入来源主要以同源税为主、以独享税为辅，很多税额较大的税种一般都实行同源共享，具体包括工资税、固定所得税、非固定所得税、公司所得税、增值税等，大约占税收收入总额的75%，各级政府独享的税种种类虽然较多，收入规模却没有同源共享的税种大，如联邦的统一附加税、州的财产税、地方的土地税等。日本属于税收权限较为集中的国家，税收立法权、分配权大多集中在中央一级，征收权部分由都道府县以下负责；税收收入来源以独享税为主、以同源税为辅，确定了分属于中央、都道府县和市町村的税种，同源税一般都是主体税种，在中央和地方之间分享。发达国家根据本国实际情况确定合理的税收分配关系，使地方财政在有效的范围内促进本辖区经济发展，同时又充分挖掘本辖区的税源，无论在优化资源配置、促进收入分配以及提高社会福利水平等方面，都符合“效率原则”的政策性安排。

样本国家都制定了比较完善的政府转移支付体系，在提高地方财力上发挥着不可替代的作用。美国虽然强调市场竞争，但是其以财政转移支付为主要方式的政府行为在提高社会福利水平过程中也发挥了重要作用。在美国的转移支付体系中，所有的立案项目都通过法律程序规定相应的用途、渠道、规模，并且在所有的转移支付方式中，有条件拨款（分类拨款和整块拨款）占据了绝大部分，通过“较为苛刻”的测算计算拨款数额，而无条件拨款在州以下政府财政转移支付款项中仅为较少比例。美国这种有针对性的拨款，可以保证联邦政府部分的控制力和拨款效率，还可以在一定程度上抑制州或者地方的辖区间竞争，对于优化资源配置和促进社会福利提高等都发挥了积极作用。日本的转移支付制度相对灵活，《地方预算法》《地方自治法》《地方税法》等对各级政府间的财政转移支付内容和形式有明确规定，中央政府可根据经济发展状况对包括“两税一金”在内的转移传导机制进行调整。根据大藏省的统计数据，日本中央级财政收入每年大约有45%通过各种形式转移到地方政府。日本自上而下的财政转移支付制度，有效地纠正了各个层级财政收支失衡，助推了地方经济增长。德国的政府转移支付规范而全面，《基本法》明确规定的“生存条件一致原则”以及《税收分配法令》、《联邦与州间财政平衡法令》等对政府间转移支付制度及相应程序都做出了明确规定，从而为德国纵向、横向的财政转移支付制定了明确的制度规范。德国政府部门的转移支付体系关注社会福利的均衡发展，不仅构建了联邦和州以下、州对地方的纵向转移支付体系，还构建了州际之间的横向转移支付体系。这种“纵横交错”的财政体制在规定了基本水平前提下，超过富裕指标的州向低于平均指标的州进行资助，既保证了富裕地区的财力，又保证了相对贫穷地区的经济和福利水平，起到了“济贫不劫富”的经济效果。两德统一后，这种横向分配机制对原东德所属的州和地方起到了“导流渠”的作用，曾一度在促进德国东部地区经济发展过程中凸显效果。

当然，样本国家都面临着比较严重的政府债务负担。美国的三级政府都存在着不同程度的债务负担，如2005年美国公众持有的联邦政府债务为4.013万亿美元，相当于同期GDP的33.6%（Rosen，2005），而州和地方政府也借债，1999年州和地方未偿债务为1.37万亿美元。美国高企不下的债务形成了较为沉重的代际负担。日本债务高企、财政预算平衡目标难以实现是制约其经济发展的一个主要因素，居高不下的财政赤字成为经济发展的压力。人口老龄化要求政府对现有养老金制度做出调整，初步景气的宏观经济不允许财政政策做出紧缩的选择，亟待支付的债务利息居高不下等，都致使日本财政负担在今后一段时间内无法得到缓解。德国地方财政的主要职责在于鼓励储蓄、刺激投资、保护竞争、支持薄弱生产部门以及促进中小企业发展。而近年来德国经济放缓，与此相伴的是社会福利支出规模加大、失业率居高不下、企业经营状况呈现颓势，这些都需要各级政府加大资金投入以振兴经济。德国政府为了刺激地方经济增长，一方面实行各项税收优惠政策；另一方面又需要加大基础设施和公共服务资金投入，短期内也无法改变政府遭遇的经济与预算方面的窘境。

二　地方经济均衡发展中的财政作用

财政分权体制体现了地方政府在市场中的地位和作用。从所选样本国家的财政体制以及政府间关系可见，经济发展水平、政府和市场的关系一定程度上决定了财政分权的表现形式，而财政分权的体制性效果又反馈出经济发展程度和政府的行为表现。政府间财政分权体制的形成并没有可供遵循的规律。首先，并没有“可供复制”的分权体制可以作为理想的模式。样本国家尽管都属于经济发达国家，其分权化的财政体制也各具特色。政府分权程度的高低是国家历史演进的结果，而不是通过模型方法可以明确选择的事物。其次，市场经济体制比较健全的国家在促进经济增长过程中，通过形式各异的财政分权体制保证了社会福利的不断提高，并不是单纯地关注经济效率，而更多地兼顾经济增长、收入分配等改善福利的诸多变量，在关注效率与公平均衡的过程中促进经济协调发展。最后，无论国家经济体制如何，财政分权体制都存在着相对集权，上级政府保有相对富足的财力，可以在次级政府中平衡和协调，并没有放任次级政府的无序竞争和差距拉大。

正如 Rosen（2005）所谈到的，“联邦制是一种切实可行的制度。（它）允许地方社区自行决策，很可能会增进地方公共产品提供的效率。然而，效率和公平也可能要求中央政府发挥重要的经济作用。特别是，只用地方财政为地方公共产品筹资，这种制度被认为是不公平的”。在财政分权体制框架下，地方政府财政目标不仅在于促进本地区经济增长，还力求实现区域间分配状况的改善；上级政府在体制框架下保有一定财政控制权，通过必要的机制建设支持地方经济的发展，实现必要的平衡与协调。这通常是实行财政分权的国家或政府的一般性选择。

第二篇　事实与检验

第三章
中国财政分权体制改革发展与演进

中国财政管理体制的发展路径有别于发达国家而走了独特道路。财政分权体制内生于经济体制，中国财政分权体制几经曲折，从计划经济条件下的中央集权模式逐渐过渡为经济转型期间的渐进分权阶段。每一次中央与地方对事权和财权的分配都凸显了政府间权力关系的重新整合。本章对财政分权体制发展的背景、基本路径、分权化改革内在逻辑以及政府间财政关系演变的目标模式进行系统性分析，并以此作为后续章节研究中国财政分权与经济发展的逻辑起点。

第一节　计划经济下财政管理体制

计划经济条件下，国家财政集公共服务职能和资产管理职能为一体，财政体制在统一计划下实现政府职能。虽然也进行过下放权力的改革，但是其目的在于缓解中央政府的管理压力，而不是为了提高地方经济效率。地方政府权限仅仅是中央政府随意收放的权力末梢，并没有严格意义上的财权和事权。但是，中国在财政体制上的阶段性改革不失为推动财政分权的有益尝试。

一　高度集中的财政管理体制

新中国成立伊始，国内外经济形势不容乐观。一方面，第二次世界大战刚刚结束，世界各国经济大多处于恢复和发展阶段，以美国和前苏联为主的两极矛盾逐渐升级，局部地区仍笼罩着战争阴影；另一方面，国内经济形势不容乐观，长年战争创伤将国民经济推向了崩溃边缘，通货膨胀、财政困难等大量难题需要破解，而且我国周边还存在着安全隐患。客观的国际国内环境要求政府在迅速抑制通货膨胀、稳定物价、扭转财政困难、促进经济恢复等方面发挥作用。在国家层次上的两种权力——政治权力和财产所有权高度重合阶段，传统经济体制下国家财政成为国民经济的主要分配渠道，承担了经济建设所需的绝大部分资金。

此阶段财政所具备的公共管理职能和国有资产管理职能无法分离。财政管理体制高度集中，忽视或者放弃市场机制的作用，而以庞大复杂的计划性指标作为经济发展的直接指导，参与国有企业的生产经营和利润分配。财政支出大量向生产建设领域投入，存在着大量结构性矛盾。受前苏联的影响及现实国情，中国领导人选择了重工业优先发展战略，希望加快实现工业化和现代化（胡书东，2001）。“一五”时期，国家在财力有限的情况下，集中力量建设前苏联帮助建设的156个大项目、694个限额以上重点项目。在此期间，国家基本建设总投资中，重工业为85%；在工业基本建设总投资中，重工业占72.9%①。自此，优先发展重工业成为长期的基本指导思想。由于发展重工业需要大量的资金作为前期投入，这种战略构想超出了国家在特定历史时期的财政负担，即使是在财政高度集中统一管理的情况下，也长期呈现出资金大量短缺。不仅如此，重工业优先发展的战略是以压缩、降低其他产业资金投入以及忽视财政公共管理职能为代价的，在资源配置、资金筹措以及结构分配等方面都产生了尖锐矛盾。

财政收入的模式沿用了前苏联“非税论”思想，所需资金大多以国有企业经营收入为主要形式。“非税论”忽视生产力发展状况与税收的关系，认为税收是公有制经济和社会主义分配关系的“异物”。从所有权关系看，社会主义财产和产权属于全社会所有，不存在所有权多元化问题，虽然企业上缴预算收入也存在着税收形式，但是本质上并不具备税收的属性。从分配制度看，否认了社会主义制度下国有经济存在税收这一分配形式，甚至前苏联的个别财政学者主张废除“周转

① 数据来源：国家统计局编《中国统计年鉴》，中国统计出版社，1992，第158页。

税”这个“不合理的术语”，认为“在社会主义经济中，没有国民收入再分配的关系，没有像在资本主义经济条件下的捐税那样的再分配工具”。从财政收入形式看，把国有企业的周转税视为包着税的外壳、与利润缴款相同性质的财政收入形式，形式上虽然是税，其实质仍旧为利润上缴。

财政职能要关注于公共产品和服务的数量和产品质量，而不是直接参与市场经济活动，更不应该忽视市场机制的作用而“大包大揽”。但是，计划经济条件下，国家管理和控制着全部的社会经济活动，中央财政实际上变成了国家经济的“账房”，自上而下管理着不同产业、行业以及企业经营；地方政府部门则成为中央的附属品和分支机构，无法发挥其在资源配置和公共产品供给方面的优势。这种管理体制给中央带来了极大负担，财政部门管理着庞大、复杂的国家经济机器，并且这部机器及其职能也随着国家经济社会的不断发展而日益复杂，单凭中央财政难于驾驭，也不利于对地方政府的激励，导致一系列的低效率。

二　财政集权管理困境：分权化改革诱因

计划经济体制下，社会生产和分配由计划部门制定并组织实施。投资、生产、消费等指标实行统一管理，每个微观经济行为主体——消费者和企业都是被动的接收者。一方面，消费者在短缺的经济体制下消费不足；另一方面，每个企业的资本设备、技术水平、劳动生产率等绩效指标完全由计划部门制定，企业毫无自主权①。在此情况下，中央财政面临着成千上万的企业而制订计划，面临着诸多无法预料的情况和难以想象的困难。

庄宗明（2005）通过对计划经济模式的分析，认为中国传统体制下财政集权面临三项难以履行的任务。第一项是获取大量有关其控制的全部企

① 在当时的历史条件下，国有企业直接持有的现金数量很少而且管理很严。国有企业资金来源主要是财政拨款，即使是银行信贷资金也主要依靠财政拨款，基本上没有商业信用等其他筹集资金的渠道。一个极端的例子是，在很多企业中，厂长能够直接支配的现金还不到1000元人民币。参见胡书东（2001）。

业的生产条件以及千百万消费者需求条件的信息。由于计划经济条件下这种信息获取是“不可能做到的”，因此，也就无法有效地选择要生产的成千上万种产品，向企业分配生产定额以及向其供应恰如其分的投入数量。第二项是即使它（中央政府）能够知道每个企业的经济条件，要想向每个国有企业的厂长提供有效的激励，以利于提高生产效率，扩大企业生产能力以及有效地生产新产品也是相当困难的。“计划经济条件下，中央政府可能允许企业经理分享利润，可能求助于其爱国主义情感，并且对成功者奖以荣誉”。但是，由于生产目标是“武断确定的”，因此，难以判断哪些企业厂长应该受到嘉奖。第三项是计划经济条件下企业并不是为了盈利而经营，价格机制难以发挥作用，即使可以通过价格影响消费，也无法做到鼓励或者抑制生产。

上述内容实证性地分析了计划经济条件下激励不足的问题，其根源在于集权化的财政管理体制所导致的信息不对称、监督力量薄弱以及软预算约束等问题。一方面，高度集权的财政管理体制不利于调动地方政府的积极性，而地方政府激励不足会降低设立在地方辖区内项目建设和国有企业的生产经营效率；另一方面，集权化的管理体制也不利于企业和个人等微观经济行为主体的积极性，甚至由于背诺而产生诸如棘轮效应等负激励结果。随着经济发展，出现越来越多的在建项目和各种行业的企业，财政集权统一管理则越来越困难，经济体制必然要求对财政权力划分做出必要调整（叶振鹏、张馨，1999）。在此期间，国家试图下放部分权力，以缓解中央政府压力。1951 年 3 月颁布了《关于 1951 年财政收支系统划分的决定》，将国家预算分为中央、大行政区和省级三个级别，实行“与中央预算相对应的（大行政区和省级）地方预算”。但是，这种分级财政管理体制仍旧将权力集中在中央和大行政区，赋予省以下的权力是很低的，因此，1951 年的分级管理体制仍然被视为一种统收统支的财政体制。1953 年开始，大行政区由一级政府机构调整为中央派出机构，县（市）级政府机构基本健全，实行了中央、省（直辖市、自治区）、县（市）三级财政管理体制，进一步扩大省以下地方政府的财政管理权限，实行统一领导、分级管理的财政体制。这种财政体制是在计划经济体制下试图调动地方政府积极性的一种尝试。但是，从总体上看，财权和事权仍旧是高度集中的。中央财政支出占全国财政支出的74.1%，相比较，地方财政支出占25.9%[①]。因此，从1958年开始，我国尝试在计划经济体制下改革传统财政体制，逐步加大向地方放权的幅度，以确立合理的政府间财政关系。

三　财政分权体制改革的初始模式

“二五”时期，中央政府决定调整经济管理体制，将一批中央直属企业下放到地方，同时相应地下方财权和事权。自1958年开始，实施“以收定支，五年不变”的财政管理体制，进一步明确划分地方财政收支范围，扩大地方政府的管理权限，在保证国家重点建设所需财力前提下增加地方政府的机动财力。第一，在财政支出上明确了地方政府预算支出范围，包括经济建设支出、文教卫生支出、行政性支出以及其他支出；同时，中央每年确定一次专项转移支付款项，用于支付地方基本建设投资、重大灾荒救济、大规模移民垦荒等特殊款项，作为地方政府财政支出的补充。第二，在财政收入上继续实行分类分成方式，属于地方财政收入的主要有三种，即由地方税和地方企事业收入构成的固定收入；由中央企业利润额的20%构成的企业分成收入；由商品流通税、营业税、所得税、农业税、公债收入所构成的调剂收入划拨给地方的部分。第三，根据各地正常支出需求，分别确定划拨的收入项目和分成比例。在地方政府满足正常支出需求情况下，不再划拨其他收入，而多余部分则按照一定比例上缴中央。第四，地方正常支出和收入分配数额都以1957年的预算为基数，收入项目和分成比例确定后原则上五年不变，地方多收可以多支，年终结余可以留作下一年使用。第五，明确了国有企业利润分配制度，取消了原来的奖励基金制，实行企业和主管部门利润全额留成制度，已经实现的企业利润，大部分上缴国家财政，少部分留作企业“四项费用”[②]，以补充企业流动资金和计划内基建资金，少部分用于奖金发放、职工福利及生活困难救

① 孙开：《多级财政体制比较研究》，中国经济出版社，1999，第328页。

② 即技术组织措施费、新产品试制费、劳动安全保护费和零星固定资产购置费。

济等。

1958 年的财政体制改革内容广泛、变化较多，是我国在计划经济条件下推进政府间财政关系的一次重要尝试。但是，这次改革是在“大跃进”背景下进行的，很多指标出现了高估，瞎指挥、浮夸风比较严重，影响了国民经济建设和财政分权体制改革的运行。在此情况下，1959 年将财政体制调整为“总额分成，一年一变”，同时规定了若干的总额分成管理办法。由于“大跃进”期间经济工作指导思想的失误，以及三年自然灾害和中苏关系的破裂，中国经济面临着严重的困难局面。为了尽快摆脱这种严峻局势，1961 年中央提出“调整、巩固、充实、提高”的八字方针，进一步对财政体制进行了较大调整。主要内容包括：第一，纠正财政过于分散的状况，突出财政管理的集中统一，把财政管理权限重新集中在中央、大区和省（直辖市、自治区）三级政府。第二，继续实行“总额分成，一年一变”办法，但部分重点企事业的收入重新收回到中央管理，将其调整为中央固定收入，在财政支出方面把基本建设拨款改为中央专案拨款，强化了中央对基建资金的管控。第三，通过“纳（纳入预算）、减（减少数额）、管（加强管理）等办法对预算外资金进行整顿”。

“总额分成，一年一变”的财政分权体制有效克服了当时的经济困难，同时也与计划经济体制相适应，因此也成为相当长一段时期财政分权体制的核心思想。至改革开放时期，在此思想上采取了多种改革尝试，但大多是这种财政分权体制改革的变种①，只是围绕中央政府直接控制权的大小在中央和地方之间进行有限的“集权—分权”重复调整，并没有突破原有的体制性框架，没有从根本上改变中央和地方的关系，对地方政府下放的事权和财权十分有限，对国有企业的激励范围也比较小。

---

① 在 1971～1973 年实行的“定收定支、收支包干、保证上缴、结余留用、一年一定”的“收支包干”管理体制；1974～1975 年实行的按照固定比例留成、超收分成，支出包干的体制。大多都是沿用了“总额分成，一年一变”的管理办法，都可以看作是中国在计划经济条件下对财政分权体制改革的有益尝试。

第二节 渐进式分权：财政管理体制转变

计划经济时代特定的历史条件下，作为经济体制的重要组成部分，财政管理体制比较有效地发挥了筹集社会资金、实现经济恢复性增长的作用。但是，计划经济条件下财政体制改革是以缓解中央政府压力为前提，并没有赋予地方政府，尤其是基层政府部门更多的财权和事权，分权化改革实质上变成了中央政府有限度的“授权”。中央和地方政府进行的若干次权限划分并没有从根本上促进地方经济的自主发展，相反，却固化了“以扭曲的宏观政策环境、高度集中的资源计划配置制度和没有自主权的微观经营机制为特点的三位一体的传统经济体制”（胡书东，2001）。改革开放以来，经过对经济体制诸多领域的大规模改革，逐渐完善了财政分权管理体制，进一步规范了政府间关系以及政府—企业的关系，这一体制性演变主要通过四个阶段完成的。

一 改革开放初期的财政管理体制

1977 年开始，中央政府决定在江苏省实行新的财政管理试点。这次财政体制改革的试验采取“收支挂钩、全额分成、比例包干、几年不变”的办法。具体做法是根据该省历史上地方财政支出与收入的比例，按照“以支定收”的办法确定一个收入上解与留用分成比例。比例确定后，地方性支出主要从地方财政收入中自行解决，多收多支，少收少支，自求平衡；如遇特大自然灾害或企事业隶属关系转变，则在年度财政结算时通过降低收入上缴或者中央补助另行补充。1980 年 2 月，中央政府在试点经验基础上，颁布《关于实行“划分收支、分级包干”财政体制的暂行规定》，决定除京津沪之外，其余地方都采取不同的“分灶吃饭”的财政管理体制①。

① 1980 年的改革主要采取四种不同的类型：一是对广东、福建采取“定额包干，一定五年”类型；二是对河南、河北、辽宁、吉林、黑龙江、山东、山西、陕西、甘肃、湖南、湖北、安徽、江西、浙江、四川 15 个省采取“划分收支，分级包干，五年不变”的类型；三是对内蒙古、宁夏、新疆、西藏、广西 5 个自治区和云南、青海、贵州 3 个少数民族聚居区实行特殊的民族自治预算体制；四是对江苏继续实行自 1977 年开始的固定比例包干办法。

同时，这一阶段也初步确立了国有企业经营的激励机制。1978 年 11 月，颁发了《关于国营企业试行企业基金的规定》等文件，规定企业在完成国家下达的产量、品种、质量、原材料、劳动生产率、成本、利润等 8 个指标后，可按照规定比例从利润中提取企业基金，超收多留，用于职工集体福利、改善设施、弥补职工福利基金、发放奖金等。1979 年、1980 年先后颁发《关于国营企业试行利润留成的规定》和《国营工业企业利润留成试行办法》，相继确定了盈利企业利润留成比例及其用途。

总的来看，这次改革是建立新型财政管理体制的重要一步。一方面，中央与地方财政体制和权限的划分，改变了以往以“条条”“块块”为主，扩大了地方财政统筹安排收支行为的自主性，扩大了地方财权和事权；同时，财政体制由原来的频繁变化改为五年不变，在一定程度上稳定了财政政策，降低了地方政府“年初争指标、年中争追加、年底吵遗留”的状况，在一定程度上硬化了预算约束，提高了政策的激励效率。另一方面，以企业基金制和利润留成为方式的国有企业激励机制的建立，扩大了国有企业自主权，规范了企业经营管理实施办法，有利于国有企业关注经营绩效，对激励企业经营行为具有较强的促进作用。

当然，这一阶段的改革也具有较多的问题。在中央和地方财政权力划分过程中，主要表现在：一是中央财政仍旧存在较大困难，资金缺口较大；二是财政体制改革和经济体制改革没有同步，经济体制改革中不断显现的问题导致财政政策的修修补补，增加了很多开支，降低了预算约束效果；三是政府职能仍旧没有理顺，财政仍然具有公共服务和资产经营的双重职能，放权必然导致对地方政府激励效果的扭曲。在国有企业激励方式上，由于基金和利润留成的基数不合理，使原来管理基础差、利润基数小、增收潜力低的企业获得了高比例留成，而原来管理基础好、利润基数大、增收潜力高的企业反而降低了留成比例，由此产生了明显的“鞭打快牛”的棘轮效应；同时，由于影响企业利润水平的因素较多，利润增长幅度大的国有企业具有较多留成，导致企业利润留成刚性增长，而上缴财政的收入比例则相对降低。

二 以两步“利改税”为起点的财政分权体制改革

为进一步规范中央与地方的财政关系，建立合理高效的财政管理体系，在总结1978～1980年的财政体制改革经验基础上，于1983年、1984年实行了两步“利改税”，使得政府间财政分配关系发生新的变化①。同时，在1985年开始，在各省（直辖市、自治区）实行“划分税种，核定收支，分级包干”的财政管理体制。

这次财政体制改革明确了中央和省以下财政分配的关系。首先，在财政支出方面，中央与地方财政仍旧按照企事业单位的行政隶属关系划分事权。属于中央财政支出范围的包括中央基本建设投资；中央企业挖潜改造资金、新产品试制费和建筑费；地质勘探费；国防费；对外援建支出、外交支出；国家物资储备支出；中央级的农村水利事业费；工业、交通、商业部门事业费；文教科学卫生事业费；行政管理费等。属于地方财政支出范围的包括地方统筹基本建设投资；地方企业的挖潜改造资金、新产品试制费和建筑费；支援农业支出；城市维护建设费；地方农村水利事业费；工业、交通、商业部门事业费；文教科学卫生事业费；抚恤和社会救济费；行政管理费等。中央还负责对地方出现的特大自然灾害、特大抗旱防

① 1983年4月实施的第一步利改税，将国有企业原来向国家缴纳纯收入的上缴利润分配形式，改为向国家缴纳所得税、调节税等税收分配形式，把国家与企业的利润分配关系用具体的法律形式固定下来。主要内容包括：一是盈利性的国有大中型企业（含金融保险企业），先根据其实现的利润按照55%的税率缴纳所得税，税后利润部分，除按照国家核定的留利水平留给企业外，其余部分根据企业不同情况分别采取递增包干上缴、固定比例上缴和缴纳调节税等办法上缴国家财政。二是盈利性的中小企业，根据其实现利润情况，按照八级超额累进税率缴纳所得税，纳税后企业自负盈亏；但税后利润较多的企业，国家可以收取一定的承包费。三是企业要合理分配使用税后利润，建立新产品试制基金、生产发展基金、后备基金、职工福利基金和职工奖励基金，前三项不得低于留利总额的60%，后两项比例不得高于40%。1984年9月实施的第二步“利改税”，将国有企业应当上缴国家的财政收入按照11个税种向国家交税，缴税后利润企业自留。一是将原来实行的工商税按照性质划分为产品税、增值税、营业税和盐税4个税种；产品税按照税目细化，并适当调整税率；二是继续对盈利的国有企业征收所得税，其中大中型企业按照55%的统一税率征收，小企业按照八级超额累进税率征收；三是对企业交纳所得税后利润超出合理留利部分，还要以换算后的1983年利润为基数加征调节税；四是扩大利改税实施范围，按照不同企业类型征税。

汛等提供支援和专项拨款，建立支援不发达地区经济的发展基金等。其次，在财政收入方面，基本上按照第二步利改税后的税种来划分政府间财政收入范围。主要分为三类：一是中央财政固定收入，主要包括中央国营企业的所得税、调节税；铁道部和各银行总行、保险总公司的营业税；关税；国库券收入；国家能源交通重点建设基金；石油部、石化总公司、有色金属总公司所属企业的产品税、营业税、增值税的部分税收收入（70%）等。二是地方财政固定收入，主要包括地方国营企业所得税；调节税；农牧业税；屠宰税；集市交易税；牲畜交易税；车船使用牌照税；城市房产税；城市维护建设税；石油部、石化总公司、有色金属总公司所属企业的产品税、营业税、增值税的部分税收收入（30%）等。三是中央财政与地方财政共享收入，主要包括产品税；增值税；营业税；资源税；建筑税；盐税等。财政收入的40%以上是中央财政固定收入和地方财政固定收入，其余少于60%的比例为中央和地方财政共享收入①。再次，地方财政支出与收入规模挂钩。凡是地方固定收入大于固定支出的，超额部分定额上解；地方固定收入小于固定支出的，则从中央和地方共享收入中确定一个分成比例留给地方；地方全部固定收入和共享收入仍不足以弥补支出的，则由中央提供定额补助；地方多收即可多留，少收则少留，地方财政自求平衡。最后，该体制规定了财政收支包干基础的确定办法。

两步“利改税”的实施，消除了原有的利润留成制存在的缺陷，调整和完善了中央和地方政府之间的分配关系，把地方政府的事权和财权相应地结合起来，调动了地方政府发展经济的积极性。但是，由于我国区域之间差异较大，地方政府之间的财政经济状况也有很大不同，上解收入规模或者财政缺口也反映出很多问题。一些地方政府财政收入大部分上解中央，地方留成比例过小，非常不利于对地方政府部门的激励，导致地方财政收入增长缓慢，甚至影响到中央、地方财政收入以及经济的稳定发展；而一些财政支出—收入比例较大的省份，通过向中央政府申请援助，获得了较多的财政转移款项，软预算约束存在着扩大的趋势。在这种情况下，1988年对财政管理体制作了进一

① 叶振鹏、张馨：《公共财政论》，经济科学出版社，1999，第514页。

步调整，全方位地推进了财政承包制，试图解决财政体制对地方政府的激励问题。财政承包制在全国范围内主要采用了收入递增包干、总额分成、总额分成加增长分成、上解额递增包干、定额上解、定额补助六种形式。同时，对国有企业也实行了相应的含税承包责任制，采取“包死基数、确保上交、超收多留、歉收不补”的基本原则，包上交国家利润，保证完成技术改造任务，实行工资总额与经营绩效挂钩，也相应地采取了多种形式①。

财政分权化改革的主要目的在于调动地方政府发展经济的积极性，以促进国有企业生产经营，提高激励水平。从三个阶段（两步利改税和财政承包制）的基本内容看，主要是采用了形式不同的“包干”方式对地方政府和企业实行激励。一方面，地方政府通过“分级包干”的方式超收自留，自求平衡；另一方面，国有企业通过包税等方式在财务上具有更多的自主权。这种财政分权体制与当时特定历史时期的农村和城市形式各样的承包制为代表的经济体制改革相一致，兼顾了中央和地方财政的利益，比较好地划分了中央与地方的财政关系，保护和扶持了地方政府相对独立的主体地位，也在渐进的政府间财政分权体制改革过程中迈出了关键一步。当然，这一阶段的财政分权体制改革仍旧具有比较明显的临时性和不稳定性，也表现出来很多不成熟的方面。比如承包制虽然导致企业留利的增长，有利于调动生产经营者的积极性和增强企业自我积累能力，也有利于实现政企分开和实现所有权与经营权的适当分离，但是，负面影响也十分突出，不仅没有实现“建立一个既充满内在活力、又具有自我约束能力的

① 国有企业的含税承包责任制采取的形式包括：一是上缴利润递增包干，即企业上缴产品税（或增值税）后，在核定上缴利润基数的基础上，逐年按照商定的递增率向财政部门上缴利润；二是对于利润不高而产品又有着广泛的社会需求的困难企业，实行上缴利润定额包干，即核定上缴利润基数，超额部分留给企业，一定几年或一年一包；三是上缴利润超收分成，即确定盈利企业上缴利润的基数，对超收部分按照规定实行比例分成或分档分成，限期可以灵活掌握；四是微利、亏损企业的利润包干和亏损包干，即根据不同企业中的情况，确定承包基数，有的超收（或减亏）全部留给企业，有的则按照规定的比例分成。此外，还有两种承包经营形式，一是企业经营责任制，即基数利润部分缴55%所得税，超基数利润部分的所得税下降30%；二是资产经营责任制，即用招标的办法选定企业经营者，根据实现利润和固定资产增值的多少，确定经营者的薪酬。

企业经营机制”的初衷，由于企业存在自利行为，考虑到增收过多虽然留利增加，但是会影响到次一年的利润，因此增收节支的激励不足。一方面，导致财政收入增长幅度明显下降，财政赤字扩大；另一方面，企业行为短期化，不利于企业经营机制的完善。这些情况，在很大程度上影响了中央和地方财政收入的正常增长，削弱了国家宏观调控能力。

三　1994 年之后的财政分权体制改革

为了纠正包干体制的弊端，加强中央政府的调控能力和中央财政支付能力，自 1994 年开始，实行了以分税制为重要组成部分的财政体制。

这次财政体制改革包括以下几项内容：第一，规范和调整了中央与地方政府事权。这次改革维持了原有政府支出范围和权力划分的基本格局，进一步细化了政府支出结构。中央财政主要承担了国家安全、外交和中直机关经费，更加突出优化国民经济结构、协调地区发展、加强宏观经济调控等；而地方财政主要承担本地区行政管理所需支出以及基本地区经济、事业发展所需支出。表 3 - 1 对中央与地方财政事权进行了简要归纳。第二，对中央和地方财政收入划分做了较大调整。1994 年财政体制改革的一大特色在于与税制改革同步进行。通过税制改革与财政管理体制的相互协调配合，在原有制度和体制基础上完善了税收制度建设，理顺了管理体制，维护了中央财政的权益，促进了国家宏观调控的实施。中央和地方财政收入中税收的归属和划分比例如表 3 - 2。第三，建立了比较合理的政府间返还机制。这次改革规定，以 1993 年中央财政对地方返还数额为基数，核定中央对地方税收返还数额，1993 年中央从地方净上划的收入数额全额返还，1994 年后，税收返还基数逐年递增，递增率按照全国增值税和消费税的平均增长率的 1∶0.3 系数确定，即上述两项全国平均增长 1%，中央财政对地方的税收返还增长 0.3%。第四，进一步完善了中央与地方结算、上解和补助办法。

表 3-1　1994 年分税制改革的中央与地方事权划分情况

级次/项目	事权范围
中央级	国防费； 武警经费； 外交和援外支出； 中央级行政管理费； 中央统管的基本建设投资； 中央直属企业的技术改造和新产品试制费； 地质勘探费； 由中央负责的支农支出； 国内外债务和利息； 中央本级公检法支出和科教文卫支出，等
地方级	地方行政管理费； 地方本级公检法支出； 部分武警经费； 民兵事业费； 地方统筹的基本建设投资； 地方企业的技术改造和新产品试制费； 支农支出； 城市维护和建设经费； 地方科教文卫事业费； 价格补贴，等

资料来源：唐朱昌编《新编公共财政学》，复旦大学出版社，2004，第 379 页。

表 3-2　1994 年分税制改革的中央与地方收入划分情况

级次/项目	收入范围
中央级	关税，海关代征的进口环节增值税和消费税，消费税，中央企业所得税，地方银行和外资银行金融企业所得税，铁路部门、各保险总公司等集中缴纳的营业税、所得税、城市与维护建设税、利润等，中央企业上缴利润，等
地方级	营业税（不含铁路部分、各银行总行、各保险总公司集中缴纳的部分），地方企业所得税（不含地方银行、外资银行和非银行金融企业所得税），地方企业上缴利润，城镇土地使用税，固定资产投资方向调节税，城市维护和建设税（不含铁路部门、各银行总行、各保险总公司集中缴纳部分），耕地占用税，土地增值税，房产税，城市房地产税，车船使用税，车船使用牌照税，契税，屠宰税，农牧业税，国有土地有偿使用收入，等

续表

级次/项目	收入范围
共享收入	增值税（不含进口环节由海关代征的部分，中央75%，地方25%），企业所得税，外商投资企业和外国企业所得税（铁道、各银行总行、海洋石油企业缴纳的部分归中央，其余部分中央和地方共享，分享比例是2002年中央与地方各50%，2003年中央60%、地方40%），个人所得税（除储蓄存款利息税之外，其他同企业所得税），资源税（海洋石油企业缴纳的部分归中央，其余归地方），印花税（证券交易印花税94%归中央，其余6%和其他印花税归地方），等等

资料来源：《国家税务总局关于调整国家税务局、地方税务局税收征管范围意见》（国办发〔1996〕4号）；《国家税务总局关于调整国家税务局、地方税务局税收征管范围若干具体问题的通知》（国税发〔1996〕037号）；《国家税务总局关于所得收入分享体制改革后税收征收管理范围的通知》（国税发〔2002〕8号）。

改革后的财政分权体制收到比较明显的实际效果。从宏观政策调控看，首先，提高了中央财政在国家财政总体收入中的比重，纠正了原有包税制下政策向地方倾斜而导致的中央财政收入份额相对萎缩，无法保证中央本级正常支出，降低和弱化了中央财政的政策调控能力的局面，进而在发挥中央财政保持社会稳定有序发展过程中的作用。其次，规范了财政分权体制，体现了宏观经济调控能力与中央—地方财政收入同步增长、财政事权与财权相对应、建立中央与地方的上解—补助机制、有效促进地方公共产品和服务的供给效率等。再次，由于强化了中央财政的收入规模，在地区间收入和利益分配出现较大的波动和差距的时候，中央财政通过必要的机制，可以平衡收入和利益格局，对于合理调节地区间收入差距也搭建了比较合理的框架。最后，由于确立了中央和地方财政收入和支出的总体结构，地方政府可以在权限范围内，充分利用分权改革所赋予的自主权，通过减税和加大基础设施投入等政策，促进本地区产业结构优化和经济发展水平的提高，发挥财政体制对地区财政水平进行调节的功能；同时，也保证了中央政府在全国范围内的公共产品和服务上充分发挥作用。从对地方政府和企业的激励看，首先，明确了政府间的委托—代理关系，可以充分利用地方政府的信息优势，提高地方性公共产品的供给效率，降低不必要的浪费，优化资源配置。其次，分权化改革是以政府部门事权和财权相平衡为前提的，虽然目前还有很多有待完善之处，但这种体制建设为地方政府和国有企业硬化预算约束提供了可能。分税制财政体制改革在取得显著成效的同时，也遇到了一些需要改进和完善之处。一是随着地方政府自主权的不断提高，也面临着基于自利的地方政府行为偏好选择；二是点面政策不一致导致不同层面、不同群体的利益差距加大，使财政分权体制改革步履艰难；三是伴随市场化改革的不断深入和预算约束的硬化，中央政府"拯救"规模不断降低，原有（经营不善的）国有企业经济效益普遍低下，直接影响了各级政府和企业的积极性；四是配套措施改革相对滞后，阻碍了财政分权改革的进程。胡书东（2001）对此做出了中肯评价，认为分税制财政分权体制改革是市场经济国家处理中央和地方财政关系时比较普遍的制度安排，虽然"这次改革是在尽可能保留既得利益的前提下进行的，过渡色彩比较浓厚"，但是"改革的方向是正确的"，在中国财政体制公共化过程中迈出了重要一步。

四　横向分权：双重管理职能的分离

长期以来，财政承担了政府公共服务和资产管理的双重职能。改革开放以来，各地在推进国有资产管理体制改革方面也取得了积极进展，并形成了各具特色的监管与运营模式①。随着经济体制改革和企业改革不断深化，这些管理模式所面临的体制性障碍越来越突出。第一，政府的公共管理职能与企业出资人职能没有真正分开。政府财政既行使社会公共服务职能，又行使国有资产出资人职能。政资不分的体制和两种职能的交叉，一方面造成出资人缺失；另一方面又导致政府对企业行政干预，加重了政企不分的问题。第二，政府部门多头管理。各级政府财政对国有资产进行监管的职能实际分散在若干个政府职能部门，由这些部门分别行使，形成了"五龙治水"或"九龙治水"的现象。由于权力、义务和职责不统一，管资产和管人、管事相脱节，形成国有资产无人真正负责与政府部门直接干预企业经营活动并存的状况。由于职责不清，加上国有资产监管的法律法规不完善，造成一些地方和部门随意性处置资产，导致大量的国有资产流失和国家财政收入的降低。第三，国有资产经营责任不落实。由于规范的

① 其中比较典型和影响较大的有上海模式、深圳模式、珠海模式等。参看国务院国有资产监督管理委员会研究室编《探索与研究：国有资产监管与国有企业改革研究报告（2006）》，中国经济出版社，2007，第94～96页。

现代企业制度尚未完全建立，公司法人治理结构不健全，没有形成完整的委托—代理关系，不少国有企业负责人既是企业的经营者，又行使出资人的部分权力，形成内部人控制，国有资产经营责任难以得到有效落实。第四，政府对企业经营者没有建立起有效的激励机制。一方面，多数国有企业经营者的收入与企业规模和经营业绩脱节，企业经营者的积极性没有得到充分发挥；另一方面，不少企业自我约束机制还没有真正形成，缺乏有效的监督，存在着财务管理混乱、重大决策失误、资产流失严重等现象。

针对财政职能混淆的体制性矛盾，中共“十六大”提出“建立中央政府和地方政府分别代表国家履行出资人职责，享有所有者权益，权力、义务和责任相统一，管资产和管人、管事相结合”的国有资产管理体制改革。2003 年 3 月，国务院成立了国有资产监督管理委员会，中央政府做到了公共服务职能与资产管理职能的分离，也迈出了国家财政公共化改革的关键一步。

第三节　财政分权体制改革的内生逻辑

中国财政分权的体制环境、改革目标与对其研究的经典文献和发达国家的政策实践不尽相同具有自身的特殊性。一方面，中国在较短的几十年内跨越了两种经济体制，不同经济发展阶段，财政分权改革都是以体制性变迁作为前提和被解释变量的；另一方面，由于财政分权内生于经济体制改革，也力图通过这种分权化实现多元化的目标取向。财政分权赋予地方政府更多的自主权，而渐进式分权也必然导致政府间基于利益调整的重复博弈。

一　从计划到市场：财政分权内生性及利益调整

通过对中国财政管理体制改革的历史分析可见，不同经济体制阶段，财政分权改革都是国家发展战略在中央和地方政府间利益关系调整中的具体体现。新中国成立初期，国家为了加快推动重工业化发展战略而需要集中国家财力，政府间不存在实际意义上的财政权力划分，中央政府掌控了所有的财政权力。随着国家经济建设的逐步深入以及经济情况的逐步好转，中央逐步下放了部分权力，但是这种财政分权仍是计划经济条件下的体制内分权，并没有赋予地方政府自主经营的事权和相应的收入权，地方政府不过是中央政府“计划范围内”的附庸，因此这种分权也必然随着中央政府主导思想改变而发生往复式地“集权—分权”调整变化。改革开放之后，国家逐渐突破了原有的体制框架，在经济转型过程中确立了具有特色的市场经济模式，与此相适应，财政分权化改革也进行了相应的调整。中国在几十年的时间从计划经济迈向了市场经济体制，财政分权改革体现了不同历史时期经济利益的调整。尤其是经济转型时期，财政分权体制改革触及了原有的既得利益，也产生了新的冲突与矛盾，需要不断地去探索和解决。“转型经济的财政调整特殊之处就在于与其他发展中国家的最初状况具有显著性区别”（阿萨德·阿拉姆、马克·辛德伯格，2007）。这种区别是利益主体、利益结构、利益客体、利益保障等诸多方面内容的反馈。

第一，经济转型期存在着利益主体调整与转换的冲突与矛盾。经济转型时期，传统计划经济时代遗留的利益群在短期内无法完全消除，而市场经济体制又会带来新的利益矛盾。同时，以上两种体制的结合又会衍生具有转型“特色”的利益体，诸多交织在一起的利益关系和利益矛盾，必然使转型阶段面临复杂的格局。经济转型时期的利益冲突难免发生，却是可以调和的，也必然成为推动社会经济发展的潜在力量。正确而理性地处理诸多方面的冲突，可以客观地评价社会制度和优化资源配置，满足社会利益的实现以及提高利益个体的福利水平，将冲突解决于利益个体的非对抗性阶段，促进和推动群体利益的满足和实现，实现社会的稳定和发展。因此，在经济转型期，通过包括财政制度调整在内的政策性调控杠杆，建立必要的协调机制，使社会在利益冲突中保持和谐。和谐的社会转型不是没有利益冲突的社会，相反，是一个有能力解决和化解利益冲突，并由此实现利益均衡的社会①。

第二，转型期的利益结构是动态发展的。利益关系归根结底是一

① 孙立平：《利益时代的冲突与和谐：和谐社会是利益均衡基础》，《南方周末》，http：//politics. people. com. cn/，最后访问日期：2009 年 6 月 30 日。

种社会经济关系，不存在永恒不变的共同利益，只存在阶段性的主流利益。中国目前仍旧处于经济发展水平的初级阶段，生产力发展水平并不高，人均收入仍旧处于中等偏下水平，因此，要把经济转型初期的利益着眼点放在社会上收入水平不高、处于人口绝大多数、自我保障能力较弱、仍旧处于温饱阶段的社会群体。但是，利益结构的发展是动态演变过程，随着经济发展水平的不断提高、市场经济体制的日益完善、人均占有社会财富的提升，就会有越来越多的弱势群体转变为中产阶层，社会的主流利益也会随之转变，利益结构也必然向这些社会中产阶层倾斜。

第三，正视利益客体的现实与可能。一方面，经济转型期对利益客体的需求，物质利益要优于其他利益。低质量的物质利益追求会阻碍文明的延续、思想的拓展，导致情感的封闭甚至道德的沦丧，完全跨越物质利益而催生精神的富足是不现实的。马克思曾说："'思想'一旦离开'利益'，就一定会使自己出丑。"[①] 利益的发展趋势体现在从物质追求到精神追求、以精神追求促进物质利益不断拓展的辩证过程。物质利益的保证是最基本的保证，只有物质需求得以满足，才会在物质基础上不断发展和拓展精神利益等，也正是存在着物质利益的强大"诱惑"，才产生了人类对文明、思想等一系列精神追求的渴望。缺乏物质的社会是贫瘠的社会，缺乏物质利益的利益也必然是贫瘠的利益。另一方面，只有大多数人利益得到满足，才能为社会利益的实现提供可能。发达国家的事实表明，个人利益的实现与他人利益乃至群体利益的实现具有相互的影响和制约，不同层面行为主体都存在着一定的、不可回避的社会性。

第四，合理确定转型期间的利益保障。利益需要有保障，缺乏保障的利益是脆弱的利益。经济转型期间的利益保障来自公共政策和社会观念的转变。一方面，公共政策的民主化是转型社会的必然选择，以民为主的政策不仅保障公共利益，还保障个人利益；另一方面，社会观念的转变是降低利益差别和缓解利益矛盾的途径，经济转型要提倡以自身利益的不断拓展推动社会利益和社会质量的提高，只有转变谋利思维，才能转变谋利

---

① 《马克思恩格斯全集》（第2卷），人民出版社，1995，第103页。

方式。

二　财政分权体制改革目标

国外的相关理论研究更加关注财政分权有利于地方之间竞争进而提高经济效率和促进经济增长。正如本文前面的阐述，第一代财政分权理论侧重研究其以竞争促进经济增长。第二代财政分权或财政联邦主义的理论集结了经济学和政治学的元素，不再局限于公共财政，而是将视野转向了地方官员在维护市场、促进竞争与推动经济增长中的激励和行为。鉴于我国在经济发展过程中的特殊路径，国外关于财政分权的理论研究仅仅“为经济学家观察改革后的中国经验提供了一个视角”（张军，2007）。

国家财政分权体制改革的目标不仅在于提高地方政府经济效率，还在于通过改革加强中央财政的调控能力。改革开放以后，为了改变计划经济时期中央政府包得过多、统得过死的局面，进一步激发地方活力和推进经济体制改革，实行了有利于地方经济发展的财政分权政策。不同阶段的下放权力虽然改变了“统得过死”的局面，却出现了“一放就乱”的情况。地方政府财政权力过度增长，中央财政的调控能力不断下降。特别是随着财政包干制的实行，财政收入增量向地方倾斜，中央可支配收入占全国财政收入的比重不断下降，中央财政在预算内资金调控软弱无力（陈共，2007）。数据显示，改革开放之后，中央财政预算内外收入占全国财政收入的比重从1984年的40.2%下降至1993年的22%[①]。胡书东（2001）认为经济体制变化的影响可作为中央财政预算内收入下降的主要原因。如果充分考虑这种体制性变化所导致的对传统财政公共管理职能和经济建设职能的结构性调整，中央政府财力下降是“市场取向改革的结果”，而财政体制中的“经济建设部分的分权对经济绩效产生了十分积极的作用”。在笔者看来，中国的财政分权改革伴随着经济体制的转型而不断调整。市场经济体制下，分权化的财政体制改革力求实现多重

① 国家统计局国民经济综合统计司编《新中国50年统计资料汇编》，中国统计出版社，1999，第18～19页。

“股息”。一是试图通过财政分权改革兼顾到中央与地方政府的经济利益关系，既要保证中央政府调控能力的有效实施，又要不断扩大地方政府自主权和竞争意识，保证和加强地方政府服务和企业的生产经营动力；二是试图通过财政分权化体制改革构建和谐稳定增长的社会秩序，在中央政府有效调控下，将促进地方经济增长的责任赋予地方政府，以解决（中央）政府干预过多、随意干预的低效率行为；三是试图通过财政分权改革推动财政模式转型，进一步规范政府管理职能，改变传统财政兼具公共服务职能和资产管理职能的模式，通过纵向和横向分权，将资产管理职能市场化或交由其他部门专司管理，构建公共财政的体制模式，提高各级政府公共管理服务的质量和效率；四是试图通过财政管理体制解决政府间信息不对称问题，以建立政府职能部门和政府层级之间、政—企、政—银之间网络沟通和监督机制；五是试图通过规范中央与地方财政职责和财政收入渠道，解决预算管理方式和结构性不平衡的矛盾等。

我国的政府管理体制为上述财政分权改革目标的实现创造了有利条件，但是也存在着一定的障碍并有待完善。从有利的一面看，财政体制改革将促进经济发展的事权下放给地方政府，而与此相对应的财政收入权力下放得相对有限，与财政收支相关的立法权力完全由中央政府掌控。这种政治集权基础上的有限分权有利于中央政府整体把握宏观经济的发展与稳定，不仅通过下放事权提高公共产品和服务的效率，还可以在提高地方性效率的同时保证全国整体经济的稳定有序。一些文献认为国家也应该实行“完全的财政分权”，即通过立法权、事权与税权的下放来促进地方经济发展，但是作为发展中国家，未来相当长一段时间，在其经济发展战略指导下必然实行政府主导的市场经济模式，在逐步完善市场机制前提下完善公共财政的管理模式。在这种情况下，笔者赞同平新乔（2007）的观点，即中国现有社会经济情况下，“如果还讲地方政府‘事权和财权不对称’，还努力要中央多转移一些资源给地方，还强调下放政府财权不够，那么这至少是超越了客观可行性”。也就是说，我国政府尤其是中央政府在市场经济中要渐进退出，有限财政分权在相当一段时间内具有客观存在的必然性，甚至不排除在一定情况下出现“再集权化”的可能性。从另一面看，财政分权改革从根本上改变了中央和地方政府的财政状况，然而，由于事权大量下放给地方政府，而与此相配套的各种制度并没有及时制定，导致了政府间财政失衡，也必然成为“深层改革国家公共财政和地方政府的服务传递”的阻碍[①]。在笔者看来，由于现行的政绩考核评价机制等并没有赋予地方公共产品或服务的消费者（选民）对地方官员进行监督的决定性权力；同时，信息不对称和软预算约束在一定时期内仍旧长期存在[②]，导致地方政府行为选择与分权化改革目标偏离，也成为我国财政分权改革特色和亟待完善之处[③]。

三　基于公共产品供给的规范分析：一个归纳

理论研究和国内外的政策实践表明，不存在绝对的集权或者分权，财政体制改革都是以提高经济效率和保证社会分配公平、建立高质量的和谐政府财政为目标。政府间的财政分权不仅可以实现中央和地方政府对市场机制调节的合理搭配，还是各级政府职能和事权高效率正常运转的客观要求，体现了政府行为、公共产品供给以及税权划分的和谐统一。具体包括以下几个方面。

第一，政府行为的协调性和差异性。中央政府和地方政府存在高度的协调性，其共同目标都是合理配置资源、提高社会福利水平、建立和维护社会安定等。但是中央政府和地方政府经济行为具有较大的差异性。如果中央政府职权由地方政府实施，必然产生由于资源和人力等生产要素的流动性而导致的“用脚投票”与政策调节相悖的选择结果。地方政府也力求建立完善的经济体系基础社会，实现地方政府利益最大化，促进地方经济实力的持续增长。中央政府和地方政府之间存在着总体利益和局部利益的协调性。

---

① 这种状况的不利之处在于：一是收入和支出的详细分配并不可得；二是清晰的执行透明度以及严格的规则尚不健全；三是对地方政府借贷的检查和监控体系滞后等。见〔美〕阿萨德·阿拉姆、〔德〕马克·辛德伯格《十年财政转型》，庞娟译，《社会经济体制比较》2007 年第 3 期。

② 虽然随着体制性改革不断深入，信息沟通和意愿表达逐步透明和顺畅，预算约束逐渐硬化，但是这些毕竟都是一个渐进的过程。

③ 这一内容在后续章节中作进一步分析。

第二，公共产品供给的集权和分权。单一的集权和分权都无法达到社会目标的实现，在不同程度上都会造成效率损失。适度的集中和分散能够提高社会资源的合理配置，更好地实现经济效率和社会效率的提高。通过中央政府的集权管理，能够有效配置全国性公共产品和服务，有效解决地区之间协调发展和个人之间的公平分配，实现社会稳定。地方政府考虑自身经济发展过程中缺少束缚，能够立足于本地实际情况自主决策，在管理经济和社会事务方面能够提高行政效率，增加决策意识的激励效果。“联邦制是一种切合实际的制度，允许地方社会自作主张很可能会增进地方公共产品提供的效率”（罗森，2005）。

第三，公共产品的层次性和有效性。公共产品按照受益范围可以分为全国性公共产品和地方性公共产品两种层次。全国性公共产品的特征决定了其受益范围为整个国家，如果由地方政府提供，会造成效率的损失，导致公共产品提供的无效性（苏明，2001）。地方性公共产品的特征决定了其受益范围为特定区域，如果由中央政府提供，同样也会造成效率的损失。如果由中央政府提供地方性公共产品，中央政府的高度集权性质会导致提供地方性公共产品的效率损失，会造成由于不均衡所导致的低效率（魏杰、于同申，1998）。

分权化改革的效率目标要求寻找一个合理的体制模式。然而，通过对国内外财政体制模式的研究，笔者认为，财政分权改革需要遵循经济发展和经济体制的演变路径。首先，不能把财政分权绝对化，集权和分权是相对的。分权较高的国家也存在一定程度的集权，而集权较高的国家也存在一定程度的分权。财政分权体制改革是一个国家或者地区经济发展长期演变的结果。虽然经济理论的一般结论认为分权有利于经济增长，但是效率水平的提高并不是财政分权的必然结果。其次，财政权力在政府间的划分同样需要遵循成本—收益的绩效考核。一方面，分权会导致地方政府充实、加强相应职能部门，加重地方政府行政负担和管理成本，但并不意味着中央政府原有的职责可以削减，恰恰相反，分权之后中央政府仍然要承担相当数量的组织协调任务；另一方面，财政分权保证了各级政府在职权范围内提供高质量的公共产品和服务，保证获有稳定的收入。财政分权的绩效取决于上述二者之间对比的结果。最后，财政分权不仅在于促进经济效率的提高，还需要保证社会分配的公平而中性。一方面，分权化改革保证了地方政府辖区内公共产品和服务的有效供给，保证了辖区内消费者（纳税人或选民）的支付成本与获得产品的平衡；另一方面，保证地区经济增长的同时，还要通过中央与地方政府的必要的配套机制建设，在地方政府之间进行再分配，平衡地区之间的收入，保证地方政府之间分配公平。

第四章
财政分权与经济发展：省际比较*

大多数国家的公共部门都不是由单一或者集中的一级政府组成，而是由若干层级的政府组成并各自承担相应的职能和范围，也由此引出了一系列有趣的研究议题，即所谓的财政分权（fiscal decentralization）以及这把巨伞所覆盖的诸多内容（Brown and Jackson，1990）。其中，尤为值得关注的是，这种分权体制在经济发展过程中对效率与公平的贡献。立论的出发点在于多级政府以财政为主要行为方式推动市场经济条件下经济增长和改善社会福利。然而，已有的研究表明，由财政分权而形成的政府间关系并没有对上述问题做出全面的解释，也使传统意义上财政所应实现的职能处于相对矛盾与尴尬的境地。

1950 年以来，国家就已经开始尝试建立激励与约束并存的政府间财政关系，而直至 20 世纪初期，这种分权模式才初具雏形。虽然以分税制为核心的财政体制改革尚不具备完全意义上的财政分权特征，但是至少在某种程度上构建了一个相对合理的框架和发展方向。特别是通过这种分权化的财政改革，建立了中央与省以下地方政府的分配关系，并使其成为推动经济增长的重要动力和内生的政策性解释变量。然而，中国经济高速增长的同时，有两个相关联的客观事实，一是随着中国经济增长，区域之间存在着逐渐扩大的分配差异；二是随着财政分权体制改革的进行，省以下、特

---

* 这部分的研究内容和方法得到北京大学中国经济研究中心主任姚洋教授不厌其烦的指导，感谢吉林大学中国国有经济研究中心何彬博士提出的中肯意见和大力帮助，也非常感谢赵洪亮、徐春宇、杨建军等同学在收集、整理和录入有关数据上所做出的突出贡献。

别是县乡一级的财政收支愈发捉襟见肘。[①] 我们应该并且亟待回答的问题在于，经济发展过程中效率与公平究竟能否协调统一？财政分权对县（市）以下地方经济发展的贡献度是否符合协调发展的政策方向？财政分权如何在县（市）级地方经济均衡发展过程中发挥作用？

本章以下的结构安排是：第一部分是文献回顾[②]；第二部分分析了样本期内中国的经济增长、分配差异与财政收支的特征性事实；第三部分是模型搭建和数据来源；第四、五两个部分分别对财政分权体制改革在经济增长和分配差异中的作用进行估计和检验；最后是结论和政策建议。

第一节　分权化改革的效率与公平

政府间财政关系是经济发展的重要解释变量。很难形成一致的发展度量指标，但是，发展是改进生活质量的过程，其基本目标是满足基本需要、提高人类尊严、扩大选择自由（毕世杰等，2004）。成功的发展包含人均产出的增长、贫困的减轻以及健康和长寿的改善，而且至少不均等的情况不能有较严重的恶化（吉利斯等，1998）。因此，政府在推动经济发展过程中，对其赋予了更多的提高社会福利的内涵。一方面，需要通过资源的优化配置推动经济效率的增长；另一方面，通过一系列公共政策促进分配的相对公平。目前，绝大多数国家的政府都是由若干个层级构成的，而政府科层的存在为建立一个分权的财政体制提供了前提。政府间财政分权试图寻找“各级政府的作用及其相互联系的方式方法”（Oates，1999），并以此满足不同层级政府部门在提供公共产品和服务过程中对效率的提高和社会福利改善的预期。作为政府意志的经济体现，财政政策通过搭建适

① 本书侧重于县（市）级地方经济的研究。之所以选择这一视角，理由在于，一方面，县（市）级财政在省、市和基层乡镇之间发挥了承上启下的作用，乡镇财政大多由县（市）级决定，与县（市）级财政相比较，乡镇一级相对更“虚”；另一方面，目前，县（市）级财政分权对经济的影响相对更加突出，也具有更加显著的问题。当然，乡镇一级财政体制也是我们今后研究的重要方向。

② 虽然在前面的章节中已经对相关文献予以介绍，但是，为了保持本章的逻辑完整性，我们对相关内容做了进一步梳理，这样的好处在于无论读者通读全文还是择读本章，都很方便地对作者思路进行把握。

当的政府间分权关系在经济发展过程中发挥作用。

早在20世纪50年代，围绕公共产品和服务是否存在着类似于市场自愿交换所产生的效率结果这一问题，Samuelson（1954），Tiebout（1956）等就已经进行过激烈的讨论。Samuelson认为，在公共产品供给和服务过程中，由于偏好显示、社会选择和公共产品管理等问题的存在，在公共产品和服务的支出水平上具有“分散自发的不可能性”，即这种产品的供给不存在基于自愿交换原则而产生的“市场解”。[①] Tiebout则给出了相反的结论。他认为，“如同私人领域经济的一般均衡解一样，如果偏好和资源禀赋既定，地方政府提供公共产品和服务就是最优的，而且可解”。他又补充道，尽管“这个解可能是不完美的，但并不会降低它的重要性”。而且，Tiebout批驳了Samuelson的观点，认为“地方政府代表了一个在公共产品配置上不逊于私人产品的部门”。围绕这一有争议的论题，Buchanan，Goetz（1972），Bewely（1982），Stiglitz（1983）等都加入了讨论，甚至提出了大相径庭的结论。Oates（1969，1972）综合了上述观点后认为，尽管Tiebout模型“包括的一组假设一点也不接近现实”，然而，不应该据此对地方政府的分权行为做出过度反应，更不应该“全盘否定”。因此，他认为与中央政府相比，地方政府更接近居民，更了解其所管辖区选民的效用与需求，分权化的地方财政有助于达成Tiebout所提出“以足投票”的公共选择。近年来，在上述第一代财政分权理论（the FGTs）的基础上，以Qian，Roland（1998）等为代表的第二代财政分权（the SGTs）打开了政府这一封存多年的“黑箱”，进一步拓展了财政分权的内容，进而研究多级政府之间、政府与企业或选民之间的激励相容问题（刘晓路，2007）。然而，理论意义上的争论仍旧继续。Oates在关注财政分权可以带来对社会资源优化配置的“竞争性”的同时，认为这种结果需要结合样本国家或地区的特定环境，才能得到合理的结论。但是，对样本国家实证研究得出的

① 在Samuelson看来，第一，在公共产品使用过程中，居民不会像购买私人产品那样显示自己的偏好，在很大程度上存在着谎报偏好的动机；第二，就整个社会而言，不存在导致非专制性、可传递性、选择的独立性以及帕累托效率等同时实现的选择机制，因而，也必然导致单一财政框架下公共产品供给的低效率；第三，从社区范围看，居民没有或者不完全具备选择合适的公共产品和服务的供给者而获取完全信息的积极性和动力。

结论也并非收敛。Iimi（2005）利用工具变量分析了51个国家1997～2001年的数据后认为，支出分权增长10%将使人均实际GDP增长0.6%。Thieben（2003）运用OSL对21个国家1973～1998年的分析得出，10%的人均实际GDP的增长将使以支出衡量的分权增长0.15%（5%的显著水平下）。Xie等（1999）对46个发达国家和发展中国家1970～1989年财政分权度与人均GDP增速研究后发现，二者之间呈较弱的负相关，其中，对于发达国家而言并不显著，而对于发展中国家而言则有较明显的负相关。

中国实施分税制财政体制改革以来，围绕财政分权与地方经济增长的关联性也产生了一些有价值的文献。在张军（2007）看来，为了解释中国的经济转型与增长并更好地理解转型国家的增长差异，由Tiebout发展起来的早期的分权理论被经济学家发扬光大了。然而，颇为关注的问题在于，1994年以来中国财政分权体制改革的绩效究竟如何？它所反映的政策结果是否符合马斯格雷夫对财政基本职能的阐述呢？文献围绕上述问题分别从两个方面进行了讨论。

问题的一个方面在于，在中国，财政分权是否可以推动地方经济增长和提高公共产品供给效率呢？理论和经验研究都没有给出统一的答案，甚至在王韬、沈伟（2009）看来，关于财政分权如何影响经济增长的大量实证研究结果是相互矛盾的。目前大致可以分为两种基本对立的观点：其一，持赞同的观点认为财政分权有利于地方经济效率的提高。Qian，Roland（1998）认为，财政分权有利于硬化地方政府的预算约束，从而提高地方企业的效率，导致高速的、可持续的经济增长。乔宝云（2002）通过对我国1985～1998年省级数据建立联立方程计量模型，进而对经济增长率、财政资源分配均等和财政分权之间的关系进行了估计，得出的结论在于财政分权对促进我国的经济增长起到了促进作用，虽然这种作用并不是线性的。沈坤荣、付文林（2005）通过设计七个分权指标，用省级预算内外收支比全国的预算内外收入和支出，以及两个指标的平均值来衡量不同地区的财政分权程度，认为预算内收支衡量的财政分权指标有利于经济增长，而加入预算外收支之后的财政分权指标对经济增长的影响不确定且显著性不高。史宇鹏、周黎安（2007）以计划单列为例，研究整体性行政放权对经济效率的影响并通过构造省内和省外城市的对比组来估计计划单列的因果效应，并认为，从总体上放权确实有助于计划单列市提高经济效率。其二，与上述结论相反，一些学者认为财政分权并没有起到对地方经济效率的促进作用，甚至在某些时段成为抑制地方经济效率增长的根源。陈抗、Hillman、顾清扬（2002）通过构建一个中央与地方政府的博弈模型，并且采用省级数据来说明在20世纪90年代中期伴随分税制而来的财政集权如何加剧了地方政府从“援助之手”到“攫取之手”的行为转变，并且发现，虽然中央政府从财政集权中受益，预算收入和经济增长速度却因地方政府的行为变化而显著下降。周黎安（2004）认为，由于地方政府官员晋升竞争是一种锦标赛似的零和博弈，受官员任期等因素影响，地方政府官员的政治晋升激励的考虑可能使得官员主导性的投资过度进入某个行业或项目，甚至进行“恶意竞争”。傅勇、张晏（2007）通过构造财政分权指标和政府竞争指标，利用1994～2004年的省级面板数据研究了中国地方政府支出结构偏向的激励根源，认为中国的财政分权以及基于政绩考核下的政府竞争，造就了地方政府公共支出结构“重基本建设、轻人力资本投资和公共服务”的明显扭曲，政府竞争会加剧财政分权对政府支出结构的扭曲，竞争对支出结构的最终影响则取决于分权程度，而1994年之后包括科教兴国、西部大开发在内的现行重大政策并没有缓解这种状况，中国式分权在推动市场化和激发地方政府“为增长而竞争”的同时，与之伴随的成本可能正在上升。陈健（2007）认为，财政联邦制的一个潜在消极后果是地方政府竞相从事高风险投资项目等脱离中央监管的非正式财政活动，从而引起预算软约束，并导致政府债务的积累。如果地方政府都这样做，就会形成“太多而不能惩罚”的局面。在争论的同时，很多文献对上述问题所产生的原因进行了归纳。姚洋、杨雷（2003）认为，中国的高速经济增长是许多因素共同作用的结果，财政分权如果有作用，也仅仅是原因之一。财政分权在多大程度上可以解释中国的高速经济增长，至今还是一个未知数，中国的财政分权是在一个制度供给失衡的环境中进行的，这个失衡表现在三个方面，即财政分权没有法律保障、财政分权和行政垂直集权矛盾以及分权制度安排本身不规范。张晏、龚六堂（2005）认为，分税制改革后各级政府之间政策协调能力的加强是促进财政分权积极作用的重要原因之一；同时，体制变革的因素、转移支付的设计和政府财政支出的构成也影响了财政分权与经济增长之间的关系。郭旭新（2007）从不同参与者的博弈过程及其约束条件的分析入手，对经济转型中财政分权化与经济稳定的关系进行了理论探讨后认为，由于信息不透明以及缺乏有力的预算约束，经济转型过程中财政分权化导致地方政府某些不合理的投资行为，这些负面影响并非财政分权化改革本身导致的必然结果，而是由于分权化过程中相应配套制度未能建立。

问题的另一个方面在于，随着中国改革开放深入，区域之间经济发展不平衡和收入差距拉大等实际问题逐渐显现并日益严重，财政政策及其体制变迁在促进公平分配中的作用如何呢？主流的观点认为，财政分权是中国区域间收入差距拉大的推动力量。王永钦等（2007）通过一个自洽的逻辑框架从分权式改革的视角对中国前期成功的改革和目前浮现的诸多社会经济问题进行了解释，并认为，政治集权下的经济分权给地方政府提供了发展经济的动力，尤其是完成了地方层面的市场化和竞争性领域的民营化，但是，内生于这种激励结构的相对绩效评估又造成了城乡和地区间收入差距持续扩大、地区之间的市场分割和公共事业的公平缺失等问题。所以，在认清国家分权是改革的得失的基础上，正确地设计合理的改革方略，对下一阶段改革的成功和中国走出一条独特的大国发展道路是至关重要的。乔宝云（2002）的研究发现，财政分权必须在经济增长和收入均等两方面做出取舍，中国的财政分权加剧了财政资源分配的不均等。张晏（2005）通过对 1978 ~2002 年的财政分权与经济增长关系进行面板数据分析后发现，分税制改革之后财政分权对经济增长虽然具有总体上的正效应，但是在区域之间存在着差异，主要表现为财政分权对东部地区经济增长有显著的正效应，而不利于中西部地区的经济增长。王文剑、覃成林（2008）通过构造反映财政分权、地方政府行为和地区经济结构的计量指标，运用 1997 ~2003 年省级面板数据进行了推断和检验，得出的主要结论是分税制改革后，地方政府都更加强力扩大预算外收入、加大对地区经济的攫取。但由于东中西部地区在产业结构、所有制结构等经济结构上存在显著差异，政府行为在不同地区也表现各异，并最终导致财政分权的增长效应呈现出地区性差异，而当前的财政分权体制有利于东部地区的经济增长，而在中西部地区则相反。龚锋、卢洪友（2009）深化了福利经济的基本观点并提出回应性标准（responsiveness），利用1999～2005年中国28个省（自治区、直辖市）的面板数据，实证检验财政分权程度与公共支出供需匹配指数的相互关系，并发现，财政分权程度与教育支出以及抚恤与社会福利救济费供给不足指数正相关，随着财政分权程度的提高，政府供给的消费型公共服务低于居民实际偏好的需求水平的可能性将增大；同时，财政分权程度与行政管理费以及基本建设支出过度供给指数正相关，随着政府公共资源配置权力的扩大，地方政府具有不顾居民实际需求偏好而膨胀行政成本和扩张基建支出的双重倾向。因此，他们认为，中国目前尚不具备使财政分权正向激励效应得以有效发挥的制度基础，并据此提出因应对策。与此同时，还有一些相对乐观的结论。王玮（2003）认为，改革开放前的分权改革是导致中国宏观经济剧烈波动的一个重要原因，改革开放以后，只要措施得当，财政分权与保持宏观经济稳定并不冲突。孙丽（2006）则利用生产函数模型，通过对1985～2003年中国28个省（自治区、直辖市）的数据分析，认为中国财政支出分权与区域差距的关系是正相关，而财政收入分权与区域差距的关系是负相关。这些文献表明，至少从财政体制和制度构建本身而言，分权化改革在实现财政职能过程中有促进作用。

综上所述，国家已经实行的财政分权体制改革对地方经济发展带来何种影响仍旧存在较大争议。争议的原因一方面来自对财政分权进行评判的价值标准；另一方面来自所选取的测度指标、方法以及研究视角。财政体制变革的经济学依据在于通过分权来限制政府权力的过分集中，推动地方性公共产品和服务在一定范围内合理分配，实现政府对资源配置的优化。但是这种与分权相伴生的多样化也带来了区域之间差异化。我们提出的疑问是，经济发展过程中，效率与公平不可兼得么？① 我国的财政分权体制改革是否可以在“保增长”中“促公平”呢？如果的确无法两全，如何改进呢？已有文献主要集中于对省级数据的研究，本书选取国家县（市）一级的样本数据进行分析，试图在该层面对分税制改革以来财政政策绩效进行分析。

① 杨汝岱、朱诗娥（2007）基于居民边际消费倾向的研究也曾经提出并回答了类似的问题。

第二节 经济增长、分配差异与财政收支：特征性事实

中国高速的经济增长在世界范围内备受瞩目。从总规模看，改革开放至今的 30 多年，除少数几年之外，绝大多数年份的经济增长率都超过 7% 的水平。[①] 从人均水平看，世界银行的统计表明，2007 年中国人均 GDP 为 2461 美元；2009 年数据显示，目前国家人均 GDP 已经达到 3264 美元，[②] 进入中下收入国家的上限。我们根据国家统计局公布的数据，加入了人口因素，剔除量纲之后，计算出 1994 年以来国内人均 GDP 年度增长率（图 4－1－a）。结果显示，在样本年度内，中国人均 GDP 年度增长率在 1999 年最低（5.34%），此后呈现波动上升的趋势，至 2004 年达到相对高点（17.02%）。学者们对中国经济增长模式和动力来源的研究从未间断。

与此同时，中国区域之间的分配差异也日渐显著。刘树成、张晓晶（2007）对国家 1952～2006 年地区间经济差异进行的研究显示，地区间人均 GDP 的总体差异呈现出三个先扩大后缩小的倒 U 型。[③] 特别是第三个倒 U 型，地区间人均 GDP 的总体差异在 1990 年代有所扩大，从 2000 年开始呈现缩小趋势。本书采用了测度收入分配的变异系数指标（*CV*）。目前，通过变异系数对分配差异的测度，主要分为四种形式。第一种是简单平均法，即通过样本数据与均值的离差平方和除以样本数量的平方根，再与均值相比较得出测度结果；第二种是加入各区域的人口权数测度变异系数；第三种是直接以全部区域的人均收入作为平均数进行计算，如马恒远（1995）的计算方法；第四种是以各个区域的国民收入总量作为权数进行计算，如覃成林（1997）的计算方法。采用变异系数测度分配差异具有一个突出优点，能够全面反映各区域经济发展水平相对差异程度，使得区域之间更具可比性，有助于全面客观地认识区域间分配差异的状况。然而，万广华（2006）

---

① 仅在 1981 年（5.2%）、1989 年（4.1%）、1990 年（3.8%）低于该水平。

② 世界银行，http：//web.worldbank.org/WBSITE/EXTERNAL/DATASTATISTICS，最后访问时间：2009 年 11 月 23 日。

③ 刘树成、张晓晶（2007）认为，这三个倒 U 形分别为 1952～1962 年、1963～1992 年、1993～2006 年。

认为使用变异系数可能存在一定不足。① 我们认为，大多数衡量收入分配差异的指标都只能对经济现象做出部分解释，通过对计算方法进行适当调整，可以提高测度值的解释能力。本部分在测度变异系数过程中同样赋予了各样本单位的人口分布权数，以反映不同地区、不同收入水平人口在总人口中所占比重，描述并分析样本期内全国各地区变异系数的演变趋势和特征化事实。1994 年以来全国范围内的地区经济差异略有波动但又居高不下。如图 4－1－b 所示。大体分为两个阶段：第一个阶段是 1994～2002 年，地区经济差异呈现出一个明显的 M 型，其中 1998 年和 2002 年相对低点，而 1996 年和 2000 年达到两个峰值；第二个阶段是 2002 年至今，地区经济差异呈现小幅攀升、高位坚挺的趋势，但是变异系数的增加幅度有所缩小。

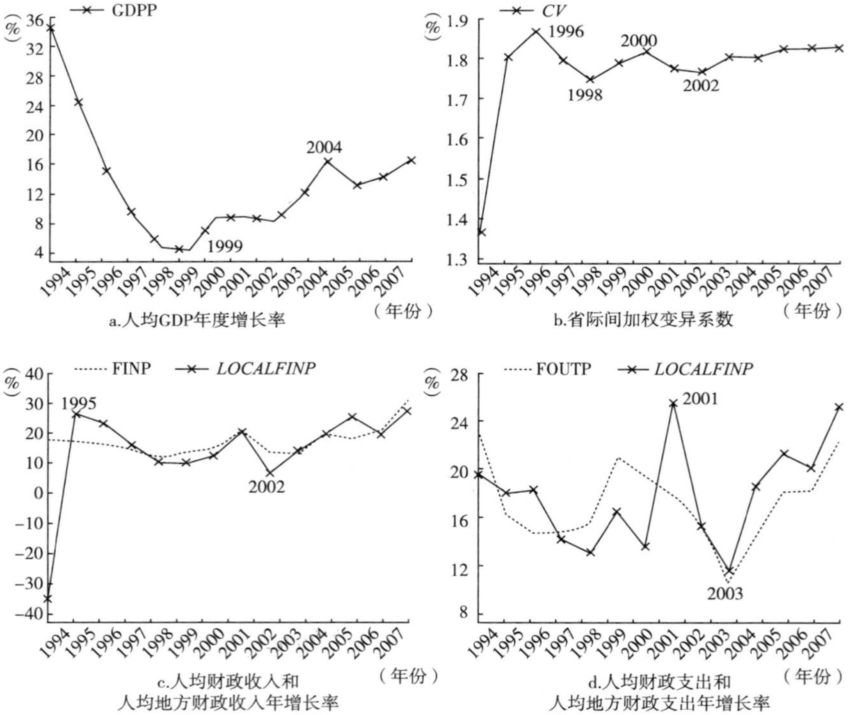

图 4－1　主要经济变量变化趋势（1994～2007 年）

资料来源：国家统计局网站，http：//www. stats. gov. cn/，2009－10－25。

① 衡量分配差异的指标需要满足匿名性、奇次性、总体独立性、转移性、强洛伦茨一致性等原则，简单的变异系数在满足转移性原则上略有不足。参见万广华（2006）。

各省内部由于多种因素制约，以县（市）为单位测度的省内加权变异系数相对于省际更加复杂。为了更加直观地反映各省之间经济差异，我们参考国务院发展研究中心（2002）的分类方法①，按照八个地区进行分类，在此基础上刻得出省级行政单位样本期内的变异系数。如图 4－2 所示，通过变异系数所描述的分配差异主要体现了以下特点：第一，以县（市）一级样本数据测度的收入分配发展趋势在空间上具有较明显的差异性。绝大部分沿海省份的县（市）*CV* 都呈现上升趋势，其中，山东省上涨幅度最快，浙江省小幅波动翘尾；内陆偏远省份的县（市）*CV* 大多呈现下降态势，其中，降幅最大的是贵州省，其次为甘肃省；中部省份则呈现发散的态势，其中，湖南涨幅最大，而安徽省的下降幅度最快。第二，省域之间收入分配具有较为显著的不均衡，个别年份出现较大波动。东部沿海地区省份的 *CV* 大多处于全国平均水平（1.7691）之下，仅福建省高于全国平均值；而大西北地区的甘肃（2.3768）、青海（2.3082）、宁夏（1.9148）则普遍高于全国平均值。同一地区内部省份之间 *CV* 发展趋势不同，如东北地区指数虽然收敛，但黑龙江与辽宁逆向发展；东北沿海地区的江苏 *CV* 指数在 2002 年前一直低于浙江，但 2002 年后超过浙江并呈现快速增长的态势。同时，个别省份处于波动状态，如山西在 1999～2002 年之间出现较为明显的波动；四川（含重庆）在 1995～1997 年间由于行政区划的调整 *CV* 指数也出现较为明显的上升。

经济发展过程中财政收支规模也发生了明显的增加。我们计算出全国和地方的人均财政收入和支出年度增长率，如图 4－1－c 和 4－1－d 所示。计算结果显示，一方面，与全国人均财政增长率相比较，地方人均财政收支均有较快的增长；另一方面，地方人均财政收支增长变化具有阶段性特点，其中，1997～2002 年支出增长比率快于收入增长比率，2002 年之后收入增长明显加快而超过支出增长比率，最高达到 2007 年的 28.13%。图 4－1、4－2 表明，中国经济高速增长的同时财政收入和支出也不同程度的

① 国务院发展研究中心的课题研究《中国（大陆）区域社会经济发展特征分析》（编号 2002－193）认为，鉴于中国区域的各种划分方法不便于深入分析地区差异，因此需要一种新方法，把中国分为八大区域，即东北、北部沿海、东部沿海、南部沿海、黄河中游、长江中游、西南和大西北地区。参考 http：//www.drc.gov.cn。

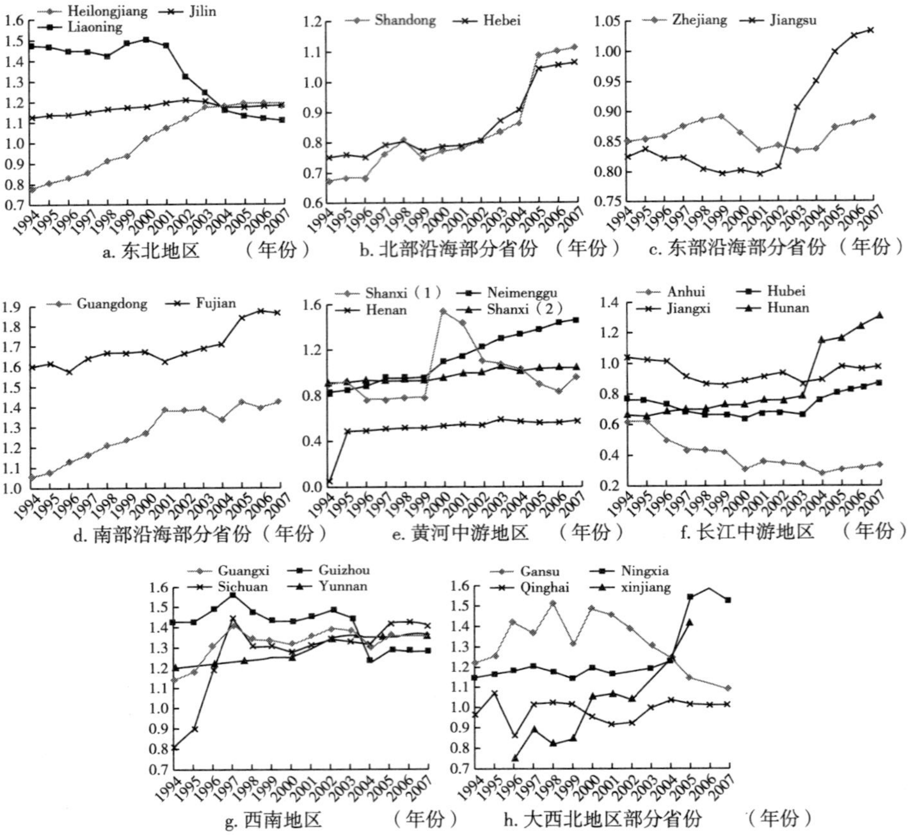

图 4-2　各省变异系数（1994～2007 年）

注：1. 变异系数是通过样本年度内各省的县（市）一级经济数据计算而得。2. 图中包括除北部沿海地区的北京和天津、东北沿海地区的上海、南部沿海地区的海南、大西北地区的西藏等其余 26 个省级行政单位的测度结果（重庆并入四川计算）。3. 黄河中游地区中（1）为陕西、（2）为山西。

提高，而与此相伴生的是各区域之间的分配差异呈现日渐拉大的态势，特别是2002～2004 年，宏观层面从积极的财政政策逐步转向有保有控的财政政策，受政策的影响和制约，县（市）一级的收入差异加速扩大，提高了收入分配的不合理水平。财政政策、财政分权体制与经济增长和分配差异存在着必然的联系。林毅夫、蔡昉、李周（1999）认为，中国的财政体制具有内生性的特点。中国经济增长与宏观稳定课题组（2008）提出了政府福利模型，其中尤其强调了 1994 年以来财政分权体制改革在经济增长中的作用。将分权的财政体制作为经济增长和分配差异的解释变量，用以解析县（市）经济发展过程中财政政策和体制的作用，是本部分的主要议题。

第三节　模型和数据

一　模型和变量说明

本部分采用时间和实体固定效应回归模型对面板数据进行分析。采用固定效应回归模型，可以有效控制面板数据中的遗漏变量。每个实体的固定效应能够控制那些不随时间变化而变化但是在实体之间互不相同的变量，时间固定效应能够控制在实体间不变但是随时间而发生变化的变量，使用该模型可以较好地研究财政分权对县（市）一级经济增长与分配差异的影响。

1. 财政分权与县（市）经济增长

究竟采取哪种度量指标进行测度，并没有统一意见。林毅夫、刘志强（2000）采用的是省级政府在预算收入中所保留的平均份额作为测度指标；Zhang and Zou（1998）选用了人均省级政府支出与中央总支出的比值作为测度指标；乔宝云（2002），周业安、章泉（2008）选择了人均省级财政支出（包括省级和省级以下）占人均总财政支出的比例进行分析。我们用（1）式来测度样本期内财政分权对县（市）一级经济增长的影响。

$$GDPP_{it} = \alpha_o + \alpha_1 FD_{it} + V_i + V_t + \varepsilon_{it} \tag{1}$$

在模型中，$GDPP$ 为被解释变量，代表样本期内县（市）一级行政区域的人均经济增长率，i 代表各县（市）区域的实体观测值（$i=1, 2, \cdots, n$），t 代表各观测值的不同时期（$t=1, 2, \cdots, T$），FD_{it}代表的是选取 n 个县（市）中第 i 个县（市）在第 t 个年度内被观察到的财政分权的数据。α_0、α_1 为待估系数，ε_{it}是误差项。我们采用县（市）财政收入留存比率（LR），即各县（市）在预算范围内上解财政收入后本级留存部分占全部收入的比例作为主要的测度指标。[①] 选择这一指标的原因在于：第一，财政自给率[②]虽然是衡量财政能力的一个重要指标，但它在财政总收入扣除上级净补助基础上，与财政支出进行比较得出的综合结果，仅以该指标衡量财政分权程度不足以说明本级政府财政能力，而将县（市）财政收支分别进行研究则是对该指标的进一步细化。第二，对财政收支“两翼”进行比较，收入部分通常被看做衡量财政集中度的指标，不仅反映了收入归属本级政府的可支配财力，还反映了该地区经济增加值规模和结构性特征。第三，分税制财政体制改革以来，通过中央、省、市等政府部门层层下放事权，县（市）政府增加了对本地区经济社会的支出责任，与事权的增加相比财权增加却是缓慢的，县（市）一级财政支出和事权不相匹配，使用财政收入作为测度分权指标，能够反映出县（市）财政可支配收入规模的基本状况。因此，我们假设，如果 *LR* 越大，反映县（市）对本地区经济自主投入的可能性越大，则财政分权程度越大，分权对经济增长的促进作用越强；反之亦然。

另外，在财政总体预算框架内，测度县（市）财政分权对经济的影响，支出部分也是十分重要的度量指标。财政支出反映了县（市）一级政府资金的使用过程和结果，直接体现了政府参与社会资源配置的过程。如果不引入支出部分作为测度财政分权的变量，可能会产生对分权程度的误判。在县（市）预算范围内，一部分财政资金由本级财政筹集，另一部分则由上级政府以包括财力转移支付在内的各种补助予以补足。[③] 分权化改革导致的县（市）对上级财政的依存程度反映了当地经济的自生能力。因此，我们采用县（市）本级地方财政支出上级拨付比率（*LEXP*），作为衡量财政分权对经济增长的又一个解释变量。我们假设，预算范围内，如果

① 县级财政收入上解部分在中央、省和地级市（州、盟）三级政府都存在比例不同的提留。2005 年之后，随着省直管县财政体制在全国范围的逐步推开，地级市（州、盟）一级的提留比例逐步降低。

② 衡量财政能力的一个指标是财政自给率，是指一定时期内自有财力占财政总支出的比重，用公式表示为：财政自给率 = 一般预算收入/一般预算支出。

③ 转移支付主要包括专项转移支付和财力转移支付。其中，专项转移支付指为了实现上级的特定政策目标，实施专款专用；财力转移支付指为了实现公共服务均等化的目标而进行的拨付。参见伏润民等（2008）。

LEXP 越大，反映县（市）经济增长对上级拨款的依存性越大，则财政分权的程度就越低；反之亦然。

2. 财政分权与县（市）分配差异

一般而言，社会福利水平的提高，一方面来自于市场机制对资源配置的作用；另一方面来自于政府对市场的参与和再分配活动。政府的宏观调控政策作为经济发展重要的解释变量，在推动社会福利过程中发挥了重要作用。其中，财政政策变化、体制性改革对省以下经济发展和地方经济的变化都会产生深远影响。因此，我们用（2）式测度财政分权对县（市）一级分配差异的影响。

$$CV_{it} = \beta_o + \beta_1 FD_{it} + V_i + V_t + \delta_{it} \tag{2}$$

在模型中，*CV* 为被解释变量，代表样本期内县（市）一级行政区域的收入分配差异，i 代表各县（市）区域的实体观测值（$i = 1, 2, \cdots, n$），t 代表各观测值的不同时期（$t = 1, 2, \cdots, T$），FD_{it}代表的是选取 n 个县（市）中第 i 个县（市）在第 t 个年度内被观察到的财政分权的数据。β_0 和 β_1 为待估系数，δ_{it}是误差项。与（1）式相同，模型中包括两个固定效应值，其中，V_i 代表在各县（市）之间发生变化但是不随时间而变化的解释变量，V_t 代表在各县（市）之间相同但是随时间而发生变化的解释变量。我们仍旧选择 *LR* 代表县（市）财政收入留存比率，用 *LEXP* 代表县（市）本级财政支出上级拨付比率，以此刻画分税制财政分权体制改革之后，财政的体制性变量对县（市）一级收入分配的影响。我们假设，如果 *LR* 与 *CV* 指数呈现正相关，表明财政分权扩大了县（市）的分配差异；反之亦然。还假设，如果 *LEXP* 与 *CV* 呈正相关，表明财政分权缩小了县（市）的分配差异；反之亦然。

最后需要说明的是，为了避免产生遗漏变量偏差，我们在上述模型中控制了其他可观测的变量。其中，*CAPP* 是代表人均固定资产投资增长率的变量，用各县（市）的全社会固定资产投资跨年度的增长率进行度量；*LABP* 是代表劳动人口跨年度增长率的变量，用县（市）的全社会从业人员增长率进行度量。另外，我们加入了滞后一期的人均县级 *GDP* 增长率，以考察经济增长的继承性对被解释变量的影响，用 *GDPP*1 表示。表 4 – 1

是描述统计的报告。

表 4-1 描述统计

变量	观测值	均值	标准差	最大值	最小值
GDPP	2204	0.771	3.676	9.486	-0.525
CV	2331	0.943	0.133	1.178	0.795
LR	2204	0.661	0.146	1.137	0.272
LEXP	2204	0.461	0.224	0.926	-0.155
CAPP	2204	2.331	7.992	138.804	-0.980
LABP	2204	0.063	4.773	0.778	-0.154
*GDPP*1	2204	0.771	3.676	9.486	-0.525

1994 年实行分税制财政体制改革以来，各县（市）地方政府在上级（国家和省、市）预算约束框架下，通过提高基础设施投资等推动地方经济增长。考虑到省别和跨时的差异，为了避免产生遗漏变量偏差，我们在所有回归中加入了实体和时间固定效应的虚拟变量，将各省社会经济条件和分权政策的变化等回归因子包括在面板数据中进行估计。由于省别和跨时虚拟变量较多，没有将其在回归报告中体现出来。为了控制可能存在的异方差，在回归结果中报告了异方差的稳健性标准误。另外，对于静态面板数据回归模型，有固定效应模型和随机效应模型两种模型设定形式，对于固定效应模型和随机效应模型有不同的模型估计方法。建模过程中，为了减少设定性偏误，一般采用 Hausman 设定性检验，对模型的设定形式进行检验。

二　变量的单位根检验

利用面板数据，建立计量经济模型时，必须考虑数据的平稳性，以避免“伪回归问题”（Kao，1997）。所以，我们首先对后面实证研究的变量进行单位根检验。本书应用由 Im、Pesaran 和 Shin（2003）提出的方法（简称 IPS 检验）来进行有关数据的单位根检验。IPS 检验放松了各纵剖面时间序列一阶滞后项的回归系数必须相同这一约束条件，在备择假设下，允许有一些纵剖面时间序列含有单位根。其检验思路为：在模型具有异质正态误差项的条件下，利用各纵剖面时间序列的 LM_i 统计量的均值作为面板单位根检验的统计量；同时，在模型具有异质独立同分布误差项的条件下，利用各纵剖面时间序列的 DF_i 统计量的均值 t - bar 为统计量检验面板单位根假设。t - bar 统计量的构造形式为：

$$\bar{t} = \sum_{i=1}^{N} t_{iADF}/N$$

其中：t_{iADF}是每个截面内假设检验 H_0: $\beta_i = 1$ 的 t 统计量。对每个截面内时间序列进行 ADF 检验，当 N 固定时，$t_{iADF} \Rightarrow \int_0^1 W(r)\ dW / [\int_0^1 W^2(r)\ dW]^{1/2}$，其中 $W(r)$ 为维纳过程。由于 t_{iADF} 的极限有有限均值与方差，且同分布，根据 Lindeberg - Levy 中心极限定理得：当 $T \to \infty$，$N \to \infty$时，有：

$$t_{IPS} = \frac{\sqrt{N}\ [\bar{t} - E(t_{iADF} \mid \beta_i = 1)]}{\sqrt{Var(t_{iADF} \mid \beta_i = 1)}} \Rightarrow N(0, 1)$$

另外，Im，Pesaran 和 Shin（2003）还通过蒙特卡洛模拟研究了 *IPS* 检验的有限样本性质，发现在小样本下，IPS 检验明显要优于另一面板单位根检验——*LLC* 检验。

表 4 - 2　变量的单位根检验

变　量	*GDPP*	*CV*	*LR*	*LEXP*	*CAPP*	*LABP*	*GDPP*1
$\bar{t}$ 检验统计量	-4.6973	-3.6423	1.3822	-12.7043	-6.0749	-10.2851	-3.8021
P 值	0.0000	0.0000	0.0102	0.0000	0.0000	0.0000	0.0000

表 4 - 2 给出了对变量的单位根检验结果。分析结果表明，7 个变量的面板数据水平值的 t - bar 检验的下尾单侧 P 值均近乎为 0，显著地拒绝原假设。所以，7 个变量的面板数据均为 $I(0)$ 过程所生成，满足平稳性的要求。

三　数据来源

本书对分税制改革以来财政分权对县级地方经济发展的实施绩效进行分析，所选取的样本来自 1995 ~ 2007 年全国各省所属的县级面板数据。数据来源是上述时间跨度内《中国统计年鉴》、《中国财政年鉴》以及各省历年的统计年鉴。没有包括北京、天津、上海和重庆以及西藏的数据，主要原因在于：一是本章主要是对全国行政区划内的县（市）一级财政分权与经济发展的关系进行分析，而直辖市的县级地方政府由于行政隶属关系较为特殊，因此与其他省份的县级经济不具有可比较性，特别是重庆市1997年成为直辖市后，数据的统计口径发生较大变化，本书所选取的样本没有包括上述四个直辖市的相应数据。二是由于西藏的数据相对缺失，在样本选取过程中予以剔除。本书之所以选择1995年作为起始时间，主要原因在于虽然1994年开始进行了分税制财政体制改革，但是由于政策的滞后性，所需数据在后续一年中才能逐渐得到。

第四节　分析与检验Ⅰ：财政分权对县（市）经济增长的贡献

表4-3报告了样本期财政分权数据值对县（市）经济增长的估计结果和对模型的设定性检验。

表中列（1）给出了各县（市）财政收入留存比率对地方经济增长的估计结果。结果显示，县（市）财政收入留存比的系数为正（0.608），并且在5%水平下显著异于0。表明在样本期内，县（市）地方政府财政收入在上解国家和省、市之后的留存部分对于本地经济增长具有比较强的推动作用。然而，仅从收入这一角度还不足以提供财政分权对地方经济增长的解释。列（2）的结果表明，县（市）本级地方财政支出上级拨付比率（*LEXP*）与地方经济增长呈负相关，并且在5%水平下显著异于0。表明从总体上，分税制财政体制改革之后，县（市）一级地方经济的增长主要是依托本级财政收入进行有限但是相对有效的拉动，而上级财政拨款对县（市）地方经济增长所发挥的作用则相对较低甚至为负。引入这一变量后，财政收入留存比（*LR*）的系数呈现明显下降但仍旧为正，但是没有通过显著性检验。列（3）进一步引入了人均固定资产投资增长率（*CAPP*）和劳动人口跨年度增长率（*LABP*）两个解释变量。结果显示，县（市）本级地方财政支出上级拨付比率的影响仍旧为负，并且在5%水平下显著异于0；财政收入留存比（*LR*）的系数为正，仍旧没有通过显著性检验。引入的两个变量中，劳动人口跨年度增长率（*LABP*）对地方经济增长具有比较好的推动作用，并且在5%水平下通过了显著性检验；而人均固定资产投资增长率（*CAPP*）却没有对地方经济增长提供很好的解释。这种结果的出现，其理由可能在于：一方面，中国农村存在着大量的剩余劳动力，而财政分权推动了城市化改革的步伐，导致农村富余劳动力的转移，这种低成本劳动人口成为推动县（市）经济增长的要素禀赋；同时，财政教育支出也在一定程度上推动了经济增长；另一方面，鉴于县（市）经济的承载能力相对较低，一些对地方经济具有拉动作用的重大投资项目往往选址于较大的中心城市，即使在县（市）存在一定规模的投资，其规模和比重也比较有限。

表 4-3 估计和检验结果

因变量：县（市）*GDPP*	—					
自变量	（1）	（2）	（3）	（4）	（5）	（6）
LR	0.608** (0.248)	0.390 (0.256)	0.102 (0.166)	0.161* (0.086)	0.159* (0.086)	-0.252 (0.165)
LEXP	—	-0.797** (0.234)	-0.905*** (0.131)	-0.464*** (0.071)	-0.469*** (0.071)	-0.703*** (0.121)
CAPP	—	—	0.0009 (0.003)	0.001 (0.0015)	0.001 (0.001)	—
LABP	—	—	0.614** (0.302)	-0.24 (0.159)	—	0.420 (0.276)
*GDPP*1	—	—	—	1.064*** (0.019)	1.064*** (0.019)	0.961*** (0.012)
R^2	0.785	0.787	0.801	0.958	0.958	0.961
$\bar{R}^2$	0.762	0.763	0.774	0.958	0.951	0.956
F	—	33.89	29.67	147.2	148.04	202.52
Hausman 检验	6.893 (3.84)	7.204 (5.99)	12.643 (9.48)	11.548 (11.07)	11.077 (9.48)	10.821 (9.48)
观测值	2204	2204	2204	2204	2204	2204
组别数	205	205	205	205	205	205

注：①回归结果中加入了实体和时间固定效应的虚拟变量。②标准误差系数在下面的括号中给出。*** 表示在1%水平下显著，** 表示在5%水平下显著，* 表示在10%水平下显著。

样本年度内的人均经济增长率（*GDPP*）不仅受到即期要素投入的影响，还由于经济的继承性而受到前期增长水平的影响。列（4）建立了将滞后一期人均经济增长率作为合成数据对象的模型，并以此研究上一年度人均经济增长率（*GDPP*1）对被解释变量的影响。我们发现：

1. 与列（1）到（3）相比，列（4）的拟合度得到明显提高（0.958），表明增加 *GDPP*1 作为解释变量之后拟合度得到优化。

2. 已有变量的估计系数出现了程度不同的下降。与列（1）、列（2）相比较，财政收入留存比率（*LR*）出现一定程度的降低（0.161），并且在5%显著性水平下统计上是显著的。这一结果支持原假设，表明在对县（市）级经济增长水平进行评价的过程中，地方财政收入用作本级支配的部分，投放于公共设施建设、中小型投融资等方面，能够发挥比较重要的基础性作用。与列（2）、列（3）相比较，县（市）本级地方财政支出上级拨付比率（*LEXP*）仍旧为负（-0.464），并且在1%的水平下显著。这一结果同样支持原假设，表明在县（市）本级财政支出中，来自上级拨付的比率越大，则对上级财政的依存程度越高，财政分权程度越低；还表明，这种低水平的财政分权是以较低的经济增长为代价的。

3. 上一年度人均经济增长率（*GDPP*1）对被解释变量的影响较为显著。从估计结果看，*GDPP*1 的系数为正（1.064），并且在1%的水平下通过了显著性检验。表明上一年度地方经济增长对各县（市）经济增长具有比较强的承载作用。引申的意义在于，虽然在全国范围内实施了财政分权体制改革，但是由于各县（市）所处的经济环境、历史演变和人文观念等约束性因素的存在，分权化改革对地方经济增长的激励绩效出现较大差异。

4. 人均固定资产投资增长率（*CAPP*）和劳动人口跨年度增长率（*LABP*）的变化对县（市）地方经济增长的影响均不显著。在样本期内，各县（市）人均固定资产投资增长率促进了地方经济增长；另一方面，劳动人口跨年度增长率对各县（市）地方经济增长的影响为负。但是，二者均没有通过显著性检验。

列（5）和列（6）检验了上述结果对基准设定的敏感性。列（5）中的回归舍弃了控制劳动人口跨年度增长率（*LABP*）的变量，结果显示并没有因为这一变量的减少而导致估计效应明显增加。列（6）舍弃了人均固定资产投资增长率（*CAPP*）的变量，模型中的系数则发生比较显著的变化。这种结果表明，各县（市）地方经济增长对于人均固定资产投资增长率的变化相对敏感，也表明财政分权体制改革之后，地方政府的投资冲动对经济增长具有较为明显的政策性支持。

第五节　分析与检验Ⅱ：财政分权扩大了县（市）分配差距吗？

表 4－4 报告了样本期内财政分权数据对县（市）变异系数的估计和检验结果。

表中列（1）是县（市）财政收入留存比率（*LR*）与变异系数（*CV*）之间的关系。结果显示，县（市）财政收入留存比的系数为负（－0.0915），并且在 1% 的水平下显著异于零。表明财政收入留存比率与变异系数之间呈负相关，即在样本期内，县（市）地方政府财政收入在上解国家和省、市之后的留存部分对于缩小分配差异具有一定推动作用。列（2）在列（1）基础上引进了县（市）本级地方财政支出上级拨付比率（*LEXP*）。分析结果显示，县（市）财政收入留存率仍旧为负（－0.894），并且在 1% 的水平下显著异于零；同时，县（市）本级地方财政支出上级拨付比率（*LEXP*）为正值（0.0078），但是没有通过显著性检验。1994 年开始实行的分税制财政体制改革对中央和省以下地方政府的财政分配机制作了明确划分，但是没有对省以下特别是县、乡两级的财政收入规模、来源和结构等明确规定。一般情况下，各省在确定预算内财政收入归属过程中所采取的做法是，收入规模比较小的税种，如房产税、城镇土地使用税等直接纳入到本级财政收入；包括增值税、营业税、个人所得税和企业所得税等共享税收入纳入到地方的部分则根据不同情况在省以下不同层面地方政府之间分配。李一花（2008）对比了山东、江苏、浙江和广东四省的财政收入层级结构表明，在省以下财政收入分配过程中，省、市两级政府的财政收入所占比重较大，而县（市）的财政收入中营业税、增值税等共享税占据主要部分。我们对吉林省的调查表明，分税制财政体制改革之后，县（市）增值税收入在上解中央级75%、省级15%之后，余下10%部分由地级市确定与县（市）划分比例；其余的县（市）地方级共享税收入也在省、地、县三级政府之间重新分配。可见，县（市）一级地方财政收入虽然在省级“归口统计，分别使用”，但是，由县本级财政自行支配的收入无论在比例上，还是在总量上都是十分有限的。再加上各省施行的“上提财权，下放事权”，导致县（市）一级的财权无法得到有效保障，出现城乡区域之间经济发展的不均衡，分配差异呈现拉大的趋势。一方面，省级财政的“GDP情结”所带来的投资冲动要保证上大项目、大投资，在资源配置上向中心区域、相对发达县（市）集中；另一方面，县（市）受财政收入制约，财政困难不断增大，甚至个别地方除保证基本行政管理费和少量的公共基础设施开支外，根本无法保证教育、卫生等公共服务的资金需求[①]。近几年，为了改变这种状况，大部分省份的财政做出相应调整，提高县（市）一级财政收入上解后自留的比例，扩大县（市）财政资金规模。2004年之后，来自县（市）本级的共享税收入，如增值税的25%部分、企业所得税40%、营业税部分等都直接留给地方政府自行支配，[②] 从而直接增加了县（市）地方政府的财力，有利于地方财政统筹资金用于地方基础性建设。[③] 从列（1）、列（2）的测度结果来看，样本期内的县（市）财政收入留存比率越大，可以提高当地政府的资源配置能力，有效地提高公共服务效率，更对降低地区间收入分配差异有帮助。

考虑到其他变量对变异系数的影响，本书又引入人均固定资产投资增长率（*CAPP*）和上一年度人均经济增长率（*GDPP*1）两项解释变量。列（3）显示，县（市）的财政分权留存率（*LR*）对变异系数的解释作用进一步增强；县（市）本级地方财政支出上级拨付比率（*LEXP*）与变异系数呈正相关，并且在1%水平下通过了显著性检验，表明县（市）财政支出来自上级拨款的部分拉大了地区间收入分配差距。1994年的分税制财政

① 这也是县（市）以下地方政府非税收入增加的主要原因之一。

② 营业税不包括铁路部门、各银行总行等集中缴纳的部分，地方企业所得税不包括铁路部门、各银行总行等集中缴纳的部分。

③ 当然，县（市）一级政府为了缓解财政困境，程度不同地存在着预算外和制度外收入。由于数据获得方面的原因，本文主要是以税收收入来衡量县（市）财政收入规模的变化。

表 4－4 估计和检验结果

因变量：县（市）加权 CV	—					
自变量	（1）	（2）	（3）	（4）	（5）	（6）
LR	－0.0915*** (0.016)	－0.0894*** (0.0165)	－0.1373*** (0.0221)	－0.1385*** (0.0219)	－0.2043*** (0.0221)	－0.0718*** (0.0164)
LEXP	—	0.0078 (0.0151)	0.1762*** (0.0182)	0.1728*** (0.0181)	0.2082*** (0.0174)	0.0081 (0.015)
CAPP	—	—	0.0005 (0.0004)	0.0004 (0.0003)	—	—
LABP	—	—	—	0.1587*** (0.0405)	0.2129*** (0.0402)	0.0134 (0.0379)
*GDPP*1	—	—	－0.0146*** (0.0048)	－0.0139*** (0.0048)	－0.0005 (0.0004)	—
R^2	0.6934	0.6934	0.9187	0.9201	0.8964	0.7141
$\bar{R}^2$	0.6621	0.662	0.9062	0.9077	0.8824	0.6829
F	22.13	22.03	73.23	73.99	63.83	22.86
Hausman 检验	6.463 (5.99)	10.201 (7.81)	10.533 (9.48)	12.811 (11.07)	10.537 (9.48)	12.964 (9.48)
观测值	2331	2331	2331	2331	2331	2331
组别数	205	205	205	205	205	205

注：①回归结果中加入了实体和时间固定效应的虚拟变量。②标准误差系数在下面的括号中给出。*** 表示在 1% 水平下显著，** 表示在 5% 水平下显著，* 表示在 10% 水平下显著。

管理体制改革就建立政府间财政转移支付的数量和形式做出过规定。除以税收返还为表现形式之外，近几年还完善了专项转移支付和财力转移支付，其目的在于增加地方政府特别是县（市）地方经济的自主支配权，促进地区间财力平衡，实现公共服务均等化和减少分配差异。然而，对数据的分析结果表明，财政转移支付并没有实现预期目标，甚至导致区域间分配差异进一步增大。如本章第二节图 4－2 所示，通过对县（市）变异系数进行比较，发现西北地区的一些省份收入分配差异高于全国平均水平而诸如甘肃、青海等的一些县（市）恰恰是国家财政重点资助的贫困县。县（市）越贫穷，财政以转移支付进行资助的比例越大，这是财政职能的重要所在，自然无可厚非。但是，关键在于这种促进公共服务均等化、提高社会福利的政策机制是否能够真正发挥作用，以及预期效果没有实现的政策性根源在哪里？我们认为：第一，贫困县（市）经济基础薄弱导致资金缺口过大。有些县（市）公共基础设施匮乏，历史陈欠较大，即使国家财政不断加大转移支付规模，但仍旧无法满足基本需要。特别是一些农村人口比例较大的县（市），长期处于公共服务的盲区，更加紧迫需要弥补和改善公共设施和服务，资金缺口也相对较大。第二，县（市）地方政府为“保增长”而偏离转移支付预期。伏润民等（2008）认为，中央财政以均等化为目标对县（市）级政府拨付资金时，并没有规定具体用途，县（市）级地方政府对这部分资金具有完全的自主支配权。在多重目标，尤其是经济增长目标的压力下，一般性转移支付资金可能被挪用和挤占，上级政府实现公共服务均等化的政策意图难以达到预期的效果。第三，贫困县（市）由于基础设施相对落后，资金需求大，当地政府即使获得了上级拨付，也无法做到有侧重的使用，不得不“撒胡椒面”或“拆东墙补西墙”，难以形成资金的规模效率，导致投资规模较低，投资渠道进一步狭窄，陷进“越补越穷”的怪圈。第四，贫困县（市）财政供养人口较多也是其中一个原因。贫困地区经济环境不佳，从事生产性经营无法满足消费需求，而作为国家公务人员，则可以获得财政稳定发放的工资收入，一些县（市）“吃皇粮”人满为患。即使上级政府下拨转移支付资金，也要优先满足行政性开支，而这些支出则挤占了用于改善基础设施的投资性支出。我们在列（3）中还发现，县（市）的人均固定资产投资增长率（*CAPP*）与变异系数正相关，但是并没有通过显著性检验。上一年度人均经济增长率（*GDPP*1）与变异系数负相关，并且在1%水平下通过了显著性检验。可能的解释是县（市）上一年度人均经济增长水平的提高，会创造更多的消费和投资，也会产生更多的税源，提高县（市）地方政府再分配能力，进而压缩收入分配差异。

列（4）进一步引入了劳动人口跨年度增长率（*LABP*）。结果表明，列（3）中所列示的解释变量与变异系数的关系并没有发生明显变化。值得一提的是，县（市）的劳动人口跨年度增长率与变异系数正相关（0.1587），并且在1%水平下通过了显著性检验。这种结果表明，适龄劳动人口在一定程度上拉大了地区间收入分配差异，劳动人口增长水平越高，地区收入分配差异越大；反之亦然。与列（1）、列（2）相比较，列（3）、列（4）的拟合优度得到进一步提高。

列（5）和列（6）检验了上述结果对变量设定的敏感性。列（5）中的回归舍弃了县（市）的人均固定资产投资增长率（*CAPP*）的影响，结果显示，除上一年度人均经济增长率（*GDPP*1）没有通过显著性检验外，其余各变量的估计效应都得到相应的增加，但是与被解释变量的关系并没有发生变化，拟合优度小幅下降。列（6）进一步舍弃了上一年度人均经济增长率（*GDPP*1）的影响，结果显示县（市）的财政收入留存比率（*LR*）与变异系数的关系没有发生变化，并且在1%水平下通过了显著性检验，表明该财政分权指标对变量的变化不敏感；而县（市）本级地方财政支出上级拨付比率（*LEXP*）则没有通过显著性检验，表明财政支出性指标对变量的变化相对敏感。

第六节　几点启示

经济发展所关注的一个重要内容在于实现效率与公平的协调统一。财政作为政府参与市场经济活动的重要工具，必然在经济发展过程中发挥作用。自新中国成立初期，中国就尝试实行有效的财政分权体制改革。虽然不同阶段的财政分权所依据的战略思想所有不同，但是政策的重要出发点之一是在实践中探索对不同层面政府建立有效的激励机制、提升全社会的福利水平。近十几年来的经验表明，分税制财政体制改革虽然有得有失，但是总体上是一种成功的实践。不仅建立了中央和省以下政府之间的财政分权基本格局，还为深化财政体制改革和建立合理的政府绩效评价机制埋下了伏笔。实证分析的结果显示，财政分权体制改革不仅有效地促进了县（市）地方经济的增长，还在该层面对分配差异的缩小具有较为明显的贡献。

然而，改革过程中的一系列结构性问题也值得深入反思。本章重点关注财政分权体制改革在县（市）经济发展中的政策绩效，研究显示，分权化改革之后的财政收支“两翼”至少在县（市）层面上尚不完全具备促进地方经济均衡发展的政策性条件。因此，完善县（市）以下分权体制应该成为下一步的改革重点，特别是民生和结构性问题。从制度构建上，需要深入探索分权框架下县（市）地方经济的激励机制，培育和挖掘地方经济自生能力，降低地方政府的财政压力，鼓励产生有区域特色的公共福利政策。从体制改革上，推进和完善县（市）以下分权化体制改革应该成为下一阶段财政改革的重点。一方面，财政的转移支付要优化资金投入的结构和使用渠道；另一方面，提高县（市）等政府的税收留成比例，确定藏富于民的发展策略。从宏观调控上，财政政策需要更加关注于贫困落后和边远地区、尤其向广大农村的基础设施建设和人力资源开发倾斜，发挥政府财政政策的“跷跷板”和“汲水”作用。

当然，对财政分权化改革与县（市）地方经济发展的研究还需要进一步拓展。本书主要针对预算内财政收支情况进行了研究。如果将预算外资金以及所谓的制度外收支情况一并分析，可能更加客观地反映县（市）地方政府对地方经济的影响；同时，分析县（市）本级各类别企业与分权化改革的关系也会使这项研究更有意义；而对乡一级特别是基层农村财政体制改革进行研究也是我们后续的计划。

第五章
财政分权与经济增长：以吉林省为例

财政分权是中央政府将财政控制下放给地方政府，使地方政府在财权、事权上有独立的支配权，即地方政府在一定程度上获得财政收支的权力。财政分权对地区增长的影响很大程度上是通过影响地方政府的行为模式，进而影响政府和市场在配置地区经济资源的权力结构得以实现的（王文剑、覃成林，2007）。财政分权是一个多维度的现象，不仅包含支出和收入责任在各个级次政府之间的分配，也包括中央以下政府政策制定自主权的程度（Era Dabla Norris，2006）。[①]

第一节 财政分权与地方政策

各级政府行使职能、进行调控需要借助于适宜的财政制度和管理体制，并以此作为政府对经济发展的引导和反馈。如前面章节所述，财政分权体制作为财政管理体制的重要组成部分，在促进地区竞争、完善市场机制、实现经济增长等方面所发挥的作用在国内外的理论研究和实践上都不同程度地得到了验证。自新中国成立以来，随着经济从蹒跚起步到加速增长，制度变迁走过了跌宕起伏的发展历程，财政管理体制也具有内生的逻辑演变过程。

---

① 这一章部分内容来自笔者指导下的孙玉坤的研究论文。笔者曾多次与其就有关课题和研究内容进行研讨，他在数据、文献整理和撰写方面做了很多工作。在这里谨向孙玉坤的出色工作表示赞赏和感谢。

一 经济发展战略与财政分权改革

财政分权改革不仅是经济发展战略的解释变量，还具有对传统体制的路径依赖。中国作为经济发展水平相对落后的国家，在新中国成立初期就制定了本国的发展战略。林毅夫、蔡昉、李周（1999）在对中国传统计划体制的内生性进行阐述时曾经对此予以系统分析，并将其概括为优先发展重工业的赶超战略。在计划经济时代，财政管理体制作为计划体制的重要组成部分，内生于国家发展战略。在此背景下地方政府完全在中央计划调配下执行国家政策，地方财政从属于中央财政总体目标。然而，越来越多的业务量导致中央财政难以承受，管理、监督成本也越来越大，向地方下放权力成为处理中央和地方关系的重要组成部分（胡书东，2001）。体制演变内生于发展战略。但是，经济发展水平对体制演变也存在约束，超越或者落后于经济发展水平或者违背经济发展规律的财政管理体制都面临着调整的客观需求。自 1957 年尝试性向地方下放权力以来，国家的财政管理体制几经变革，试图协调中央和地方政府的关系，在保证中央财力基础上加强对地方政府的激励。但是，正如前面章节所述，这种分权化的财政体制演变仍旧存在着对计划经济的路径依赖。经济转型时期，财政分权的体制性特征既存在着传统体制的痕迹，也具有与其他国家不尽相同的激励渠道和激励结果。

分权化改革既是资源优化过程，也是体制优化过程。理论研究表明，财政分权对经济优化配置和地方经济增长具有促进作用。对财政分权理论的研究把向地方财政分权与地方政府激励和地方性竞争联系起来，强调向地方分权是竞争的必然条件①，被认为是“趋好的竞争”（race to the top）（Blanchard and Shleifer，2000）。同时，财政分权体制改革在体制上对政府间的经济关系进行了适当的区分，有利于市场机制进一步完善。斯蒂芬·贝利（2006）以退出—意愿表达分析框架进行的分析表明，财政分权

① 张军对财政分权引起的地方竞争所产生的影响进行了概括，归纳为促进和维护了不可逆转的市场机制的发展（即 market preserving）；促进了乡镇企业（TVEs）的发展；促进了城市化和基础设施的建设；导致了改革实验的发生和模仿；促进了外商直接投资（FDIs）的流入。参见张军《分权与增长：中国的故事》，《经济学（季刊）》2007 年第 1 期。

有利于居民选择权的偏好揭示，保障了消费者主权，是最大化其效用的必要条件。通过界定政府间职能，以分权化改革刺激竞争性市场发展，以利于个人通过“意愿表达”维护权益，通过“退出”进行选择。“退出和意愿表达都与分权化程度呈正相关关系”。对中国渐进式分权改革的经验研究表明，财政分权可以比较好地促进地方政府竞争，从而促进经济增长。虽然以成本—收益分析衡量，上述观点并不是完全的财政分权理论[①]，但是，至少从一个侧面表明，财政分权改革推动了中国可能形成的“大国发展道路”（王永钦、张晏、章元、陈钊、陆铭，2007）。

二　地方政府“经纪人”、政府代理人和双重激励

地方政府经济活动具有“经纪人”的基本规定性。对经济活动的研究，需要明确研究对象的根本性特征。经济活动中微观行为主体具有“一般人的抽象性特征”，各级政府部门也具有其他微观行为主体的这种特性。这同样符合公共选择理论的基本观点。“经纪人”的规定性蕴含在地方政府经济活动中。

地方政府经济活动体现了其作为个体单位的本位主义特征。无论以任何一种政府模式出现[②]，地方政府经济决策的出发点都体现在如何实现本辖区的利益最大化，或者以政治家、官僚和利益集团为组成部分的“政府代理人”的利益。地方政府的本位主义特征符合马克思主义的基本原理。马克思和恩格斯从历史唯物主义的角度出发，在继承和批判前人思想的基础上，建立了马克思主义利益理论，正确地阐明了利益的本质、特点及历史作用。马克思曾说：“这个世界……是许许多多利益的天下。”[③] 鲜明地

---

① 在王永钦等（2007）看来，一个完全的分权理论不仅能够分析分权体制下地方政府获得的正面激励（分权的收益），也能够分析分权体制下地方政府有损社会目标的负面激励（分权的成本）。

② 按照斯蒂芬·贝利（2006）的概括，地方政府的模型主要包括四种：第一，专制而又仁慈的家长制模型。这种地方政府最确切地知道任何事情，而且其行动在实现经济福利最大化时考虑了市场失灵的因素。第二，财政交换模型。政府的服务供应仅仅和选民们支付税收的意愿相符合。第三，财政转移模型。公共部门服务的提供是为了实现社会政策性目标。第四，利维坦模型。专制的自我满足的官僚和政治家最大化自己的福利，而不是为了全体国民和地方居民的利益。

③ 《马克思恩格斯全集》（第1卷），人民出版社，1995，第164～165页。

指出了利益在社会发展中的地位和作用。马克思的研究突破了传统利益观念束缚，认为利益是社会发展的基础、前提和动力源泉，是推动社会经济不断发展和生产力不断进步的内在动因。并认为："人们奋斗所争取的一切，都同他们的利益有关"。[①] 社会经济活动"首先是为了经济利益而进行的，政治权力不过是用来实现经济利益的手段"。[②] 可见，体现"经纪人"本位主义特征的地方政府基于辖区内利益考虑而表现出来的经济活动，其动机在于增进辖区内经济增长和福利水平的改善，这是一个方向性的考量，尽管在其中也夹杂着代理人自身的本位主义。经济转型时期，虽然利益的冲突难免发生，但是利益冲突却可以推动社会经济发展。冲突与矛盾带来的既是挑战更是机遇，正确而理性地处理诸多方面的冲突，可以客观地评价社会制度和优化资源配置，满足利益各方的需求，提高地方政府和辖区内个体的基本福利水平，将冲突解决于以利益为目标的非对抗性矛盾阶段，促进和推动群体利益的满足和实现，实现社会的稳定和发展。

地方政府经济活动体现了作为"经纪人"的自利特征。作为经济行为主体的重要组成部分，地方政府出于利己动机从事经济活动。这种在西方经济学看作为"第一推动力"的特征是经济行为的原始动因。地方政府出于自利考虑，不仅与中央（或上级）政府部门通过重复博弈谋求更多的转移支付或其他形式的拨款，还在本辖区扩大自身的影响力和获得更多的税源。一方面，为了在中央政府向（众多的）地方政府转移拨款中占据有利位置或者在辖区内获得更多的资源，地方政府一个比较合理的理由在于推动本地经济增长，以较高的增长率来增加博弈筹码，在财政分权框架下"为增长而竞争"（傅勇、张晏，2007）；而中央政府也会容忍地方政府基于本辖区利益进行（相对善意或不太恶意的）竞争，其理由在于中央向地方转移财政收入和支出权力有利于提高经济效率，加快地方经济发展，进而提高全国经济增长（Buchanan，1965；Oates，1972）。另一方面，为了在本辖区内获得更多的税收收入，以支撑其不断增加的预算[③]，需要采取

① 《马克思恩格斯全集》（第1卷），人民出版社，1995，第82页。

② 《马克思恩格斯全集》（第1卷），人民出版社，1995，第250页。

③ 各级政府官僚机构存在着预算最大化的倾向，而权力、地位等都与预算最大化正相关。参见 Niskanen（1971）。

各种渠道扶植税源，提高本辖区企业生产能力，扩大基础设施投资为生产提供更多的长期保障，完善生产硬环境和改善经营软环境，努力提高产业化水平，以此来获取更多的可利用资源。

地方政府经济活动在一定程度上符合理性原则。自利导致经济决策符合理性选择，理性的“经纪人”追求效用最大化，因此理性的经济行为也可以产生优化的行为选择。一方面，从经济决策分析，符合成本—收益原则，选择能够带来较大满足的方案，当面临可供选择的一系列方案的时候，则选择最小的经济代价获得最大的经济利益。地方政府的公共支出决策所采用的成本—收益评估方式符合理性选择的基本要求。另一方面，从政府官僚的角度研究，他们可能利用技术优势和所掌握的信息资源，为了把握更多的政治资源或者来自晋升的需要而隐匿所掌握的信息，“哄骗公民投票赞成比原来更高的预算水平”（Rosen，2005）。满足个人利益需求甚至“寻租”。当然，如果以这种路径思考，地方政府经济活动则会变成精密的计算过程，其行为也成为“快乐与痛苦的微积分”（许纯祯，2000）。而以交易成本理论衡量，由于信息不充分和决策不完全，地方政府经济行为充其量仅存在有限理性。地方政府虽然与中央政府相比具有信息优势，但是，这种信息优势仅仅是相对动态的。任何规模的地方都存在数量不等的与其相比规模较小的政府，而理想化的完全信息对称仅存在于辖区内公共产品供给与税收相对等的林达尔均衡状态。“地方政府规模小型化而带来的福利收益和随之增加的成本之间存在着某种替代权衡关系……在实际操作中很难确切地知道（地方政府规模增加所带来的）收益与损失之间的相对量”（斯蒂芬·贝利，2006）。

在分权体制框架下保持和提高地方政府辖区内的竞争能力和促进地方经济增长，符合地方政府和政府代理人（政客和官僚）及幕后利益集团的根本利益。Qian（1998）等的研究表明财政分权有利于地方政府促进本地区经济增长，通过硬化预算约束为地方政府提供较好的经济激励。然而，经济分权还不足以构成地方政府经济发展的全部激励（王永钦等，2007）。对于发展中国家，尤其是中国特殊的政治激励也同样发挥着激励效果。从这一点看，中国特色的财政分权具有区别于其他国家的激励形式。中国的财政分权是在政治集权的前提下进行的，地方政府虽然对推动本辖区内的经济增长具有责任和义务，但是地方官员的政绩考核则不同于其他国家①，而采用“自上而下的标尺竞争”（张晏，2005）。这种标尺的特征体现为来自以 GDP 为主的政绩考核机制（Li and Zhou，2005）和存在于基于民意调查（测评）上的官员任免机制。可见，中国财政分权体制下的地方政府存在着来自经济和政治（晋升）的双重激励，在经济转型时期构成了推动地方经济增长的重要力量。

第二节 财政分权与地方经济增长——以吉林省为例

新中国成立以来，中国在经济发展中不断探索处理中央和地方关系的途径，在财政管理体制上不断变革，先后经历了统收统支、分成包干以及分税制改革等重要阶段，体现了国家财政的集权—分权的渐进演变过程。改革开放以来，尤其是近几年来，中国经济的增速达到年均 10% 的水平，在经济效率和整体质量不断提高的宏观背景下，财政分权体制改革对经济增长的促进作用更加值得关注。本节主要通过选取的样本地区为例，通过实证分析，研究自改革开放以来财政分权与经济增长的关系。

一 假设前提

关于财政分权与经济增长的关系的问题，国内外学者从不同角度进行的研究主要集中在财政分权是否能够促进经济增长？在多大程度上对经济具有促进作用？针对这一问题，有的学者以国家为样本，尤其是对美国财政联邦制与经济增长的关系进行研究。Xie、Zou、Davoodi（1999）对美国财政分权体制进行了针对性研究，并认为美国已经达到了分权平衡，因为州一级或是地方一级分权的不同对于美国实际的 GDP 增长没有统计上的显

① 所谓自下而上的标尺竞争，系指由于地方政府行为的信息，普通民众和中央政府都处于信息劣势，但选民会参考其他地方政府的行为评价自己所在辖区的政府行为，地方官员知道其选民会以其他地方政府的绩效作为标尺，从而会效仿其他地方的相关政策发展本地经济。相比较而言，中国则由于地方政府绩效主要受制于上级（或中央）政府的考核指标体系，而存在着自上而下的标尺竞争（Besley and Case，1995；Baicker，2005；张晏，2005）。

著性。而 Akai、Sakata（2002）在对美国的研究中得出了不同结论。Stansel（2005）通过检验地方自治（fragmentation）对地方实际人均收入增长的影响后认为，高度分权可以增强不同管辖区的竞争从而抑制怪兽政府（Leviathan governments）的出现。有的学者针对经济转型国家，其中包括中国的财政分权体制进行研究。如 Qian and Xu（1993）；Zhang and Zou（1998）；Lin and Liu（2000）；Martinez - Vazquez，Jorge and R. M. McNab（2003）等。

一个颇有争议但是值得关注的问题在于，财政分权是否确实促进经济增长？如果对经济增长具有促进作用，那么，对中部地区的影响又如何呢？这种影响在省以下是如何体现的呢？本文拟选取吉林省作为样本，建立财政分权对地方经济增长具有正向作用的假设，对省以下县（市）财政分权与经济增长进行实证分析。另外，也试图回答张晏、龚六堂（2005）谈到的“财政分权对于经济增长的影响还有待在省级以下进行检验”的问题。

二　模型设计

在对经济增长进行实证分析时，多利用生产函数进行回归分析。本文利用这种方法来分析财政分权对县（市）经济增长的影响。Cobb - Douglas 生产函数可以表示为：

$$Y = AK^{\alpha}L^{1-\alpha} \tag{1}$$

其中 Y 为产出，A 为技术进步水平，K 为资本，L 为劳动力数量。将（1）的左右两边同时除以 L 得到人均量形式，故第 t 期的人均量生产函数可以表示为：

$$y(t) = A(t)\ k(t)^{\alpha} \tag{2}$$

其中 y 为人均产出，k 为人均资本，将式（2）左右两端同时取对数并对时间 t 进行一阶微分，得出人均产出增长率：

$$\dot{y}(t) = \dot{A}(t) + \alpha\dot{k}(t) \tag{3}$$

式（3）中的人均产出增长率 $\dot{y}(t)$ 等于人均资本增长率 $\dot{k}(t)$ 和技术进步率 $\dot{A}(t)$ 之和。其中，人均资本增长率 $\dot{k}(t)$ 用人均固定资产投资增长率 CAI（Capital Asset Investment）替代。技术进步率 $\dot{A}(t)$ 则有多种变量可以进行替代，其中，变量财政分权就是本节主要的研究内容，对于农业现代化水平、财政自给率及总人口等也给予考察。在经济增长的过程中会有诸如国家的财政政策、货币政策以及对外开放政策等的改革效应，由于缺乏合适的指标而无法予以直接的衡量。在进行回归分析时加入年虚拟变量却可以在一定程度上体现这些效应。

将回归模型设为：

$$GDP_{it} = m_i + n_o GGDP(-1)_{it} + n_1 FD_{it} + n_2 CAI_{it} + n_3 TP_{it} + n_4 FSS_{it} + n_5 AM_{it} + \varepsilon_{it} \quad (4)$$

这里采用了面板数据（panel data）。其中，下标 i 表示县市，t 表示时间。模型中的指标变量解释如下：

GGDP（GDP per capita growth rate）为人均 GDP 增长率，*GGDP*（-1）是人均 GDP 增长率的滞后变量，因为 GDP 的增长具有滞后性，当年的 GDP 增长率会受到前一期的影响。

FD（Fiscal Decentralization）为财政分权。在财政分权指标的选取上，Lin、Liu（2000）采用了边际分成率，即由省一级政府从财政收入增加额中所提留的比例来刻画财政分权程度。但是，应用比较广泛的方法是采取财政收支指标，即用下级政府的财政收支份额来衡量财政分权程度。Zhang、Zou（1998）采取的是省级人均预算支出与中央人均预算支出的比值。张晏和龚六堂（2005）引入转移支付对指标进行了改进，并引入了收入作为一个衡量指标。Martinez - Vazquez，Jorge and R. M. McNab（2003）将财政分权用省级人均财政支出与省级人均财政支出和中央人均财政支出之和的比值。本书将他们的指标拓展为三个不同指标，即支出财政分权（FD^{exp}）、收入财政分权（FD^{rev}）和收支财政分权（FD^{even}）①。

支出财政分权（FD^{exp}）为县级人均财政支出与县级人均财政支出和省级人均财政支出之和的比值，即：

$$FD^{exp} = \frac{\text{县级人均财政支出}}{\text{县级人均财政支出} + \text{省级人均财政支出}}$$

收入财政分权（FD^{rev}）为县级人均财政收入与县级人均财政收入和省

① 这三个指标中显示的省级数据是指扣减县级数据之后的余量。

级人均财政收入之和的比值，即：

$$FD^{rev}=\frac{\text{县级人均财政收入}}{\text{县级人均财政收入}+\text{省级人均财政收入}}$$

收支财政分权（FD^{even}）为县级人均财政收支的平均值与县级人均财政收支的平均值和省级人均财政收支的平均值之和的比值，即：

$$FD^{even}=\frac{\text{县级人均财政收支的平均值}}{\text{县级人均财政收支的平均值}+\text{省级人均财政收支的平均值}}$$

CAI（Capital Asserts Investment）为固定资产投资，用固定资产投资增长率来反映资本增长率。中国的工业基地多集中在中部地区，工业企业无论是国有企业还是民营企业都需要进行固定资产投资，而且在考察时间内东北三省还进行了增值税改革，中部的一些省份也相继推行这一政策。固定资产投资会对经济增长产生积极的影响。

TP（Total Population）为人口增长率，考察人口增长对经济增长的影响。一方面，中国现阶段的情况是中部省份劳动密集型的行业占的比重依然很大，人口增加有利于创造更多的产值；另一方面，随着人口数量的增加且劳动力素质的提高，可以逐步的提高劳动效率。

FSS（Fiscal Self - Support）为财政自给率，即财政收入与财政支出的比值。该指标是指县一级政府能够在多大程度上满足自己的支出需要，自给率越小说明政府的支出压力越大，越需要中央或省级的转移支付，一旦转移支付数额不足或是支出的压力过大就会形成县乡财政困难的局面。

AM（Agriculture Modernization）为农业现代化水平，本书利用机械播种面积来代替农业现代化水平。农业现代化水平在一定程度上能够增加粮食生产的效率，促进劳动力从第一产业向其他产业转移。而且中国的粮食供应主要来自中部地区，所以农业现代化水平的发展可能会一定程度上影响经济增长。

三 数据来源

本书选取了吉林省作为样本，分析财政分权体制对吉林省县级经济增长的关联度。之所以选择吉林省作为分析对象，主要的考虑在于：第一，吉林省属于中部地区，经济发展水平相对较为落后，经济增长的空间相对比较大。如果以吉林省作为分析对象，能够比较客观地反映出中部地区经济发展水平的基本状况；同时又可以通过对吉林省的数据研究，对落后地区具有一定的启发性。第二，吉林省地处东北，曾经也是计划经济遗留问题的重灾区，国有企业所占比例较大，“三大负担”相对突出，存在着长期吃“财政饭”的状况。吉林省地处东北老工业基地腹地，对其的研究在一定程度上对黑龙江省和辽宁省具有代表性。以吉林省为样本，可以比较充分地反映财政分权的实际效果。第三，中国是农业大国，而吉林省又是全国有名的农业大省，吉林省的一些县（市）粮食产量在全国居于领先位次，农业现代化水平与经济增长率也存在着一定关联度，将其作为样本得出的结论也可以反映出农业省份的基本情况。第四，在政策的制定上吉林省也是中央对于中等发达程度省份的试点省份，以吉林省为样本的研究可以较好地反映政策变化对于经济增长的影响。

根据国家统计局在 2005 年 8 月 1 日公布的全国县（市）行政区划的基本情况，本章收集了吉林省所属 35 个县（市）级行政单位自 1994 年到 2006 年的数据。通过对数据进行整理得到财政分权指标及财政分权以外其他变量的变化情况。因此，本章对 1995 ~ 2006 年吉林省 35 个县级行政单位的面板数据进行实证分析。数据来自 1995 ~ 2006 年度各期《吉林统计年鉴》或根据相关部分提供的数据整理而就①。

四　实证分析与检验

（一）双向固定效应回归与随机效应回归检验

表 5 - 1 给出了对人均 GDP 增长率与财政分权等变量进行双向固定效应回归（Two - Way Fixed Effects，TWFE）和双向随机效应回归（Two - Way Random Effects，TWRE）的结果②。相应结果显示，对于人均 GDP 增长率的回归，无论是采用固定效应分析还是采用随机效应分析，无论是采

① 由于 1997 年《吉林统计年鉴》的统计数据的条目和统计方式的不同，导致数据的部分缺失。故 Balanced Panel 和 Unbalanced Panel 主要区别在 1997 年的数据。

② 第（1）到第（3）列为双向固定效应回归分析的结果，第（4）到第（6）列是双向随机效应回归分析的结果。

用支出衡量还是收入衡量或是收支平均数衡量的财政分权，财政分权与经济增长之间的系数均为正。可以表明，县级财政分权有利于人均 GDP 的增长，增长程度用财政分权指标的系数反映为 0.19～0.42 不等。同时，在固定效应回归分析时，县级财政分权的三个指标均没能在 10% 以内的水平下显著，但是随机效应分析结果可以看到，除收支平均值衡量的财政分权在 10% 的水平下显著之外，支出和收入衡量的财政分权均在 5% 的水平下显著。

表 5－1

Variable	(1)	(2)	(3)	(4)	(5)	(6)
C	0.0098 (0.0870)	0.0255 (0.4077)	0.0039 (0.0392)	0.0752 (1.3016)	0.1198 * (3.1636)	0.0789 (1.3536)
$GGDP$ (－1)	－0.2540 *** (－4.9695)	－0.2537 *** (－4.9756)	－0.2542 *** (－4.9757)	－0.2006 *** (－3.5134)	－0.2005 *** (－3.5195)	－0.1937 *** (－3.4018)
FD^{exp}	0.1879 (0.7210)	— —	— —	0.2335 ** (1.8645)	— —	— —
FD^{rev}	— —	0.4236 (1.4017)	— —	— —	0.2728 ** (2.1383)	— —
FD^{even}	— —	— —	0.2403 (0.9104)	— —	— —	0.2347 * (1.8254)
TP	0.0091 (0.2676)	0.0191 (0.5467)	0.0110 (0.3233)	0.0172 (0.5085)	0.0201 (0.5954)	0.0148 (0.4367)
AM	－0.019843 (－0.9027)	－0.0196 (－0.8970)	－0.0196 (－0.8921)	－0.0356 (－1.0705)	－0.0373 (－1.1208)	－0.0445 (－1.3313)
CAI	0.0099 (0.7059)	0.0101 0.7283	0.0101 (0.7239)	－0.0050 (－0.3078)	－0.0058 (－0.3610)	0.0036 (0.2163)
FSS	0.2381 * (1.7044)	0.0204 (0.1102)	0.2112 * (1.6035)	－0.0142 (－0.3078)	－0.1528 * (－1.6760)	－0.0345 (－0.3392)
R^2 (Adjusted R^2)	0.1732 (0.2498)	0.1698 (0.2136)	0.1621 (0.2221)	0.1575 (0.2145)	0.1591 (0.2342)	0.1457 (0.2162)
Number of obs	386	386	386	273	273	273
Likelihood ratio/ Hausman test	51.4969 (0.3022)	52.9828 (0.2544)	51.8291 (0.2911)	11.3945 (0.0769)	9.2433 (0.1603)	11.0913 (0.0856)

注：括号中是 t 统计量，符号 *** 表示在 1% 的水平下显著，** 表示在 5% 的水平下显著，* 表示在 10% 的水平下显著，最后一行中括号中为 p 值。

人均 GDP 增长率的滞后变量 *GGDP*（-1）在5%的水平下显著为负，说明了前一年的高增长一般会对后一年 GDP 增长率的提高起副作用。这可以理解为人均 GDP 的增长率过快会提高 GDP 的基数，使利用后一年增长幅度计算的人均 GDP 增长率受到影响。其他变量如人口增长率 *TP*、固定资产投资增长率 *CAI* 等都没有通过 t 检验，而且所有 Adjusted R^2 均小于0.5，表明给出的方程不适合对以后经济发展与财政分权之间关系进行预测。

通过固定效应的可能性比率检验（Likelihood Ration Test）对列（1）到列（3）进行了检验，检验结果拒绝了双向固定效应回归分析，通过 Hausman 检验拒绝了双向随机效应回归分析（在5%的显著水平下）。只有收支平均值衡量的财政分权在10%的显著水平下才可以通过 Hausman 检验。总的来说，通过 TWFE 和 TWRE 分析得到：一方面，财政分权的各个指标对于经济增长均有正相关关系，从回归的结果可知增加1%的分权水平，能够带来大约0.18个百分点以上的经济增长；另一方面，人均 GDP 增长率的滞后变量对于人均 GDP 的增长率具有相反的作用。

（二）平衡样本与非平衡样本的 EGLS 检验

由于截面数据可能存在异方差，本章利用 EGLS（Estimated Generalized Least Squares）进行回归分析。对人均 GDP 增长率与财政分权等相关的指标再次回归分析，其中包括非平衡样本（Unbalanced Panel）分析和平衡样本（Balanced Panel）分析①。如表5-2所示，从回归结果可以看出，人均 GDP 增长率的滞后变量 *GGDP*（-1）和财政分权的三个指标均在1%的水平下显著。与表5-1相比，总人口增长率 *TP*、财政自给率 *FSS* 和固定资产投资增长率 *CAI* 在部分方程中发挥了作用。农业现代化水平 *AM* 用三个指标衡量均不显著，可以确定 *AM* 并没有对人均 GDP 的增长率发挥作用。原因在于，虽然吉林省是农业大省且农业现代化水平的提高节约了劳动力，但是吉林省也是人口大省，劳动力富足，所以农业现代化水平的提高只能是减少农民每季作物的工作时间，而不会对经济增长发挥较大的作

① 第（1）到第（3）列为非平衡样本分析的结果，第（4）到第（6）列是平衡样本分析的结果。

用。这需要政府在农业现代化水平提高的同时，将一部分劳动力从第一产业转移到其他产业来增加收入。所以在接下来的分析中本书不再考虑变量 AM 的影响。

表 5－2 中 R^2 和 Adjusted R^2 较表 5－1 有了明显提高，在比较平衡样本和非平衡样本时发现平衡样本拟合较好，三个指标的 R^2 均达到 0.33 以上。列（1）到列（6）均通过了固定效应的可能性比率检验（Likelihood Ration Test），但从 p 值的结果来看平衡样本的回归分析结果较好，所以在接下来的分析中如果财政分权指标在给定水平下显著就利用平衡样本分析。

表 5－2

Variable	(1)	(2)	(3)	(4)	(5)	(6)
C	-0.0075 (-0.1521)	0.0283 (0.8549)	-0.0104 (-0.2209)	-0.0230 (-0.4451)	0.0509*** (1.9059)	-0.0150 (-0.3349)
GGDP（-1）	-0.1384*** (-2.9946)	-0.1340*** (-2.9271)	-0.1376*** (-2.9859)	-0.2114*** (-4.5620)	-0.2009*** (-4.2974)	-0.2111*** (-4.5957)
FD^{exp}	0.4002*** (3.2939)	— —	— —	0.4728*** (3.9631)	— —	— —
FD^{rev}	— —	0.5792*** (4.0551)	— —	— —	0.5722 *** (5.5222)	— —
FD^{even}	— —	— —	0.4569*** (3.5533)	— —	— —	0.5114*** (4.4728)
TP	0.0248 (1.5319)	0.0312* (1.8507)	0.0267 (1.6316)	0.0319*** (3.4033)	0.0368*** (3.9472)	0.0335*** (3.5746)
AM	0.0047 (0.3507)	0.0083 (0.6342)	0.0050 (0.3769)	0.0030 (0.2417)	-0.0033 (-0.2945)	0.0015 (0.1250)
CAI	-0.0044 (-0.5892)	-0.0064 (-0.8516)	-0.0049 (-0.6567)	-0.0117 (-1.3810)	-0.0145* (-1.7815)	-0.0125 (-1.4895)
FSS	0.0612 (1.3556)	-0.1405*** (-2.6701)	0.0277 (0.6694)	0.0535 (0.9936)	-0.1947*** (-4.0228)	0.0052 (0.1120)
R^2 (Adjusted R^2)	0.1629 0.0549	0.1703 0.0633	0.1664 0.0589	0.3335 0.2048	0.3404 0.2131	0.3389 0.2113
Number of obs	386	386	386	273	273	273
Likelihood ratio/ Hausman test	1.6445 (0.012)	1.7494 (0.0054)	1.6933 (0.0083)	2.3850 (0.0000)	2.2399 (0.0001)	2.3931 (0.0000)

注：括号中是 t 统计量；符号 *** 表示在 1% 的水平下显著，** 表示在 5% 的水平下显著，* 表示在 10% 的水平下显著，最后一行中括号中为 p 值。

（三）虚拟变量回归模型检验

在回归的分析中要考虑政策变量对于经济的影响，最重要的是国家在振兴东北老工业基地过程中的税收政策①。这项政策也相继在中部的一些省份推行②。从考察的吉林省35个县（市）的样本中看出2005年有17个县（市）GDP出现了负增长，这在中国经济高增长背景下如果没有政策变化，这种状况是很难出现的。考虑到增值税改革（即由生产型增值税转为消费型增值税）的影响，引入虚拟变量DUM04。由于这项政策是在2004年下半年制定的，所以2005年及2006年取1，2005年之前取值为0，以此来反应增值税改革对于经济增长的影响。则回归方程可以表示为：

$$GDP_{it} = m_i + n_o GGDP(-1)_{it} + n_1 FD_{it} + n_2 CAI_{it} + n_3 TP_{it} + n_4 FSS_{it} + n_5 DUM04_{it} + \varepsilon_{it} \quad (5)$$

利用支出、收入及收支平均的财政分权指标对1995～2003年、2005～2006年两个时期的子样本及1995～2006年全样本进行回归，考察政策变量对中部省区各县（市）经济增长和财政分权之间的关系。表5－3给出了相应的回归分析结果，列（1）到列（3）对应增值税改革前的样本，列（4）到列（6）是增值税改革之后的样本，列（7）到列（9）是全样本结果，均采用Pooled EGLS（Estimated Generalized Least Squares）方法回归。

在增值税改革前以支出衡量的财政分权指标的系数在1%的水平下显著为正，以收入衡量的财政分权指标的系数在10%的水平下显著为正，收支平均值衡量的财政分权指标的系数在5%的水平下显著为正。在增值税改革之后及综合增值税前后的样本中，三个指标衡量财政分权的系数均在1%水平下显著为正。与前面分析结果相同，人均GDP增长率的滞后变量*GGDP*（－1）在增值税改革前后均在1%的水平下显著为负。考察总人口

---

① 根据《关于印发东北地区扩大增值税抵扣范围若干问题的规定的通知》（财税〔2004〕156号）规定，自2004年7月1日起，东北地区作为增值税一般纳税人的装备制造业、石油化工业、冶金业、船舶制造业、汽车制造业、从事产品加工业和从事军品和高新技术产品的企业享受按规定抵扣固定资产进项税额的政策。

② 根据《关于印发中部地区扩大增值税抵扣范围暂行办法的通知》（财税〔2007〕75号）规定，山西、安徽、江西、河南、湖北和湖南六省的26个老工业基地城市的部分行业试行增值税抵扣范围的试点，比照东北地区等老工业基地的抵扣范围和办法。

增长率 *TP*，除去列（1）和列（4）以外其他均显著为正，反映了人口的增加有利用经济增长，虽然人口的增长会消耗更多的社会产品，但是对于人均 GDP 增长率来讲，随着新增人口素质的逐渐增长，会创造出更多的 GDP，所以，随着义务教育和职业教育的不断推进，总人口增长率的提高会带来人均 GDP 的增长率的提高。固定资产投资增长率 *CAI* 在列（3）、列（4）、列（6）中在 1% 水平下显著为正，反映了固定投资增长率的提高有利于人均 GDP 的增长。但同时，综合增值税改革前后样本的回归分析结果，固定资产投资增长率对于人均 GDP 增长率并无显著的影响。吉林省国有企业比重高，其中分布在县（市）的国有企业固定资产投资可以带来一定 GDP 的增长。由于受到县级企业数量和规模的限制，固定资产投资对经济增长的作用并不明显。财政自给率 *FSS* 以收入衡量财政分权的系数大多在 1% 水平下显著，但是系数为负，这表明财政收入与财政支出的比值越小，越需要省级的转移支付或预算外收入，因而在现有省级转移支付政策框架下各个县（市）有增加预算外收入的动机，而预算外收入的增加也会在一定程度上影响人均 GDP 的增长。对于以支出和支出与收入平均数衡量的财政分权系数并不显著，且同时出现了有正有负的情况。这是因为县级政府在支出上会有预算最大化的动机，而上级政府会尽量压缩支出，省级和县级之间的博弈导致了系数不显著。

列（7）、列（9）中虚拟变量 *DUM*04 均在 5% 的水平下显著为负，增值税改革是由生产型转为消费型即工业企业享受提高固定资产折旧率、缩短企业无形资产摊销期限及提高企业计税工资税前扣除标准幅度等优惠，但是却同时产生两方面的结果。一方面，这些优惠能够使得企业追加投资进而增加税收；另一方面，企业税收优惠的抵减金额也随之增加。从吉林省的退税情况来看，吉林石化公司和通钢集团两家占吉林省当年全部抵减额的 50%。这表明垄断行业、大型国有企业明显受惠于税收政策，而大量中小企业、老企业未能真正受益。通常在县（市）行政区划内的企业主要是中小企业，所以县级企业的规模不足以解释经济增长。通过利用虚拟变量将样本分为两个子样本发现，两个子样本的拟合优度均得到了明显提高。这也说明 2004 年可能由于增值税改革或其他政策的变化影响了财政分权对于人均 GDP 增长率的贡献。特别是财政分权改革后，样本的拟合优度接近 1。

表 5-3

Year	1995～2003			2005～2006			1995～2006		
Variable	(1)	(2)	(3)	(4)	(5)	(6)	(7)	(8)	(9)
C	0.0778** (2.0156)	0.1055*** (2.7041)	0.0792* (1.9172)	-0.3616*** (-8.0709)	-0.0225 (-1.5700)	-0.3121*** (-7.6837)	-0.0399 (-0.7326)	0.0497* (1.7951)	-0.0315 (-0.6525)
GGDP (-1)	-0.1939*** (-4.1491)	-0.2652*** (-5.2336)	-0.3033*** (-9.4646)	-0.8287*** (-84.2196)	-0.8223*** (-220.012)	-0.8292*** (-80.4878)	-0.2314*** (-5.0135)	-0.2351*** (-4.8617)	-0.2359*** (-5.0926)
FD^{exp}	0.2448*** (2.5983)	—	—	1.3329*** (10.8549)	—	—	0.5691*** (4.2278)	—	—
FD^{rev}	—	0.3074* (1.8689)	—	—	1.1830*** (11.6678)	—	—	0.7009*** (5.5805)	—
FD^{even}	—	—	0.2209** (2.0988)	—	—	1.4002*** (10.3567)	—	—	0.6246*** (4.6372)
TP	0.0183 (0.9323)	0.0294*** (3.7036)	0.0269*** (3.7807)	0.0634 (1.5462)	0.0549** (2.3192)	0.0709** (2.5180)	0.0339*** (3.6741)	0.040*** (4.4193)	0.0360*** (3.8917)
CAI	0.0077 (0.9589)	0.0123 (1.6049)	0.0171*** (3.7612)	0.0069*** (2.8757)	0.0001 (0.0850)	0.0072*** (3.4380)	-0.0075 (-0.8586)	-0.0118 (-1.4276)	-0.0084 (-0.9702)

续表

Year	1995 ~ 2003			2005 ~ 2006			1995 ~ 2006		
Variable	(1)	(2)	(3)	(4)	(5)	(6)	(7)	(8)	(9)
FSS	-0.0157 (-0.3801)	-0.1379*** (-2.6748)	-0.0061 (-0.1853)	0.2606*** (9.0906)	-0.4899*** (-6.4623)	0.0477 (1.2796)	0.0339 (0.6423)	-0.2687*** (-4.5945)	-0.0261 (-0.5658)
*DUM*04	— —	— —	— —	— —	— —	— —	-0.0290** (-2.3926)	0.0327*** (-2.6711)	-0.0315** (-2.5851)
R^2 Adjusted R^2	0.3403 0.2148	0.5533 0.3818	0.7863 0.7043	0.9986 0.9969	0.9999 0.9997	0.9984 0.9965	0.3522 0.2272	0.3523 0.2273	0.3553 0.2308
Number of obs	270	156	156	78	78	78	273	273	273
Likelihood ratio/ Hausman test	2.3870 (0.0000)	3.3128 (0.0000)	7.8140 (0.0000)	510.5247 (0.00000	1237.7088 (0.0000)	408.6946 (0.00000	2.6310 (0.00000	2.5358 (0.0000)	2.6682 (0.0000)

注：括号中是t统计量；符号***表示在1%的水平下显著，**表示在5%的水平下显著，*表示在10%的水平下显著；最后一行中括号中为p值。第（1）列利用非平衡样本（Unbalanced Panel）计算，因为财政分权指标在用平衡样本（Balanced Panel）运算时没有通过显著性检验。

这种情况一方面说明了财政分权等变量对于人均 GDP 的增长起到了很好的解释作用；另一方面由于财政改革后的样本仅有两年时间，可能会受到增值税转型的周期影响，所以财政分权等变量与人均 GDP 增长率之间的关系需要时间来检验。列（1）到列（9）均通过了固定效应的可能性比率检验（Likelihood Ration Test），且结果都很理想。

五　财政分权促进了经济增长吗？

本章对以往财政分权衡量的标准进行改进，通过选取支出财政分权、收入财政分权和收支财政分权三个指标，以吉林省 35 个县（市）作为样本，分析了中国中部地区县级财政分权与经济增长的关系。

通过研究发现，无论是否引入虚拟变量，或采用财政改革前后的分样本，还是利用综合样本进行分析，都显示财政分权对于经济增长具有较强的促进作用。本章的检验结果没有支持一些文献中认为财政分权有利于东部地区经济增长，但是不利于中西部地区经济增长，经济发展程度较高的地区的财政分权对经济增长的积极作用要大于经济发展程度低的地区等结论（王文剑，覃成林，2008；张晏、龚六堂，2005）与已有文献结论不同的原因在于，也许本章选取样本的视角——县（市）的有关数据，与有关文献中的数据——省（直辖市）的数据不同，但是，检验结果具有一定的稳健性。这种结论恰恰体现了罗森（2005）对分权的理解："在我们大部分人的头脑中，不同的印象是共存的，因而对政府权力的适当分配产生了相互矛盾的情感。"

同时笔者还发现，县级财政分权由于受到财政政策变量的影响而存在着跨时差异。与中央和省级的关系不同，省级政府与县（市）政府之间的关系更容易协调，且同一省份各县（市）差异性较小，政策相对一致，所以没有对县级财政分权的地区差异进行分析。然而，通过实证分析，一些县（市）分权化改革后所体现的一些问题的确值得关注。不得不提的是，本书仅仅就财政分权的经济指标在经济增长中的作用进行了分析，并没有将地方政府行为作为解释变量加入到模型中进行分析，这是今后需要进一步深入研究的内容。

第三节　财政分权改革后地方政策偏好分析

改革开放以来，中国遵循“效率优先、兼顾公平”的基本原则，确定了赶超型的经济发展战略。与此相对应进行了财政管理体制的改革，其根本目标在于正确处理中央和地方的经济关系，以充分发挥地方政府的积极性和地区性比较优势，加快经济增长。同时，也建立了相应的考核体系。随着财政分权体制改革的不断深化，这种政策考核体系的内在问题也日益凸显。

一　财政分权体制下的激励方式

在分权化的财政体制框架下，地方政府的经济行为取决于其对激励方式的偏好。正如前面所述，在经济转型时期，中央政府对地方政府存在着两种激励方式，一是经济激励；二是政治激励。经济激励可以导致地方政府硬化预算约束，通过区域之间的竞争提高经济增长效率。而政治激励则由于既有体制框架下的“自上而下的标尺竞争”以及地方政府部门作为“经纪人”从自身利益最大化的角度从事经济和社会活动，必然遵循上级部门的政绩考核体系而实现“晋升努力”。地方政府和上级政府之间存在着基于激励方式偏好不同而进行的博弈。对于理性的地方政府（或代理人）而言，政治激励往往大于经济激励，为了追求政治（晋升）目标，地方政府甚至会夸大经济绩效以突出政绩，甚至以超预算推动经济绩效的实现。对于上级政府而言，由于政治组织中的激励与经济组织中的激励有很大不同①，对地方政府的激励又不能与市场经济所需要的政府职能很好地协调起来（王永钦等，2007），在既有体制框架下，只能遵循既有的政绩考核指标体系。

---

① 企业激励方式与政治激励方式不同，主要表现在四个方面。第一，政治组织委托人的偏好往往是异质的，而企业组织中股东的偏好基本上是一致的，即收益最大化。第二，与追求利润最大化的企业不同，政治组织一般是多任务的，除了效率和经济增长之外，政治组织还需要追求社会公正、收入平等、环境保护、公共服务质量等目标。第三，与企业绩效易于找到同类企业作参照不同，政治组织的绩效难以找到一个可以参照的标准。第四，政治组织与经济组织不同，它在激励机制的设计方面更多地会采用相对绩效评估，而非绝对绩效评估。王永钦等（2007）。

二 地方政府偏好的制度性成因

20 世纪 90 年代以来，中国 GDP 年均增长率为 9.72%，相当于美国（2.95%）的 3.3 倍，中国与美国人均 GDP 差距由 1990 年的 12.5 倍缩小到 2003 年的 6.6 倍[①]。但是，不难看到，经济体制改革势必触及既得利益，一些利益关系和激励机制的调整在所难免。如何在财政分权体制框架下不断完善政府间经济关系的“相机选择”，关系到资源配置优化、收入分配合理化以及一系列社会经济等重大的关键内容。然而，由于渐进的经济转型仍旧存在着一些有待改进之处，构成了地方政府及其官员应付上级政府政策的原因。

第一，财政分权还无法解决信息不对称的问题。一般观点认为，地方政府与中央政府相比较更加具有信息优势，可以在公共产品供给和服务中发挥效率。胡书东（2001）分析了经济发展中的中央与地方关系并认为，中国传统体制下由于存在着两类信息问题[②]，而试图通过财政分权的方式予以解决，以调动地方当局和企业的积极性“因地制宜”地发挥作用，充分利用信息优势将资源配置和利用推向生产可能性曲线，以达到帕累托最优。然而，在中国经济转型时期，虽然也实行了财政分权体制改革，明确了政府间的财政关系，但是，在体制上还处于过渡阶段，很多体制性问题还无法得到有效解决，在观念上还存在着很多认识上的问题。比如自 1994 年开始，虽然已经建立了财政的分级入库、收入分享机制，但是，政府间转移支付机制仍旧处于不规范状态，还没有形成比较完善的体制性框架；在税制改革的观念上，还没有跳出传统思维模式，“税收任务”重于“税收调控”，片面理解“计划”对税收的推动作用，上下级政府部门和企业之间缺少信息沟通机制，财政预测、监控等工作仍旧处于传统状态，抑制了财政分权体制改革的步伐，在一定程度上降低了分权化改革的效率。

第二，经济激励体制仍旧需要进一步规范。经济转型期间，政府间关

---

① 数据来源：王亚华，胡鞍钢：《从五大资本比较看中国经济追赶美国》，《经济社会体制比较》，2007，第 29～32 页。

② 在胡书东（2001）看来，中国传统体制的两种信息问题主要是指：一是由于管理宽度和长度而产生的信息问题；二是由于产品供需复杂而产生的信息问题。

系、地方政府与企业的关系都处于不断调整之中，还没有建立有效规范的激励体制，这样，上下级政府之间、政府与辖区内企业之间则存在着基于利益调整的博弈关系。一方面，下级政府发现，如果基年内超额完成了财政收入任务，虽然存在着超收留成递增规定，但是在第二年的收入计划中，收入基数会递增。上级政府不能承诺不去增加收入强度，这种政府间的棘轮效应导致地方政府激励不足；另一方面，当下级政府财政收支不相平衡，或者因为引来了“好的项目”而存在着向上级政府申请拯救或者资助的时候，上级政府出于“稳定和发展”的需要，无法在预算约束框架下严格控制下级政府的投资支出。更有甚者，下级政府为了推动经济增长，而不顾风险和可行性的“招商引资”，或者为了实现政治（晋升）的目标而盲目建设“政绩工程”。当出现经营状况不良甚至资不抵债的情况下，下级政府财力有限也会形成财政分权框架下的软预算约束问题。Qian（1998）认为，财政分权有利于硬化预算约束，但是在经济转型时期，即使已经开始推行分权化体制改革，但是对预算约束的硬化的解决仍旧尚待时日。

第三，地方政府委托—代理关系尚待理顺。虽然中国比较早地尝试实行财政分权改革，并且不同阶段也取得了比较有益的经验，但是，这种分权化改革还不是严格意义上的财政分权。改革开放以前的财政分权体制改革，不具备赋予地方政府以及辖区内企业独立的经营和管理权利的政策环境，在体制约束下地方政府获得的只是“授权”而不是分权，而这种授权不过是中央政府管理链条的延伸。改革开放以后，尤其是1994年以来的财政分权体制改革，进一步理顺了中央和地方政府的关系，赋予了地方政府一定的财权和事权。在有限的控制权范围内，地方政府可以推动辖区内公共产品供给和企业的生产经营。然而，由于满足激励有效性的条件难以具备，转型中的财政分权体制并没有从根本上建立政府部门的“委托—代理”关系，委托人（选民）对地方政府及其官员的业绩很难进行准确考核，地方经济增长率和官员任免相对指标体系的参照也会存在着比较明显的激励偏差。甚至在政治激励的作用下，地方政府官员会出现道德风险，或者出现所谓的“经济行为政治目的”，增加代理成本和社会福利的损失而导致激励弱化。

第四，监督权内化条件下对管辖权的弱约束。理论研究表明，对地方政府经济行为和绩效的监督通常来自于上级、居民（选民）以及社会监督等。在经济转型时期，人民代表大会制度代表选民对政府官员履行监督义务。然而，由于这种监督处于体制框架下，地方政府首长往往就是人大常委会主任，即使个别地方不实行兼任，人大常委会主任也曾经有过政府主要领导的任职经历。经济绩效考核内化成为自己对自己的考核，对地方政府行为的约束行为十分有限，也就无法监督地方官员的自利行为。同时，社会监督力量在既有体制下也无法发挥应有作用，地方政府及其官员来自经济或政治激励的政策选择只能通过上级政府的任免考核进行事后监督。这种监督权力因为受相对绩效考核体系所限，存在着比较弱的约束效果，地方政府及其官员决策会偏离辖区内居民公共产品和服务需求的效率水平。

三　财政分权的效果：一种视角

地方政府政治激励的“GDP 情结”和自上而下的官员任免制必然导致一定的负面影响，主要表现为以下几个方面。

第一，从无序竞争到“以邻为壑”。按照陈健（2007）的观点，中国财政分权改革的一个特点是地方政府对本地的经济资源拥有很大的控制权。那么，在这种情况下，地方政府在政治激励作用下，会“突破性”地加快本辖区经济增长速度，实行“锦标赛式的竞争”（周黎安，2007）。从严格意义上讲，地区之间的竞争在促进资源优化配置、地区经济增长以及提高社会福利方面是有益的，自蒂伯特以来，财政分权推动地区间竞争已经有了大量的文献。然而，任何一种事务都存在着对“度”的权衡和对事务初衷的考量，如果这种竞争已经演变为“损人利己”的恶意竞争，而在对方采取相同策略情况下，最终结果必然是“损人又不利己”；同时，如果这种竞争出发点不是促进经济增长，而是完全以地方政府官员经纪人的利己主义为出发点，则会导致不计成本的损耗。中国近年来对地方的放权导致了超越经济激励的实际效果。一方面，地方政府及其官员为了本地区经济增长进而实现政治晋升的需要，“上大项目，产生大影响”，以各种（可行或者不可行、政策范围内允许或者“变通”）方式进行融资和吸引外资进入本地区。在社会总资本既定情况下，这种以获取投资为目标的竞争是以其他地区的投资能力降低为代价，而地方政府不计成本的“引资”也必然导致竞争的无序。另一方面，这种引资和对增长的预期往往会超越本地区的经济承载能力，地方政府的政治激励对策往往是以经济激励的弱化为代价的。竞争而来的资本（或项目）在缺少市场保障的前提下，必然存在着经营性风险。地方政府及其官员为了获取竞争成果进而为政治晋升服务，采取各种手段，或者建立各种或软或硬的壁垒，采取各种方式限制资本流出，形形色色的地方保护主义造成的地区分割和“诸侯经济”会阻碍中国国内市场整合的过程（严冀、陆铭，2003）；或者以软预算约束的各种方式来拯救企业①。

第二，从脱贫致富到贫富悬殊。实行财政分权的目标在于促进地区竞争进而实现增长。正如前面章节的研究得出的结论，以财政分权改革为代表的体制性变迁在经济发展水平和经济总体规模不同程度提高过程中发挥了重要作用。总体经济增长率的提高使中国逐步走出了贫困。然而，按照基本的经济学思想，财政转型是一个动态连续的发展过程，主要目标不仅在于实现帕累托效率优化，还要保证在提高效率的基础上促进社会稳定和分配公平（邵学峰，2007）。一个不容忽视的问题：中国在经济增长的同时却没有对收入分配引起足够的重视。按照王永钦等（2007）的分析，由于各地区之间先天的（自然、地理、历史、社会等）差异性，或者由于改革前后政策的差异性，会出现由收益递增效应导致的经济增长差异，即使没有外力，穷的地区也可能相对地越来越穷，而富的地方相对地越来越富（陆铭、陈钊、严冀，2004）。而值得关注的问题在于，对地方政府及其官员的政治激励和相对绩效考核体系却无法通过指标构建来对这种区域差距予以体现，因此，地方官员存在着任职的地域选择，采取的极端方式在于利用现有资源发展自己的社会政治资本，而没有充分地对地方经济发展予以重视。一方面，在比较富裕的地区担任领导职务，也会为了获得更多的政治资源和晋升机会而扭曲努力方向；另一方面，在相对贫困落后地区任职，则存在着自上而下监督和自下而上负责相结合的激励，导致以（任免

① 对此，不妨参见〔比〕热若尔·罗兰（2002）的论述。

过程中所体现的）政绩换取晋升的结果。地方政府及其官员的这种策略选择并没有对辖区内社会福利提高予以更多关注。地方经济社会的总体状况和趋势是导致中央（或上级）政府调整战略发展的一种诱因①。目前，地区间人均 GDP 总体差距的缩小还刚刚开始，巩固和发展这一趋势尚任重而道远（刘树成、张晓晶，2007），对财政分权与地区间收入差距的关联性问题值得深入探讨。

第三，增长差异与地方政府策略。经济禀赋和政策导向对经济增长具有重要的基础性和推动性作用。中央和地方实行经济分权以来，地方政府可以充分挖掘自身可控制的资源从事最符合激励机制的经济和社会活动，其中一个比较关键的政策目标在于最大化利用资源和政策促进经济增长水平的提高。然而，先天的差异必然成为地区经济增长的解释变量。政府间财政分权之后，很多地区由于经济资源、地理位置、历史原因、人文观念等原因，在已经比较富庶的水平上呈现边际增长率递增的态势；而与此相对应，一些地区受诸多方面约束，即使上级（或中央）政府赋予相同的或者更加优惠的政策条件，边际经济增长率也不显著。在一个日渐开放的经济环境中，制度演变也是一个渐进发展的长期过程。地区之间受诸多因素的影响，经济发展、收入差距、社会福利状况呈现发散的趋势②，而地方财政自有资金的不足、基础设施相对落后、产业结构不合理以及人口增长率相对较高等又会放大这种趋势。进一步讲，在这种差异扩大化情况下，地方政府及其官员也存在着行为差异。王永钦等（2007）认为，比较富裕的地区更多地享受到先天的优势和收益递增机制的好处，而落后地区的官员不能在相对绩效评估机制下获得激励。也就是说，落后或者相对贫困的地方政府和官员在区域竞争之间由于优势不足而呈现激励效应较弱的状况，即努力未必有用（Cai and Treisman，2005）。其中，一些地方政府则更加倾向于向上级政府争取更多的政策或经济支

① 如果从这一角度分析，有两个问题值得研究。其一，自 1999 年之后先后推行的西部大开发、振兴东北老工业基地、实行中部崛起等战略，其目的在于促进落后地区加快经济发展步伐，提高社会总体水平，是不是地方政府基于经济差距过大而“倒逼”中央调整发展战略呢？其二，中央对上述地区的政策倾斜，以及相应实行的各种补偿（制度性补偿或者经济补偿等），是不是一种软的预算约束呢？

② 如果这种观点比较敏感的话，不妨称之成为“缓慢收敛”为好。

持，这种情况在经济转型时期尤为明显[①]，在一定程度上成为财政分权硬化预算约束的绩效减项。与此同时，如果其他地方政府发现“会哭的孩子有奶吃”，就会竞相从事高风险或者低收益的忽视经济和社会绩效的投资[②]，甚至以“贱卖政策”等方式以获得更多的投资间接获取上级拨款（拯救）。如果地方政府都这么做，就会形成“太多而不能惩罚”的局面（陈健，2007）。

第四，相对绩效考核体系与政治激励依赖。现有对地方政府及其官员的考核只能是相对绩效考核，而缺少一个具有可统计量化的绝对绩效考核体系。同时，官员的选拔任用通常都选用“德、能、勤、绩、廉”等指标，政治（晋升）激励中包含了过多的“政治素质”[③]，对地方经济增长的贡献以及治理业绩则处于相对从属的次级评价指标。而且，在考核任免过程中，由于不完全信息的存在，被考核人存在着夸大业绩的倾向，而其他参与考核（非被考核人）的人即使有不同意见由于荷松效应也会三缄其口。在唐斯（2006）看来，涉及官僚组织人事的评估决策必然在很大程度上依赖于主观判断。在此情况下，即使上级政府存在了解更多信息的预期，也仍旧会受考核机制的制约，不能完全掌握所需信息。在相对绩效考核体系和传统的官员任免制下，地方政府及其官员更加倾向于对政治激励的依赖，而相对忽视在促进地方经济增长中应该发挥的作用。地方官员甚至为了实现政治（晋升）目标而以投资缺口过度夸大预算成本，以此试图争取更多的预算资金拨款（软预算约束）、向上级政府表露政绩（想做而不能）或者争取更多的自上而下的选票。

早期的财政分权理论强调了向地方分权以促成地方竞争的条件，并且认为这是一种“趋好的竞争”（Blanchard and Shleifer，2000），主要是因为

---

① 在预算约束软化的情况下，地方政府——无论是富裕的或者贫困的——都存在着向上级政府争取支持的倾向。其原因在于对于富裕的地方政府而言，如果不“显露”出资金或政策需求，则会导致财政压力的增大。罗兰（2002）对转型期内“好项目”和“坏项目”的分析有助于对此的理解。

② 地方政府官员出于“理性”的考虑，所选取的投资项目力求“投资短、见效快”，而通常不会对长远利益做过多考虑。

③ 我们在这里忽略了考核过程中往往存在的“走过场”，即由上级主要领导指定人选，而考核部门（组织或人事部门为代表的考核团队）仅仅履行必要的但不适当的程序。

中国的中央政府在财政分权的同时维持了政治的集中和奖惩地方官员的能力，即中央政府可以有“胡萝卜”和“大棒”两种方式来激励地方政府去推动而不是阻碍经济增长（张军，2007）。虽然地方政府存在着对上级政府激励机制的相应对策，甚至这种博弈的结果会产生一定的效率损失，但是从总的发展趋势看，财政分权体制在促进地方经济增长中发挥了积极作用。

第三篇　分析与研判

第六章

财政分权与分配差异：因患寡而不均

通过对样本数据进行分析（上两章）可见，财政分权有利于地方经济的增长，验证了蒂伯特、奥茨等人在这一领域的研究，财政分权对地方政府的激励在中国分权化改革中也不同程度地存在，在促进地方竞争过程中提高了地方经济增长。然而，由于资源禀赋、地理位置乃至人文观念等的广泛性和复杂性，财政分权的体制改革会造成各地之间的经济差异。经典文献认为财政分权带来的经济差异是提高经济效率的必要条件，但是就一个国家而言，其经济发展不仅要关注经济效率的提高，还需要关注区域之间增长的平衡以及分配机制的建设；况且，政府与市场的关系也决定了财政政策的基本职能需要对纠正市场失灵以及实现社会公平稳定等方面做出更多的贡献。

第一节　财政政策与政府间财政关系分析

政府与市场在经济发展中共同发挥着作用，财政政策作为政府参与市场经济行为的重要组成部分，发挥着优化资源配置、促进公平分配和保持社会稳定的职能作用。财政政策的目标不仅仅在于促进经济增长，更要在经济效率提高过程中保持社会分配的相对合理。

一　财政政策职能与调控效率

分权的财政管理体制作为财政政策的有效实施载体，在实现政府公共经济目标过程中发挥着重要作用。众所周知，市场经济活动中存在着程度不同的失灵或低效。为了弥补市场的缺陷，需要由政府介入经济行为以纠正市场失灵。政府在经济运行中扮演着多重角色，其中的一个在于国家财政政策的实施，财政职能在经济活动中发挥着不可替代的作用。经济学家对财政政策的研究，都以不同角度分析了政府参与市场经济新行为过程中的程度和政策主张。包括财政在内的政府活动所存在的意义就在于发挥自身特点，在市场逐渐糟糕的情况下发挥政府对市场的积极作用。在斯蒂格利茨看来，政府在经济中发挥作用是毫不疑惑的，他所关心的只是政府如何有效发挥作用，即政府“做什么”和“做多少”的问题。对财政分权的研究和政策实践进一步明晰了政府财政行为在市场调节过程中的作用，以及不同政府层面履行财政职责和协调配合的相关内容。

然而，财政分权的构成及其实施效果往往由于体制性原因，导致政府调节机制和政策出现不同程度的不足。“政府往往被看做是没有效率的、腐败的和危害个人自由的”（保罗·萨缪尔森，威廉·诺德豪斯，1995）。甚至有些情况下，政府对经济的干预不仅不会有效，而且会弄巧成拙。可见，国家干预经济的体制不仅不会消除经济发展的不利因素，反而会限制市场自我完善和发展，同时也会暴露出政府的弊端，产生政府失灵。因此，公众应该对国家及其干预政策效果有一个更加客观而公正的看法。基于此，公共选择学派提出了政府经纪人的理论观点，并认为，作为政治活动的主体，选民、政治家和官僚的追求效用最大化的目的必然导致其行为与市场运行相偏离，从而导致政府调节市场行为的失灵在所难免。

财政政策作为政府参与经济行为的重要杠杆，在弥补市场失灵所造成的负面影响上发挥着比较明显的功能，为实现财政政策制度优化和促进经济发展的双重作用，需要关注社会经济发展过程中的效率与公平以及二者之间的关系。

二 财政分权过程中效率与公平的辩证关系

在政府运用财政政策参与经济活动过程中，经常遇到效率与公平的相互矛盾。一方面，政府财政政策力求有利于经济发展，但制度的运行及管理体制往往带来经济资源的消耗，同时也会引起对经济行为的扭曲和分配公平程度的偏离；另一方面，政府通过财政政策对经济活动干预，以求更加公平地分配经济资源，但是往往会导致对效率关注程度的下降。财政制度及其政策选择过程就是力图达到二者之间的相互均衡，以实现财政政策三大基本职能。就一个社会或者国家而言，财政分权需要保持全社会福利水平的总体均衡，以实现社会经济发展中效率与公平的协调统一。概括而言，二者之间是一个辩证统一的关系，在此毋庸赘述。

概括而言，国家在履行其财政职能过程中，不仅要对经济效率和资源配置进行研究，制定相应的政策和管理体制，还需要对区域间经济发展做出必要的平衡和调节，以实现全社会整体福利水平的改善和提高。我国应该根据经济和社会发展的现状和国际社会的经验，调整社会政策，推进国家福利的重构，这是消除市场经济体制下出现的社会发展不和谐因素，促进社会和谐的治本之策（潘屹，2007）。通过确定合理的中央和地方政府间财政关系，以促进效率和公平的结合，推动社会和谐进步，是政府财政分权体制改革过程中值得研究的理论问题和重大现实问题。

三　地方经济均衡发展与财政政策选择

由于自然条件、地理位置等差别较大，我国地区间经济状况存在着较大差异；同时，经济政策和激励机制不同，进一步扩大了区域之间的差距，导致地区之间经济发展的不均衡状态，而中央政府财政政策的地区性倾斜扩大了地方经济的差异。改革开放初期，为了加快东南沿海地区经济快速增长，赋予该地区地方政府比较灵活的财政政策自主权，在政策和资金上也实行明显的倾斜，加上其地理位置等因素，这一地区的增长优势和增长水平日益凸显。相比较而言，中西部各个省份的经济发展则存在着逐渐增大的差距，其内部各个地方之间也存在很大差异。地区之间的发散型差异，依靠市场机制进行调节无法实现平衡地区经济发展水平的效果，甚至会不断扩大收入分配差距。自20世纪90年代末至21世纪初相继提出了西部大开发、振兴东北老工业基地以及实现中部崛起等经济发展战略，同时在经济政策、财政投入、税收减免等多方面对这些地区实行倾斜，力求在实现全国范围内促进区域平衡发展、实现全社会和谐有序发展的战略结构调整。

国家发展战略是以对不同地区在不同阶段的经济激励作为调整手段的。财政政策的倾斜和财政体制的调整，导致地方政府事权和财权的不断扩大，促进了地方经济的高速增长。然而，也带来了一系列实际问题，如重复建设、过度竞争、区域间差距过大等。而在财政管理体制上凸显的问题则更加明显。一方面，表现为财政投入结构性不均衡。由于信息不透明以及缺乏有力的预算约束，经济转型过程中财政分权化导致了地方政府的某些不合理的投资行为，存在着结构不均衡的态势，表现为“硬性支出”膨胀、“软性支出”短缺[①]。另一方面，导致地方政府财政支出膨胀的趋势。地方政府财政支出已经占到本地 GDP 的 21% ~22%，人均财政支出的省均值已经在过去 10 年中上升了 3.7 倍，全部预算内支出的 3/4 是由地方政府花掉的[②]。郭旭新（2007）的研究表明，信息不透明以及缺乏有力的预算约束，导致地方政府某些不合理的投资行为，而这些负面影响并非财政分权化改革本身导致的必然结果，而仅是由于分权化过程中相应的配套制度未能建立所引起的。因此，需要在对财政分权体制进行客观评价的基础上，进一步调整财政政策目标，规范财政分权体制框架，着眼于完整而全面的制度设计，明确改革目标，建立和完善相关的法律法规，将制度的改革进行实质性突破的推进（倪红日，2007）。

第二节　财政分权促进地方经济均衡发展的实证分析

当前研究财政分权与地方经济均衡发展之间效应的文献较少，尚未形成较为成熟的理论体系，而这一效应恰恰是中国财政体制进一步改革中应当予以关注的问题。一方面，应当关注财政分权对地方经济增长的作用；另一方面，还应关注分权对不同地区经济增长的不同作用，保证地区经济

---

① 财政支出结构中，“硬性支出”主要是指经济建设性支出，在 1989 ~2005 年期间虽然有所下降，但是比重仍旧偏高；而“软性支出”主要是指教育、科研经费以及保障类支出等，则落后于经济发展，甚至在这些支出内部也存在着结构性不均衡甚至“缺位”的客观事实。参见邵学峰《财政转型下的公共投资结构分析》，《吉林大学社会科学学报》，2007 年第 5 期。

② 平新乔：《中国地方政府支出规模的膨胀趋势》，《经济社会体制改革》2007 年第 1 期。

增长的均衡，避免两极分化现象的出现。[①]

一　模型设计

为了更加全面地分析中国财政分权对地区经济均衡发展的影响，笔者将利用两个模型进行实证研究。首先以不平衡指数（EQTY）作为因变量，参考乔宝云（2002）提出的模型，设定如模型（1）。其次以经济增长（Y）作为因变量，参考 Zhang 和 Zou（1998）、张晏（2005）提出的模型，设定如模型（2）。

$$EQTY_{it} = m_i + nX_{it} + pFD_{it} + qP_{it} + \varepsilon_{it} \tag{1}$$

$$Y_{it} = m'_i + n'X_{it} + p'FD_{it} + q'P_{it} + \varepsilon'_{it} \tag{2}$$

在上述模型中，采用了面板数据（Panel Data）分析方法。这种分析方法既能反映某一时期个体数据的规律，也能描述每个个体随时间变化的规律，集合了时间序列和截面数据的共同优点。进行面板数据的分析，不可避免地会遇到模型的设定形式问题。由于在理论上并没有太强的理由来支持选择哪种模型更为合适，在下面的分析中笔者将完全根据 Hausman 检验结果来确定应当选择随机效应模型还是固定效应模型，通过 Eviews5.1 进行实证检验与分析。

上述模型中，it 表示某一变量在第 i 个地区第 t 年的数据，m_i，n，p，q 和 m'，n'，p'，q'为系数矩阵，ε_{it}和 ε'_{it}分别为扰动项，$EQTY_{it}$和 Y_{it}分别作为两个模型的因变量，$EQTY_{it}$用以衡量地区差距的变化。笔者采用乔宝云的做法，定义 $EQTY_{it} = \left|\frac{GDP_{it}}{GDP_t} - 1\right|$，其中，$GDP_{it}$是 i 省第 t 年的人均 GDP，GDP_t 是全国 t 年人均 GDP，$EQTY_{it}$变大时，表明一省经济水平偏离全国平均水平变大，地区差距拉大；若其为零，则代表处于完全平均水平。Y_{it}是人均 GDP 增长率，在此用它衡量经济增长速度。X_{it}包括了影响宏观经济增长的一些变量，具体为上一年 GDP 增长率 $Y(-1)$，投资增长率 I 和宏观税负水平 TAX。FD 是财政分权程度的度量指标，此处仍采用乔宝云

① 这一节部分内容来自笔者指导过的王麟柯的研究成果。

云的做法，将其定义为人均省级财政支出占人均总财政支出的比例，这可以有效避免 Zhang 和 Zou（1998）衡量分权时分母全部相等①。此外，中国 1978 年以来还采取了一些政策，如改革开放、吸引外资、国企改革等，这些对中国的经济发展也起到了很大程度的作用，在 P_{it} 中包含这些影响我国经济政策的变量，具体为外商直接投资占 *GDP* 的比重 *FDI*（用来衡量各地区的对外开放程度）和国有单位职工比重 *SOU*（用来衡量国企改革和地区市场化程度）。

应当指出的是，在模型（1）中采取了和模型（2）完全相同的影响变量，这是因为当一个地区的经济发展速度很快时，其静态的经济水平也会与全国平均水平相差较大，使得当地的不平衡指数增大，因此影响经济增长的变量也正是影响地方经济差距的变量。综上所述，本部分所使用变量见表 6－1。

表 6－1　变量体系及指标解释

变　量	指标解释
Y	人均 GDP 实际增长率
EQTY	不平衡指数，表示地区人均 GDP 相对比重与完全均等比重之间的距离
I	投资增长率，表示地区全社会固定资产投资增长率
TAX	实际税率，表示省级财政收入占国民生产总值的比例
FD	财政分权，表示人均省级财政支出占人均总财政支出的比例
FDI	经济开放度，表示外商直接投资占 GDP 的比重
SOU	国有单位职工比重，衡量市场化程度和国企改革

1985～2006 年的中国财政分权改革主要经历了两个主要阶段。第一次是以两步“利改税”为主要标志的财政分权体制改革；第二次是 1994 年分税制财政体制改革。上述的阶段性演进在本书的前面已经系统分析。在下面的实证分析中将采用分时期的研究思路，首先以 1985～2006 年全时期的样本进行分析，然后以 1994 年的分税制改革作为分界点进行分时期研

① 在 Zhang，Zou（1998）的模型中，他们采用各省财政支出占全国财政支出的比例作为该省分权程度的度量，这样一省的财政自由度完全取决于自身支出水平，与中央支出完全不相关，这种指标选取方式值得商榷。

究，从中观察分权化改革在不同时期对不同地区造成的经济增长差异。

本书将分别以经济增长率（Y）和（$EQTY$）作为被解释变量，以1994年为分界点，分地区检验各变量对其经济增长率的影响，同时检验各变量对地方经济差距的影响。笔者希望能够得出在过去20多年的财政分权改革中，政策和体制的改革对促进全国及各地区经济增长起到了什么作用？程度如何？对各地区的作用是否有差异？以及对地区经济有何影响？这对于进一步的理论分析与实践改革有着重要的指导意义。

二 样本选择与数据来源

在1980～1984年的财政分权改革中，中央和省级政府间财政关系的变化在很大程度上是试验性和暂时性的，收入分摊的规则并非一定数年，而且是中央与各个省级单位年年重新谈判。与之形成对比的是，从1985年开始的财政改革的方向比较明确，收入分摊规则最初是三年不变，然后再延续到一个更长的时期（林毅夫，刘志强，2000）。有鉴于此，我们的分析从1985年开始至2006年，由于数据的不可得性，采用的是省级财政支出水平来衡量地方财政分权程度。

本节中2004年前的样本数据均来自《新中国五十五年统计资料汇编》，2004年后的样本数据均来自2005～2007年全国各省（直辖市、自治区）统计年鉴及《中国统计年鉴》。为了研究财政分权对各地区经济增长效应的不同，采用王小鲁、樊纲（2004）曾经使用的“三分法”①。由于行政区划的调整，1997年后重庆市的数据并入四川省。此外，由于数据的不完整性，样本中没有包括海南和西藏的数据。本部分的有效样本为28个省份从1985年至2006年的面板数据。

三 实证分析及检验结果

本章分时段考察了中国地方经济均衡发展与财政分权改革之间的关

① 按照经济发展水平不同，将我国划分为东、中、西三大区域。东部地区包括北京、天津、上海、浙江、江苏、福建、广东、辽宁、山东、河北10个省份；中部地区包括山西、吉林、黑龙江、安徽、江西、河南、湖北、湖南8个省份；西部地区包括内蒙古、广西、四川（包括重庆）、贵州、云南、陕西、甘肃、青海、宁夏、新疆10个省份；没有包括西藏、海南以及港澳台地区。

系。此处，将采用前文提出的两个模型，分别以不平衡指数 *EQTY* 和 *GDP* 增长率（*Y*）作为因变量，以期能对财政分权的影响做出分析。

（一）全时期样本的实证分析

首先采用 1985～2006 年的全时期样本，以 *Y* 为因变量分地区进行回归；同时，以 *EQTY* 为因变量，对全国数据进行回归分析。回归结果如表 6－2 所示。

表 6－2　全时期分析结果（1985～2006 年）

—	全　国	东　部	中　部	西　部	EQTY
C	5.789694 (1.77)	0.439215 (0.09)	3.546445 (0.93)	2.562312 (0.33)	0.558603 (8.55)
Y（－1）	0.123976 (3.52)	0.163588 (2.99)	0.118734 (1.73)	0.036371 (0.61)	－0.000978 (－1.68)
I	0.186056 (16.24)	0.198111 (12.12)	0.193375 (7.34)	0.155882 (7.69)	－0.000229 (－1.23)
TAX	－0.121281* (－1.84)	－0.011608 (－0.12)	－0.436353*** (－2.74)	－0.101415* (－0.78)	－0.021166 (－0.76)
FD	0.070603* (1.78)	0.119458** (2.28)	0.088021 (1.23)	0.187681* (1.92)	－0.079192 (－0.90)
FDI	0.050976 (1.24)	0.052396 (1.19)	0.008011 (0.03)	－0.527975* (－1.97)	0.008012*** (6.29)
SOU	－0.258564*** (－7.79)	－0.189353*** (－4.10)	－0.068563 (－1.17)	－0.581491*** (－7.24)	－0.002863*** (－4.06)
Number of obs	588	210	168	210	588
Adjusted R^2	0.5528	0.6377	0.4450	0.5332	0.9103

注：括号中为 t 统计量，符号 *** 代表在 1% 水平下显著，** 代表在 5% 水平下显著，* 代表在 10% 水平下显著。

正如表 6－2 的分析结果所示，以 *Y* 作为因变量而言，*FD* 的系数为正，且在 10% 水平下显著，表明过去 20 多年间（自 1985 年起），财政分权显著促进了中国整体经济增长。然而，财政分权对各地区的经济增长作用却有所差异，表现在东部地区的 *FD* 系数为正，在 5% 水平下显著；中部

地区的 *FD* 系数不显著异于0，不能确定财政分权的具体影响；西部地区的 *FD* 系数亦为正，在10%水平下显著。财政分权显著促进了东部和西部地区的经济增长，虽然也在中部地区经济增长过程中发挥积极作用，但是并不显著。以不平衡指数（*EQTY*）作为因变量，*FD* 系数为负，但不显著异于0，说明财政分权在全样本期间缩小了地方经济差距，但是不显著。

考察其他变量的影响，也支持上述观察结果。宏观税负（*TAX*）在全国及各地区的系数均为负，且在全国和西部地区显著，表明地方政府对经济干预越多，越不利于当地经济增长，这也与传统的理论相符。改革开放程度（*FDI*）和国企改革（*SOU*）则促进了经济增长，尤其是国企改革（*SOU*），在全国大部分地区均在1%水平下显著为负，表明这两项政策在促进中国经济增长方面发挥了积极作用。

笔者认为，单纯从全时期样本时期来考察，财政分权对各地区的经济增长均起到了促进作用。但是无论是以经济增长速度还是以不平衡指数作为因变量，都不能确定财政分权对于地方经济均衡发展的具体影响。为此，有必要引入1994年分税制改革这一政策性变量，以1994年为分界点，将样本分为两个时期进行分析。

（二）以1994年为分界点的实证分析

表6－3　分时期分析结果Ⅰ（1985～1993年）

—	全　国	东　部	中　部	西　部	EQTY
C	17.03255 (1.47)	7.747137 (2.12)	17.17331 (1.94)	58.82446 (2.91)	0.152213 (0.82)
Y(－1)	－0.141786 (－2.77)	0.018284 (0.21)	－0.090493 (－0.83)	－0.272756 (－3.31)	－0.000172 (－0.28)
I	0.237499 (14.36)	0.266364 (9.79)	0.224899 (5.07)	0.198058 (7.07)	0.000436 (2.17)
TAX	－0.638890*** (－3.47)	－0.207055*** (－1.79)	0.272645 (0.52)	－1.814442*** (－3.49)	0.021477*** (6.58)
FD	－0.1190961 (－1.24)	0.042791 (0.01)	－0.34517* (－1.75)	－0.36050* (－1.82)	－0.130846 (－0.97)

续表

—	全　国	东　部	中　部	西　部	EQTY
FDI	0.098175 (0.70)	-0.035607 (-0.26)	1.207111 (0.96)	-0.590165 (-0.77)	0.004383 *** (2.75)
SOU	0.103800 (0.34)	-0.070615 (-1.56)	0.21230 (1.70)	-0.261836 (-0.66)	0.004026 (0.67)
Number of obs	224	80	64	80	224
Adjusted R^2	0.6192	0.7195	0.3657	0.5347	0.9738

注：括号中为 t 统计量；符号 *** 代表在 1% 水平下显著，** 代表在 5% 水平下显著，* 代表在 10% 水平下显著。

1994 年的改革是中国截至目前规模最大的一次财政分权体制改革，这次改革进一步理清了中央和地方政府的财政关系，比较明确地划分了财权和事权，对经济发展的影响是巨大的。因此有必要以此为时间分割点将全部样本分为两个子样本进行回归分析①。回归结果如表 6－3 和表 6－4 所示，可以得出以下的结论。

第一，就全国范围而言，1994 年的分税制改革显著影响了财政分权对经济增长的作用。分税制改革前，*FD* 系数为负，但是不显著，表明财政分权不显著地阻碍了经济增长；但是分税制改革后，*FD* 系数为正，且在 1% 水平下显著，表明财政分权显著地促进了中国的经济增长。这与张晏（2005）得出的结论一致，说明中国财政分权对经济增长的影响存在跨时效应。

第二，分地区而言，分税制改革使财政分权对各地区的经济增长作用发生了显著变化。分税制改革前，东部地区 *FD* 系数为正，但不显著；中西部地区 *FD* 系数均为负，且在 10% 水平下显著。但分税制改革后，*FD* 的系数发生了明显变化，东西部地区显著为正，且分别在 1% 和 10% 水平下显著；中部地区的系数也为正，但是不够显著。通过分税制改革前后各系数的变化，发现分税制改革后财政分权对各地区的经济增长的促进作用均有所增强。

---

① 通过在全时期样本中引入 DUM04 这一虚拟变量，笔者发现其影响是显著的，因此有必要进行分期分析。但限于篇幅，本书不再具体列出虚拟变量的引入及检验过程。

第三，分税制改革前，财政分权不显著地促进了东部地区的经济增长，却显著阻碍了中西部地区的经济增长，这显然会导致东部和中西部地区差距的扩大。分税制改革后，*FD* 在各地区的系数均为正，说明财政分权对各地区的经济增长均具有促进作用。但是，却无法根据其对经济增长的作用判断此期间财政分权对地方经济均衡发展的作用。而且，变量结果也表明，虽然分权化改革对地区经济增长都起到支持的作用，但是对中西部的支撑仍旧弱于东部地区，存在着继续扩大地区经济差距的趋势。以 *EQTY* 作为因变量，在 1994 年前后，都显示 *FD* 的系数不显著为负，表明财政分权无论在哪一个时期，在平抑区域间经济差距上所发挥的作用都是不明显的。

表 6－4　分时期分析结果Ⅱ（1994～2006 年）

—	全　国	东　部	中　部	西　部	EQTY
C	－5. 425460 （－1. 37）	－12. 79731 （－2. 31）	4. 475309 （1. 06）	－3. 633259 （－0. 45）	0. 313540 （5. 75）
Y（－1）	0. 251016 （4. 94）	0. 247014 （2. 95）	0. 186257 （1. 92）	0. 138018 （1. 54）	－0. 001689 （－3. 32）
I	0. 119350 （7. 37）	0. 112483 （5. 19）	0. 137759 （3. 59）	0. 087146 （2. 72）	－0. 000832 （－3. 69）
TAX	0. 190972 （1. 39）	0. 375793 ** （2. 26）	－0. 007158 （－0. 03）	0. 699862 （1. 34）	0. 030596 *** （10. 68）
FD	0. 180879 *** （3. 05）	0. 2355178 *** （2. 73）	0. 060137 （0. 69）	0. 19521 * （1. 95）	－0. 093875 （－1. 22）
FDI	－0. 002966 （－0. 06）	－0. 046325 （－0. 78）	－0. 251788 （－0. 91）	－0. 166886 （－0. 51）	0. 003155 （2. 26）
SOU	－0. 191286 *** （－3. 38）	－0. 054247 （－0. 69）	－0. 096414 （－1. 20）	－0. 620066 *** （－4. 69）	0. 000950 （1. 30）
Number of obs	336	120	96	120	336
Adjusted R^2	0. 5654	0. 6252	0. 3343	0. 6564	0. 9776

注：括号中为 t 统计量；符号 *** 代表在 1% 水平下显著，** 代表在 5% 水平下显著，* 代表在 10% 水平下显著。

可见，财政分权对地方经济均衡发展在不同时期出现了不同的影响。

在 1994 年分税制改革之前，财政分权虽然对东部地区经济增长具有促进作用，但是，却阻碍了中西部及全国的经济增长，也使得地方经济发展严重不均衡。1994 年的分税制改革使财政分权各方面的作用均发生了显著变化，一方面，促进了全国及各个地区的经济增长；另一方面，却显著加剧了地方经济差异。笔者认为，现有财政分权体制在促进地方经济均衡发展上发挥的作用较为有限，财政分权并没有在促进地方经济均衡发展过程中发挥显著作用。

第三节　地方经济发展中财政分权体制评析

财政分权体制改革对地方政府推动本地区经济增长发挥了比较好的激励作用，但是在促进地方经济均衡发展过程中作用却并不显著，一定程度上成为地区经济差距拉大的助推力量，特别是在相关配套机制滞后情况下这种状况尤为显现。造成这种状况的原因是多方面的，这种结果也必然导致一系列经济和社会影响。

一　地区经济发展不均衡的财政分权体制诱因

第一，地方政府间税收竞争与地方财政压力拉大了区域差距。随着财政分权的进行，地方政府掌握了相当大的财政自主权，为了获得更多的财政收入并促进本地经济的发展，地方政府往往会产生保护本地市场的冲动，并通过税收竞争等手段吸引投资[①]。对于发达地区而言，其原始的经济基础本来就较为雄厚，对企业和外来投资的税收优惠能力较大，从而有利于本地企业的竞争及投资的引入，进一步促进本地经济增长；然而，对

---

① 西方财政学界有一种解释，即“税收竞争是指各地区通过竞相降低有效税率或实施有关税收优惠等途径，以吸引其他地区财源流入本地区的政府自利行为”。参见薛刚、曾祥、董红锋《对中国政府间税收竞争的认识及规范》，《涉外税务》2000 年第 8 期，第 14 ~ 16 页。按税收竞争的程度划分，税收竞争可分为适度（善意）税收竞争和过度（恶性）税收竞争。通常我们认为适度税收竞争带来的效应为正效应，而过度税收竞争带来的效应为负效应。评价税收竞争绩效的标准在于：其一，是否利于经济资源的有效配置；其二，是否可以起到保护公民免受政治家和官僚掠夺的作用。应该指出的是，即使是适度税收竞争，也存在着一定的效率损失。

于欠发达地区而言，其财政财力本来就相对匮乏，为了获得足够的财政收入以完成正常的财政职能，就无法给予企业较多的税收优惠，从而面临比发达地区更加严重的财政压力①。欠发达地区在税收竞争过程中完全处于劣势，最终结果就是富裕地区与欠发达地区的差距越来越大。

第二，预算外收入能力扩大了地区差异。地方政府总会希望能获得更多的资金支配权力，而财政分权为这种权力的实现提供了可能。在统收统支的财政体制下，企业等经济主体完全受中央政府控制，地方政府只是负责将所有资金上缴，然后由中央统一分配，地方政府根本没有权力去控制资金。在财政分权体制中，地方政府凭借所获得的财权，在中央政府约束框架下，保持预算内收入，同时扩大预算外收入和其地收入，获取尽可能多的财政使用自主权。在这种行为目标驱动下，发达地区与欠发达地区相比较更具优势。

第三，转移支付等相关配套机制滞后冲抵了财政分权预期。在财政分权体制下，由于各地方经济基础，资源禀赋有较大差异，经济非均衡发展是不可避免的。为了避免地区差异过大而对经济增长产生负面作用，建立一套完善的转移支付体系以平衡地区经济发展是十分必要的。中国自 1994 年财政体制改革之后，进一步理清了中央和地方政府的关系，财权和事权得到了较为明确的划分。但是与此相配套的转移支付体系并未能尽快建立并发挥应有作用，甚至转移支付本身加大了地方经济发展的不均衡程度，表现在：一是税收返还偏高。为了刺激地方政府的增收积极性，中央政府在分税制改革的同时设定了税收返还制度，而税收返还数额与地方经济发展速度密切相关，经济发展越快就能得到越多的税收返还；同时，税收返还数额占整体转移支付数额的比例偏高，1994 年甚至占到 75.4%②，这显然会增大地方经济发展的不均衡程度。二是一般性转移支付比例偏低。一般性转移支付根据地区人口、GDP 等客观因素，按照统一的公式计算确定

① 所谓财政压力，是指由于税收和支出的不平衡增长在地方公共财政上产生一个结构性缺口。当一定水平服务供应的成本的增长速度超过必要的为其提供经费的税收时，就会产生财政压力。财政压力遍及许多国家和各个地区，由于经济发展程度不同、公共选择机制以及预算约束程度而有所差异（参见斯蒂芬·贝利，2006）。

② 宋超、邵智：《中国财政转移支付规模问题研究》，《地方财政研究》2005 年第 1 期。

地区财政收支缺口，并进一步确定转移支付金额，它与各地区的经济发展水平关系不大，因此，在平衡地区间发展、增强贫困地区财力方面起到的作用更大一些，也是国外转移支付的主要形式。但中国一般性转移支付比例偏低，2006 年也只占到全部转移数额的 11.7%，对平衡地区差异作用十分有限。

第四，绩效考核体系与财政事权背离扩大了区域间差距。1994 年分税制改革后，“两个比重”大幅度提高，达到了中央政府最初的改革目标。然而，中国特色的财政分权具有区别于其他国家的激励形式，是在政治集权前提下进行的经济有限分权。在这种来自经济和政治（晋升）的双重激励作用下，必然出现“财权上移，事权下放”的背离现象，也使得地方政府的支出压力不断增大。发达地区和欠发达地区相比，由于其自身资金较为充足，除了维持政府日常运行所需要的开支外，还要有相当一部分资金用于公共设施的建设。而公共设施的改善在吸引外商投资、促进经济长期增长方面往往有着潜在的促进作用。相比较而言，欠发达地区由于其自身财力匮乏，往往在维持政府日常运行方面都显得力不从心，形成典型的“吃饭财政”。“由于受地方经济发展制约的影响严重滞后，有些地方政府税源枯竭，致使地方政府尤其是最基层的县、乡政府缺乏必要的财力支撑，无法正常履行其职能，无力为民众提供最低水平的公共产品和服务，更不要说在全国实现地方政府公共服务能力均等化的目标”（冯健身、刘玲玲，2006）。欠发达地区既然缺少资金对公共基础设施投资，不能为本地区提供高质量的公共产品，其在吸引投资以促进经济增长方面的劣势也就不言而喻了。

第五，“以邻为壑”的地方保护主义强化了区域间差距。一方面，财政分权改革不仅使得地方政府获得了更多的财政自主权，而且也赋予了地方政府更多的地方事权，地方政府也转变为具有较大自主权的相对独立的利益行为主体；另一方面，经济分权与政治集权同时存在，为了获得更大的政治晋升机会，在中国当前的政治晋升考核机制中，地方官员得到晋升的最大资本就是经济增长速度和财政收入能力，这种激励的结果必然导致中央与地方政府部门基于财政权力和事权（重大项目）获取能力的重复博弈，也导致地方政府之间的“锦标赛式的竞争”（周黎安，2004，2007）。

博弈和竞争中的参与人只关心竞争者之间的政治位次，不仅去做有利于本地区经济（加快）发展的事情，也会去做不利于竞争对手经济发展的事情（如地方保护等）。因此，在这种地方保护主义下，欠发达地区的企业很可能无法顺利实现销售，不利于发挥其地区比较优势，使得欠发达地区在经济竞争中处于劣势。

从本章样本数据的分析结果来看，在1994年开始的改革之前，财政分权只是促进了东部地区的经济增长，对全国及中西部地区的经济增长都呈阻碍作用，也使得地区差距不断拉大。当然，影响经济均衡发展的因素还很多，财政分权体制改革仅仅是其中的一个构成部分①。同时，从上述分析也可见，财政分权在不同时期也对区域间均衡发展具有不同的影响，这在很大程度上取决于其他政策的相互配合②。

二　经济发展不均衡的影响

正如姚洋、杨雷（2003）研究得出的结论，财政分权在多大程度上可以解释中国过去的高速经济增长，至今还是一个未知数。毕竟，经济的高速增长是许多因素共同作用的结果，财政分权如果有作用，也仅仅是原因之一。孔善广（2007）进一步认为缺乏法律制度约束、法律法规存在缺陷并缺乏严肃性、政绩考核与社会利益目标激励难以完全相容以及中央与地方博弈的经济周期波动等都是现行财政体制的弊端。近些年来，虽然我国公共财政转型已经取得了很大进展，但是，仍旧存在着比较明显的时滞效应和收入、支出结构性不均衡的状况，在一定程度上增加了经济改革的成本和代价。挖掘财政体制性根源，主要表现为以下三个方面的不足。

第一，财政支出结构不均衡导致其调节社会利益矛盾的能力大打折扣。就财政的提供公共产品责任而言，由于诸多方面的原因，在无法脱离对传统生产建设财政的依赖下，必然导致财政支出过程中，在规模或结构

---

① 财政分权对经济增长的促进作用在一定程度上取决于经济发展水平。当经济发展水平较低时，由中央政府直接进行基础设施投资可能会更有效率，此时的财政分权化改革对经济增长的促进作用不显著，甚至在特定时期会阻碍经济增长；当经济发展到较高水平时，地方政府在投资方面的信息优势就会发挥出来，此时的财政分权对经济增长作用将会凸显。

② 无论是出于国家发展战略、经济结构调整抑或其他的考虑。

上都呈现不合理的态势，无法满足纳税人对基本公共需求的满足。更值得关注的是，财政支出在转型期内由于既要兼顾原有体制框架下的支出需求，又要满足市场经济条件下的公共支出，使支出结构更趋复杂，存在着在全社会立体的、多角度的不均衡供给。这种多维度状态下的非均衡不仅承袭原有财政体制的后果，还为财政转型的时间成本买了单，进一步扩大了财政供给结构性、地域性甚至不同分配群落的多元化不均衡分布。数据显示，在财政转型初期，存在着一些支出结构性不均衡的态势，主要表现为硬性支出比重仍旧居高不下，而软性财政支出严重不足，甚至在这些软性支出内部也存在着结构性不均衡甚至“缺位”的事实。公共财政的基本目标在于提供满足社会需要的公共产品，而现有状况下，中国财政仍旧无法满足服务性支出和保障类支出，而与此相对应的传统财政性支出项目在短期内仍旧比重较多、规模较大，社会公共性财政支出不足和结构性短缺制约了财政体制转型的步伐，在促进地方经济发展中的作用无法完全发挥出来。

第二，财政收入主要工具没有有效发挥兼顾多方面利益结构转换、缓解分配矛盾的政策目标。税收作为财政收入的主要政策性工具，应该在实现收入再分配中具有重要的地位，其根本原则在于保证社会经济发展过程中效率与公平的相互均衡。近些年来，中国税收制度改革虽然在筹集财政收入过程中发挥了显著作用，但是在税制改革的理念、观念乃至政策实施等方面存在着亟待解决的问题。一是在税制改革理念上，过多强调税收促进经济效率的提高，忽略了税收对公平的促进作用和实现机制，忽视了税收在促进社会稳定发展方面的潜力与可能。比如缓慢的“双主体”税种模式构建弱化了税收对社会公平的实现机制，而资源类和保障类税种的“犹抱琵琶半遮面”式的改革也落后于经济体制的步伐。二是在税制改革的观念上，还没有跳出传统思维模式，“税收任务”重于“税收调控”，片面理解“计划”对税收的推动作用，公共财政框架下税收转型步履缓慢。三是在税收政策实施过程中，存在着比较严重的制度性漏出和管理性漏出，而这种制度上甚至管理上的不健全是以错误理解和认识社会利益结构为代价的，也会导致对利益主体的“逆向调节”，加大社会分配的矛盾。一言以蔽之，近年来的税制改革没有跟上公共财政转型的发展方向和节奏，在缓解社会分配矛盾、促进社会公平方面没有发挥其基本作用。

第三，财政政策和制度变迁受制于传统财政框架的制约，导致财政职能和作用无法得到全面发挥。虽然公共财政政策的目标模式已经确立，但是在计划财政向公共财政转型过程中，仍旧无法脱离原有财政的体制性约束，存在着转型的制度锁定，财政政策在缓解收入差距过大方面的作用较弱，而分配差距拉大降低了生活质量。改革开放以来，中国经济高速增长。赵奉军（2004）提出的疑问是：收入增长会带来幸福的增加么？杜卫华（2005）通过对中国居民生活质量时间序列和横截面调查数据的实证分析，发现中国经济增长并没有带来居民生活质量的提高。生活质量分为客观的生活质量和主观的生活质量，客观生活质量由人们生活的客观环境要素构成，主观生活质量由人们对生活领域的满意程度构成。财政对收入分配的管控不仅影响到客观的生活质量，还影响到主观生活质量。一方面，分配差距过大对不同利益群体的生活质量都产生负面影响，在物质消费、个人健康、生存环境、资源利用甚至人身安全等方面无法实现社会福利优化；另一方面，分配差距过大毫无疑问会影响到不同群体、特别是社会弱势群体的主观生活质量，产生精神压抑、负担沉重、“仇富”乃至暴力等影响到社会稳定的倾向和行为，而收入分配的物质受益者也会由于这种不稳定的生存环境而降低幸福效用。改革开放以来，经济增长却没有有效提高生活质量，究其原因，一个重要之处在于经济效率提高的同时忽视了社会公平，在经济增长的同时忽视了分配的相对合理性。任何一个政府都具有改善纳税人福利水平和提高生活质量的承诺和责任，而通过包括财政收入和支出等分配机制凸显公平无疑是平衡社会利益关系的重要策略。

三 均衡发展的财政管理

我们在对财政分权的研究过程中得出结论，认为在促进经济增长的同时，中国的财政分权体制改革扩大了区域差距。有的研究认为在经济增长同时，如果满足充分的条件也是可以实现分配公平的。只要居民具有选择社区的权利，流动性可以确保均衡的实现，即如果一个地方政府制定的失业保险水平过低，就可能导致本地的居民向外迁移，迫使本地政府制定不低于其他地区的福利水平。从这个角度看，居民的流动性可以确保分权下分配的公正性（方晓利，周业安，2001）。但是，这种观点值得商榷之处在于，一方面，它是建立在严格假设前提的蒂伯特基本理论基础上的延续，可操作性未必很强；另一方面，中国是一个区域差异较大的国家，而流动性受限也进一步导致其检验结果未必理想。在这种假设前提下，即使可以实现较小规模社区内的分配公平，区域差距也未必可以实现更广泛意义上的收敛。

但是，分权的管理体制作为财政制度的实施机制，其根本目标在于实现政府职能和提高社会福利。众所周知，政府与市场的关系决定了政府经济行为目标和作用，在市场失灵或低效的时候进行必要的调节。政府经济目标主要通过财政职能来实现，以促进资源配置优化、收入分配的实现以及保持社会稳定，其根本意义在于不断提高社会福利。这种政府财政职能对“福利的承诺”是社会经济发展的根本方向。中国自实行财政分权体制改革以来，政策的出发点是促进社会经济发展和福利水平改善，也采取了必要的措施，分权治理在不同阶段也比较好地发挥了预期效用。但是，分权化的体制改革更多地关注阶段性目标，却忽略了在社会经济发展战略性规划过程中的实际作用，也必然会弱化机制效率的实际效果。

这种情况主要表现为以下三个方面：第一，存在着财政体制改革框架内的矛盾。很多阶段性财政分权关注于事权和财权的重新分配，却忽视对制度性建设的结构规划，导致相关联的配套措施无法实现。这种制度短缺导致的结果冲抵了分权化改革收益。第二，存在着外部体制对财政体制的约束。财政的分权没有赋予地方政府官员和服务对象（选民）充分的互动。（政治）考核体系要求地方政府对上（上级政府）负责，经济建设要求地方政府对下（选民）负责。但是，地方政府及其官员作为代理人，掌握了大量信息，使其与委托人之间形成了信息不对称。一方面，上级政府无法得到反映真实情况的信息；另一方面，地方民众（选民）对地方政府官员无法履行监督制约权力，这两个方面的共同作用导致“监督的真空”。政治集权和经济分权的相互摩擦，导致地方政府官员对地方性事物具有较大的自由裁量权，这种“自由”如果加上了“自利”则更为严重。“行政官员会利用消息不充分来谋求他们自身的利益而忽略所在地区选民们的利益，这使得分权无法消除消费者剩余的损失”（斯蒂芬·贝利，2006）。缺少中央政府监督的地方裁量难免会导致恶性竞争和地方保护等低效率行为；强化中央监督又容易偏离分权导向，出现再集权化的倾向，也会导致低效率结果。第三，财政分权对地方政府的激励使地方官员意识到更多的增长会带来更多的晋升机会，追求增长的政绩却忽略其他公共经济目标的实现，“忽视了除效率以外其他价值的合法性，特别是公平和社会融合”（斯蒂芬·贝利，2006）。导致辖区内也会出现收入差距拉大的趋势[①]。理论上认为，一旦财政分权对行为主体的激励效应偏离了可控的收入波动区间，而地方政府又缺少作为情况下，选民会以意愿表达或退出的方式进行偏好揭示。然而，在中国体制下偏好揭示的客观条件尚不具备，改善福利的预期结果也无法确定。

在笔者看来，财政分权对地方经济的影响是一柄“双刃剑”，一方面，会带来经济增长的必然结果；另一方面，由于制度性缺失或者运行效率低下也会导致地区差异过大、分配不公平等影响社会福利情况的发生。因此，需要从一个更加广泛的视角研究财政分权对经济发展的意义，即地方经济均衡发展的现实性和可行性。也就是说，财政分权的体制性改革不仅要关注地区性的增长，还要关注增长在地区间的平衡；不仅要研究地区间均衡发展，还要研究分权体系内相关机制的建设。

① 从规模经济角度衡量，财政分权框架下的“辖区”是一个相对概念，并不存在一个固定不变的辖区，辖区无论规模大小都是需要从“成本—收益”的角度衡量经济效率，因此，任何规模的地方政府都会产生不确定的配置无效率问题。

第七章

财政生态与地方政府行为：利益驱动下的政策选择

生态一词最早来自古希腊，其本意指的是家庭或者家庭成员生活的环境。进一步扩展，生态指的是所有生物的生存状态，以及它们之间、它们与环境之间的相互关系。1869 年，德国生物学家 E. 海克尔（Ernst Haeckel）首提生态学，认为它是研究动植物及其环境间、动物与植物之间及其对生态系统影响的一门学科。如今，生态学已经渗透到各个领域，“生态”一词涉及的范畴也越来越广，人们常常用“生态”来定义美好的事物（或者人们期待它变得美好），如健康的、美的、和谐的等事物均可冠以“生态”内涵。将财政与生态二者结合起来进而研究财政生态问题，其目的试图解释财政政策在演变过程中的制度变迁路径与发展趋势，以及其与经济环境的协调和匹配关系。新中国成立以来，特别是改革开放以来，经过若干次较大规模的改革，财政制度不断完善、财政体制不断规范、财政与经济关系逐渐实现了良性互动，这些都是财政体系逐渐优化的系统性表现，也成为经济发展的重要前提和保证。目前，财政生态的相关文献所见甚鲜。本章在已有研究成果基础上对此进行粗浅分析。

第一节　分权下的财政生态解读

财政生态是指财政制度与政策内部的运行机理及其与外部系统之间的相互作用关系和作用结果。从本质上看，财政制度与政策是为实现公共支出而筹集公共收入，改变市场低效状态和纠正市场失灵的一种政府再分配行为。因此，政治权力决定了财政的存在形式和服务对象，社会生态发展变化界定了财政的基本职能和演变路径。财政是社会经济体制的内生解释变量。财政生态的发育，既受社会经济体制的制约，也促进了社会经济体制的发展，形成了二者相互促进的协调关系。

一　基于机械论思想的财政生态

哈维·罗森在研究政府在经济领域应该发挥什么作用的时候，曾经从哲学角度对个人与国家之间的关系进行过分析，认为主要分为有机论和机械论两大派别。单纯从机械论而言，他认为政府是“个人为了更好地实现目标而人为创造的东西”，其目的是增进个人利益，从而阐明了与有机论相对立的思想体系。这种机械论的政府思想观虽然并不能作为经济分析的唯一依据，但是它所提出的一般性观点为现代市场经济中政府与个人之间关系及地位的确立建立了必要基础。欧美主要发达国家的经济思想都是沿着这一价值观和路线体系发展演进的。随着中国市场经济体制的确立，经济转型中存在多种社会利益关系的结构性调整，财政制度与政策调整需要确立合理的政策生态，同样也面临着转型与优化。从机构体系上看，财政生态主要包括以下四个方面。

第一，财政生态与经济增长的关系。财政生态反映了政府在经济增长过程中的市场地位。虽然对政府在市场中究竟应该在哪些领域发挥作用仁者见仁、智者见智，但是有一点是肯定的，就是当市场可以发挥作用的时候，政府需要而且必须退出，以保持经济增长效率。[①] 财政生态不仅体现在促进经济增长过程中所发挥的作用，还体现在采取何种方式去推动经济增长。历史经验表明，一方面，财政在很多领域处于越位或者缺位的状态，虽然经济也保持一定增长速度，但是广大纳税人却没有享受到经济增长所带来的好处；另一方面，经济保持了较快增长，但是这种高增长却是以国有资产低质量运行甚至大量流失导致的“公地的悲剧”为代价的。财政生态的优化存在于财政与经济增长辩证关系的动态演化过程之中。

第二，财政生态与公平分配的关系。财政分配的方式和结果取决于社会赋予政府和广大纳税人的价值观。财政生态所表现出的对公平分配的理

---

① 当然，相反的观点是，只要政府退出，就可以保持经济稳定增长吗？

解更多体现在结果公平和过程公平二者的和谐统一。一方面，坚持结果公平的财政政策更多地强调政府在再分配活动中的作用，相比较而言，市场力量在此方面的潜在力量则处于辅助地位；另一方面，坚持过程公平的财政生态观寄希望于通过参与市场竞争以期获得“人的潜能得到最大限度释放”的结果。二者孰优孰劣，弗里德曼给出了评价。他认为，一个社会若是单纯把结果公平置于自由之上，那么最终的结果是既没有平等也没有自由。① 在笔者看来，财政生态关注于政府公共政策与政策调节对象之间的和谐关系，只有被社会所普遍认同或者对社会总福利具有推动作用的价值伦理标准所指导的财政再分配行为才是稳定而有秩序的，而这种结果正是良性财政生态所具有的外在表现。在这一方面，政府财政政策固然不可或缺，但是毕竟政府是“人们选择的用来实现某些目标的一种途径”，而这种途径只有在亚当·斯密所强调的“看不见的手”无法发挥作用之时才能显现。

第三，财政生态在市场波动中的预警与应变能力。一般而言，财政政策的一个主要调节方向在于逆经济风向发挥相机选择的作用以熨平经济波动带来的负面影响。这种政策取向似乎与“先市场后政府”的思想相吻合，在经济情况出现非理性的时候发挥作用。因此，导致财政政策在宏观经济调控中缺少主动调节的功能和作用。同时，这种事后调节也为财政的滞后性提供了一个理由而导致政策的应变能力无法充分显现。财政制度和运行机制如果无法对经济发展进行合理而有效的预测，就会增加宏观经济不可预期的风险性，对经济安全构成影响。邵学峰（2007）认为，财政风险所导致的负效应降低了社会福利水平、扩大分配差距、导致公共产品数量和质量的缺失、增加社会制度成本。② 可见，财政生态的外在表现不仅需要增加其对宏观经济波动的应变能力，还要强化对经济情况变化的预警机制，财政这柄钟摆无论在市场“打瞌睡”或者狂躁不安的时候都需要持续性晃动。

第四，财政生态的内外互动及各系统的平衡与运行。广义的财政生态不是单纯地从财政政策角度出发研究其与经济的关系，而是从国民经济发展的整个系统去分析与财政有关的社会经济问题。其一，宏观经济调控中

---

① 〔美〕米尔顿·弗里德曼、罗丝·弗里德曼：《自由选择》，机械工业出版社，2008，第123～143页。

② 邵学峰：《财政风险：根源、影响及防范》，《学习与探索》2007年第2期。

的诸多政策性工具相互配合，有利于经济环境处于良性发展的轨道。特别是财政政策和货币政策之间的协调互动，对经济实施调控的效果则更加明显。财政政策与其他政策性工具联动的根本目标在于保证市场有效运行而相机选择，从而发挥自动稳定的作用。包括货币政策在内的一系列调控工具在这个系统中都同时发挥作用，以利于国民经济运行处于平稳的发展趋势。其二，财政组织内部存在着诸多相互影响、相互制约的子系统。这些内部子系统的效率和平衡，是财政生态质量优劣的重要表现。

二 分权治理对财政生态的社会经济影响

财政生态作为一种制度演化和变迁的系统，通过适当的管理体制实现与经济系统的协调与均衡，其中，财政分权的政府治理是财政生态质量的重要评价标准，完善财政分权体制可以有效促进财政生态优化。Qian Yingyi 等（1998）的一系列研究表明，财政分权对经济增长，特别是地方经济增长发挥了比较好的激励作用。[①] 然而，分权化治理在经济均衡发展和财政生态优化过程中作用并不显著，一定程度上却成为地区经济差距拉大的助推力量，特别是在相关配套机制滞后情况下这种状况尤为显现。

第一，分权化的财政生态拉大了区域经济增长差异。随着财政分权的进行，地方政府掌握了相当大的财政自主权，为了获得更多的财政收入并促进本地经济的发展，地方政府往往会产生保护本地市场的冲动，并通过税收竞争等手段吸引投资。[②] 对于发达地区而言，其经济基础较为雄厚，对企业和外来投资的税收优惠能力较大，从而有利于本地企业的竞争及投资的引入，进一步促进本地经济增长；然而，对于欠发达地区而言，其财政能力相对匮乏，为了获得足够的财政收入以完成正常的财政职能，就无法给予企业较多的税收优惠，从而面临比发达地区更加严重的财政压力。欠发达地区的财政生态在竞争过程中相对较差，而发达地区财政生态则相

---

① Qian Yingyi and Gerard Roland, "Federalism and the Soft Budget Constraint", *American Economic Review*, 1998, Vol. 88, No. 5: 1143 - 1162.

② 西方财政学界有一种解释，即“税收竞争是指各地区通过竞相降低有效税率或实施有关税收优惠等途径，以吸引其他地区财源流入本地区的政府自利行为”。薛刚、曾祥、董红锋《对中国政府间税收竞争的认识及规范》，《涉外税务》2000 年第 8 期。

对优秀，最终结果就是富裕地区与欠发达地区的差距越来越大。

第二，地方政府预算外资金弱化了收入分配的公平。在预算外资金没有得到有效治理前提下，财政分权进一步导致地方政府可控资金的增加。在财政分权体制中，企业管理权下放给地方政府，当地方政府收入不能满足其支出需要时，往往会选择采用预算外收入的方式筹集资金。预算外资金显然是和地区经济发展水平（尤其是工业水平）密切相关的。对于发达地区，一方面，由于其工业发展水平高，可以取得大量的预算外收入；另一方面，这部分收入大部分归属于地方政府支配而无法进入预算管理范畴进行合理使用；同时，在地方政府存在预算最大化倾向下，发达地区由于财政收入能力较强，上缴中央政府的资金规模也相对较大，也增加了在中央政府增加预算拨款和获得（项目）专项拨款的筹码和可能性。相比较而言，欠发达地区由于其工业发展水平较低，无法获得较多的预算外收入；同时，在自身本已属于受补助地区的情况下，则不具备从中央政府获取更多预算拨款和（项目）专项拨款的讨价还价的优势。

第三，分权治理双重激励致使财政生态应对经济变化困难重重。我国特色的财政分权具有区别于其他国家的激励形式，是在政治集权前提下进行的经济有限分权。在经济和政治（晋升）的双重激励作用下，必然出现“财权上移，事权下放”的背离现象。一方面，中央赋予地方分权治理权利的目的在于促进地方福利水平的提高；另一方面，对其考核则侧重于地方政府官员的政绩，而官员政绩却不能和地方福利形成对应关系。为了获得更大的政治晋升机会，地方政府之间形成“锦标赛式的竞争”（周黎安，2004），导致中央与地方政府部门基于财政权力和事权（重大项目）获取能力的重复博弈，以获取上级政府资金（项目）支持作为晋升的最大资本。至于这种激励的最终结果究竟能否惠及本辖区纳税人的福利改善，则既不在地方政府官员真实的考虑范围之内，不影响上级对其考核的行为结果，也无法真实反映地方经济的真实情况和财政生态的实际效果。

第四，财政生态中分权治理的配套子系统相对滞后。在财政分权体制下，虽然明确了中央和地方政府的关系，财权和事权也得到了较为明确的划分。但是与此相配套的转移支付体系未能尽快建立并发挥应有作用，甚至转移支付本身加大了地方经济发展的不均衡程度。这种财政生态子系统的结构性不均衡降低了财政分权预期。一是税收返还数额占整体转移支付数额的比例偏高，增大了地方经济发展的不均衡程度；二是一般性转移支付比例偏低，在平衡地区间发展、增强贫困地区财力方面没有发挥应有的作用。目前，中国一般性转移支付比例偏低导致了财政生态没有得到有效改善。有数据表明，2006 年一般性转移支付仅占到全部转移数额的 11.7%，对平衡地区差异作用十分有限。

三 优化财政生态的分权治理预期

分权治理作为财政生态的重要组成部分，其目标在于实现政府职能和提高社会福利。政府经济目标主要通过财政生态的优化予以实现，以促进资源配置优化、收入分配的实现以及保持社会稳定，其根本意义在于不断提高社会福利。这种以财政生态优化为外在表现的政府对“福利的承诺”是社会经济发展的根本方向，同时，政府也需要通过财政体制优化促进地方经济的均衡发展。

第一，以提高社会福利为目标。在政府与市场关系中，当市场无法通过市场自发的机制和手段来保证值得珍视的“福利和生活质量”得以实现的时候，政府的调控政策在一定程度上可以有效防止市场失灵。成熟的市场经济体制，必须建立在有效率的资源配置基础上。财政生态的优化以提高每一位纳税人的福利为目的，通过财政资源乃至政府其他资源的合理配置，可以使自动稳定机制发挥较大作用，实现社会福利总量的提高。尤为重要的是，分权治理要兼顾经济增长与分配公平的均衡。一方面，使增长成果惠及所有纳税个体；另一方面，为市场参与者提供公平的参与过程，在分权治理的过程中优化财政生态。

第二，以构建合理的政策激励为导向。财政分权治理改变了原有体制框架下地方政府对中央政府、企业对政府的依附关系，双重激励的悖理无法发挥正确市场导向作用，调整激励政策是优化财政生态的必然选择。市场化改革过程中各利益主体依据体制调整而改变自己的行为，合理的政策激励方式不仅可以使地方政府充分利用信息优势提供比较好的公共产品和服务，还可以进一步硬化地方性企业的预算约束，建立财权与事权相统一的分权化改革管理机制。

第三，以提供优质公共产品和服务为渠道。公共财政的实质是市场经济财政，其核心在于弥补市场失灵，建立合理的公共服务体系。通过优化财政生态，进一步深化政府参与市场的质量内涵，建立理想的分权治理框架和结构，对财政制度和体制进行结构性调整，实现财政质量提高、财政和谐以及社会经济稳定发展，提供高质量的公共产品和服务。

第四，以增强应变能力和防范风险为保证。优化财政结构，以体制创新对经济波动做出合理预测，提高促进财政安全的能力和水平。按照公共财政的要求，遵循公共支出的市场原则、比例效率原则和非营利原则，重新划分市场、政府和财政的活动范围，发挥分权治理的信息优势，降低经济波动所带来的风险。以市场为导向建立财政风险预警评估机制，增强财政抗风险能力。进一步优化财政生态，制定合理的财政风险应急决策系统、动员系统以及合理的社会保障体系等。

第二节　政策锁定与解锁

一　分权改革的政策锁定与利益获取

近年来，虽然中国财政体制改革已经取得了很大进展，但是，仍旧在诸多方面存在着传统经济模式的色彩，很多政策跟不上快速发展的经济形势和经济变化，体现出时滞效应和收入、支出结构性不均衡的状况，这样，财政体制仿佛被曾经的计划财政政策锁定，在一定程度上增加了分权化改革的成本和代价。

第一，各级政府的财政支出结构不均衡导致其调节社会利益矛盾的能力大打折扣。就财政的提供公共产品责任而言，由于诸多方面的原因，无法脱离对传统生产建设财政的依赖，必然导致各级政府在财政支出过程中，无论在规模还是在结构上都呈现掣肘，无法满足纳税人对不同层面的基本公共需求，存在着在全社会立体的、多角度的不均衡供给。这种多维度状态下的非均衡状态承袭了原有财政体制的后果，增加了财政分权化改革的时间成本，进一步放大了财政体制改革的结构性、地域性甚至不同分配群落的多元化矛盾。财政体制改革的基本目标在于提供满足高效率需求的社会公共产品，而现有状况下，中国财政分权体制改革仍旧无法完全满足公共财政框架下的服务性支出和保障类支出，而与此相对应的传统财政性支出项目在短期内仍旧比重较多、规模较大，社会公共性财政支出不足和短缺延缓了财政体制改革的步伐，甚至成为制约经济发展的制度性根源。

第二，中央和地方的财政收入主要工具无法有效发挥兼顾多方面利益结构转换、缓解分配矛盾的政策目标。税收作为财政收入的主要政策性工具，应该在实现收入再分配中具有重要的地位。税收政策功能在于：一是筹集财政收入；二是实现收入分配的公平；三是促进社会稳定发展，其根本原则在于保证社会经济发展过程中效率与公平的相互均衡。财政分权体制改革以来，税收制度改革虽然在筹集财政收入过程中发挥了显著作用，但是在税制改革的理念、观念乃至政策实施等方面存在着亟待解决的问题。一是在税制改革理念上，过多强调税收促进经济效率的提高，忽略了税收对公平的促进作用和实现机制，忽视了税收在促进不同省份之间、不同经济发展水平之间甚至保证社会稳定发展方面的潜力与可能。比如缓慢的“双主体”税种模式构建以及在不同政府层面之间的收入划分弱化了税收对社会公平的实现机制，而资源类、保障类、包括诸如房产税在内的相关税种的“犹抱琵琶半遮面”式的改革也落后于经济体制和财政体制改革的步伐。二是在分税制改革的观念上，还没有跳出传统思维模式，各级政府“税收任务”重于“税收调控”，片面理解“计划”税收对地方政府的推动作用，财政分权体制改革框架下的税收转型步履缓慢。三是在税收政策实施过程中，无论哪一级政府都存在着比较严重的制度性漏出和管理性漏出，而这种制度上甚至管理上的不健全是以错误理解和认识社会利益结构为代价的，也会导致对利益主体的“逆向调节”，加大社会分配的矛盾。一言以蔽之，财政分权体制改革以来的税制改革没有跟上公共财政转型的发展方向和节奏，在缓解社会分配矛盾、促进社会公平方面无法充分发挥其基本作用。

第三，财政分权体制改革受制于传统财政框架的“锁定”，导致各级政府财政职能和作用无法得到全面发挥。虽然公共财政政策的目标模式已经确立，但是财政体制改革仍旧无法脱离原有财政的体制性约束，存在着旧有体制对改革的制度锁定，财政政策在缓解收入差距过大方面作用较弱，而分配差距拉大降低了生活质量。

二 财政体制改革："熨平"利益矛盾

从国外的实践看，发达国家都力求实现和谐的社会发展，在生产力发展水平、经济效率得到一定程度提高之后，都转向了构建社会公平、建设福利国家。体现在公共财政范畴，通过公共政策的适当调整，更加关注人与社会、经济与自然的和谐发展，更加关注人与人之间、国家与国家之间的协调配合。虽然在消除贫困和分配不公上，还存在着不尽如人意的方面，但是，这些都不能以偏概全。事实上，西方发达国家通过财政体制改革和政策调节，在实现公共产品供给、税收政策的调整和优化、提高社会保障的覆盖范围、制定合理有效的转移支付政策等手段，力求实现社会分配的相对均衡。甚至为了解决矛盾，在某些时代、某些区域、某些调节方式上呈现了多维度的对公平的政策倾斜，以实现效率与公平的相互搭配，促进国家经济增长和提高社会福利。有鉴于此，中国的财政体制改革和制度变迁，不仅要着眼于短期经济发展和效率水平的提高，还要关注财政对长期经济发展的影响力，注重公平与效率、付出和索取的相互关系，实现社会的可持续发展和经济水平的提高。同时，财政分权体制改革要兼顾不同群体的利益关系，使它们有效地协调配合，创造一个既有效率又公平的社会。从财政而言，有必要从以下几个方面予以考虑。

第一，财政支出的结构性优化调整，以制度优化推动利益主体的资源配置优化。中央和地方财政支出结构性短缺问题可以通过不均衡的处理方式予以解决。关系到基本需要的公共产品，在供给数量上力求通过调动社会力量满足公共产品的供给条件和供给数量，降低对财政支出资金的需求压力；通过适度的财政分权改善公共产品区域供给的短缺，赋予地方规范而有限的立法权也许是合理的选择；无论在任何国家或任何年代，财政职能都把对分配的调节放在重要地位，市场经济条件下的公共财政同样如此，而诸如社会保障、公共教育以及税制改革等机制的不断完善无疑会对财政支出结构性短缺起到促进和调节。

第二，以财政收入结构优化推动资金规模扩大，为公共产品支出提供资金保障。一方面，财政收入结构中的经常性收入主要是各项税收收入，各级政府间税收收入结构体现了政策调控方向。过高或者过低的宏观税收负担都会对经济产生不利影响，高税负不等于高积累，不一定会带来高效益，低税负也不等于高效率、多产出；另一方面，税种结构的调整和优化，不仅要着眼于短期经济发展和效率水平的提高，还要关注税收对长期经济发展的影响力，注重付出和索取、征税和“养税”的博弈关系；不仅如此，不断完善必要的政府间转移支付和财政分权体制的细节内容，构建纵向分权与横向分权相结合的权力制衡机制，以法治推动服务体系是健全税收管理运行机制的根本保证。

第三，以提高财政制度运行效率保证分权体制改革过程中利益格局调整的平稳有序。虽然制度建设是重要的，但并不是制度构架数量越多就越完善，制度变迁需要平衡与策略。中国财政转型更要关注财政制度的执行效果，也就是所谓经济转型中的“修正的难易程度”（亚诺什·科尔奈，2007）。同时，强调财政分权体制改革的时效性，并不是需要进行诸如“休克”等过于偏激的疗法，而是在某些问题严重并且亟待解决，同时又和民生息息相关的领域加快改革。这些领域恰恰能体现出各级政府的应变能力、执行能力和财政政策的时效性。公共财政的政策目标在于实现对纳税人高质量的负责，无论政策的内在时滞还是外在时滞，财政体制改革的程序与官僚体制的民主框架并不冲突。

第三节　发展抑或控制：预算管理的纠结

政府预算是各级政府财政的核心，它全面反映各级政府部门的收支活动，是部门依据国家有关政策规定及其行使职能的需要，由基层预算单位编制，逐级上报、审核、汇总，经财政部门审核后提交人大立法机关依法批准的涵盖部门各项收支的综合财政计划。预算既是各级政府最大的财务谋划和最重要的政策文件，也是从财政角度联结中央和省以下各级政府的制度纽带。

经济体制改革以来，特别是财政分权体制改革以来，中央财政下放财权和事权，对很多预算内容进行了调整，地方政府在政策上具有更多的灵活性，可以按照当地经济发展的情况配置财政经济资源，有利于地方经济的发展。然而，由于财政的改革相对滞后，在地方政府主要代理人——各级政府及其决策者的观念中仍旧存在着或多或少的传统计划观念，潜意识中没有把地方可支配权力看做是发展经济的有力支撑，而是看作自身利益最大化的可供资源，在各种情况下极尽控制之能事；与此同时，各部门、各企业为了自身利益则采用各种方式在预算上做文章，力求扩大自身利益。随着地方经济改革逐渐深入和地方经济开放度的增加，财政体制改革面临的情况愈发复杂，已有的预算体制也必然在财政促进经济发展还是（代理人）继续控制资源上不断选择。

一　各级政府财政预算改革困境

目前，国外关于政府预算的理论和应用研究非常丰富。近10年来，这些研究更多从完善政府预算的体制机制出发，借用制度经济学、博弈经济学以及转型经济学等分析工具进行分析，不乏对财政分权体制改革以来的预算管理的真知灼见。客观看，各级政府的预算管理还是相当滞后的，很多款项条目已经与经济发展和财政制度变迁相距甚远，究其原因，既有客观因素又有主观因素，主要存在以下几个方面的问题。

（一）信息不对称导致各级政府不可避免的"有限理性"

美国著名学者舒伯特·西蒙于1947年发表的《行政行为：行政机构决策过程研究》，提出了有限理性的概念。西蒙通过对组织行为的实际考察而提出他的基本观点是：人的信息加工和计算能力是有限的，因此，由人组成的任何组织无法完全按照理性模式去行动，无法按照"效率最大化"和"最优化原则"理性地指导自己的行动。他通过研究发现，人们的决策过程与理性选择大相径庭。首先，人们在进行决策时一般不可能制订出能够解决所有问题的完美方案，只能针对当中的一部分选择方案进行选择；其次，人们对可供选择方案的比较并不像理性模式所主张的那样，对所有的方案同时进行比较判断，而是成对的进行比较选择，直到满意为止；最后，人们选择决策方案的原则不是"效率最大化"或"最优化原则"，而是"满意"原则，按顺序比较，从中选择满意的方案。

作为公共组织的政府（包括中央与地方各级）由于其构成要素及其成员存在着有限理性，使得政府决策本身有不可逾越的局限性。传统的组织理论认为官员组织是理性组织，它有价值中立的特点，对政治、利益和信息是保持中立的，是效率工具，能够有效地对环境作出反应。但是官员组织的建立为了扩展组织的理性，反而加深了组织认识的有限理性，扩大了组织的局限性。政府在进行决策时，往往为了某种目标选择和利用符合其需要的信息。具体表现在两个方面：一方面，决策信息的不完全性；另一方面，决策信息的使用和解释过程受到不同价值观的影响。其中政府更是深受意识形态的严重影响，这就加深了政府的有限理性。另外，虚假信息也是不完全信息的一种。由于官僚组织结构层级过多，在信息传递过程中，由于官员价值取向不同，对信息的取舍和选择也不同，信息变得扭曲和虚假，这在公共行政系统中是司空见惯的事情，也是公共行政系统出现执行政策走样和变形的原因之一。

各级政府的组织结构、管理制度和运作过程加深了政府的有限理性。这些使得政府决策更具"模糊性"。在政府决策过程中，不确定性增加了决策的困难。这种不确定性是指信息的缺乏，即信息不完全和不真实。马奇用"模糊性"解释这一现象。模糊性是指决策者对相同信息作出不同的解释和判断，即使信息量不断增加也不可能改变这种模糊性，从而使决策具有不确定性。马奇认为模糊性表现在如下几个方面：一是公共组织的组织目标的模糊性；二是组织决策过程的模糊性；三是组织决策凭借历史经验的模糊性；四是对信息理解和解释的模糊性；最后，对比政府真实的决策过程，政府决策也表现为有限理性。参与人往往保持自己独立的形态，在动态过程中参与决策，时间对决策结果的影响很大。

综上所述，由于信息的不完全性、组织决策的模糊性或者认识上的局限性等，导致各级政府及其有关部门在决策过程中不可避免的形成一定失误，因此，从财政监督的角度出发，不断完善财政分权以来各级政府的预算管理和监督尤显必要。

（二）政策执行部门之间的利益博弈

公共选择理论认为，政府行为是政策执行部门之间在制度约束下的相互博弈及其结果与表现。在经济体制转型中，同级部门之间、上下级之间始终存在着权力"集中"与"分散"的博弈。体制改革中利益格局的变化就是利益主体之间博弈的过程：利益主体之间有时是一致的，形成一致的意见；有时却是不同的，形成零和博弈。经济体制转型中的各利益主体的博弈范围包含了各方面、每个人的切身利益。因此，在利益主体及其代表组织的分化与重组、利益实现方式的重新确立、利益关系重新耦合的过程中，博弈各方都将尽最大可能使自己的效益最大化。

中国在经济体制转型过程中，特别是在实行财政分权体制改革以来，各利益主体的博弈都带有深深的“中国特色”。比如，上级政府长期形成的权威性使其在博弈中处于强势主动的地位，而下级政府则相对处于被动和从属的地位，这决定了财政乃至经济体制改革是一个在上级政府控制和引导下、具有指导意义和发挥监督功能的长期过程。上级政府或监督部门下放经济权限的同时也下放了更多的财权、税费责任和经济风险；而下级政府在经济活动中表现得更像理性的“经纪人”，他们更多的是从本级、本地利益出发，尽量降低税收责任约束，同时尽可能地获取经济管理权限，这决定了在中国财政体制中各利益主体的长期博弈是不可避免的。在这个过程中，上级政府或监督部门需要在法制框架下不断做出针对各利益主体的相机决策，面对共同的获利机会，使他们在利益与权力的博弈中，实现双赢的理想结果。

（三）改革阶段不断完善的预算约束框架

西方理论提到的“软预算约束”这一概念，用来形容前苏联等国家的国有企业一旦发生亏损或濒临破产时，国有企业的经理会预期得到国家财政或银行的支持，而国家或政府也常常通过追加投资、减税、提供补贴等方式，保证其生存下去。软预算约束的存在需要两个主体：预算约束主体和支持主体。前者在后者出现赤字的情况下给予救助和支持。但是科尔奈认为软预算约束的根源在于政府的“父爱主义”等政治因素，忽略了其他重要因素。继科尔奈之后的学者把注意力转向了经济系统内部，从不同经济主体的个人利益的最大化角度出发探讨软预算约束产生的机制。尤其是博弈论和信息经济学的发展，给软预算约束的阐释提供了良好的手段。最早运用博弈论分析企业预算约束问题的是蓬齐博弈（Ponzi Game）[①]，认为

---

① 1920年，美国人查尔斯·蓬齐（Charles Ponzi）开创了以他名字命名的一个欺诈行为，即通过不断借新债还旧债的形式，可以使其终生的消费现值超过其终生资源，这种情况被命名为蓬齐博弈条件（Ponzi Game Condition）或蓬齐博弈（Ponzi Game）。

一个借款者可以通过不断的借新贷款来偿还旧贷款，使得自己可以在长期内不用劳动便可以获得收入。

按照理论界的研究，中国在改革开放的不同阶段都存在着不同程度的软预算约束。自财政分权体制改革以来，这种软预算约束没有按照改革的预期逐渐消失和弱化，而是随着经济情况的不断变化呈现出越演越烈的态势。其根本原因在于制度供给不足，主要表现在：一是政府预算制度本身存在缺陷；二是配套的制度不匹配，导致政府间财权与事权严重失衡。这里不再赘述。

二　各级政府预算管理与改革现状

中国自2000年开始实行政府预算改革，中央和地方陆续铺开推行，这是在分税制财政体制改革之后财政预算管理制度的又一重大改革。从运行情况来看，中国政府预算改革总体是成功的，建立了政府预算的基本框架，调整了预算编制的内容与范围，细化到单位和项目改变了预算编制过粗的问题，规范了财政资金的管理等。然而，受经济发展水平、现行管理体制、预算法治化程度以及现行利益分配格局等因素的影响，现行部门预算改革尚存在一些亟待完善之处。

（一）预算涵盖范围过窄过浅

各级政府预算理应涵盖政府经济活动的全过程，反映政府的全部收支计划，这也是国际通行的政府预算完整性原则。但由于中国预算外资金收入的波动性和不稳定性，加之各级政府部门出于自身利益的考虑，预算外资金在征收、使用和管理上存在着随意性，缺少必要的监督和制约。一方面，由于政府预算编制时间短促，预算资金未落实到具体单位和项目上，客观造成了“部门伸手、领导批条、追加预算”等隐性分配或二次分配；另一方面，由于各级政府提交人代会审查的报告过于笼统，预算草案按功能大类罗列一串数字，在“款”“项”“目”等具体内容上不够细化，缺乏文字说明，在审议前又未设置说明程序，造成内行看不清、外行看不懂的局面。事实证明，失去监督的预算外资金，一直是滋生贪污和腐败的温床。

（二）部分预算内容界定模糊

预算收入及支出范围界定过于笼统。现行《预算法》第三章中关于预算收支范围界定“政府公共预算收入包括各项税收收入，行政事业性收费收入，专项收入和其他收入”。政府公共预算支出按照其保障功能分类，包括一般公共服务支出，外交、公共安全、国防支出，农业、环境保护支出，教育、科技、文化、卫生、体育支出，社会保障及就业支出和其他支出。《预算法》是在中国财政分配存在预算内和预算外两种情形的基础上更多地将注意力集中在预算内资金分配的体制，预算外资金却没有得到更多的关注。多种非税收入的类型未明确规定纳入预算收入管理的范畴，而这类收入在地方财力中所占的比重逐年增大。大量非税资金游离于严格的财政预算管理之外，使很大比例的资金流向不明。

（三）预算程序需要进一步调整和完善

从对预算执行的日常监督看，各级人大及其相关部门很难开展经常性的监督活动，就算有监督，由于缺乏足够的人力资源和专业化水平，其力度也相对有限；同时，由于预算的透明度低，社会公众和新闻舆论对预算信息的获知度有限，也影响了媒体和舆论对政府预算进行有效的监督。由此导致两方面的严重后果，一是间接剥夺了普通纳税人甚至是表达民意的各级人大代表对政府预算全过程的监督权；二是预算资金分配上的内部操作为公共资金使用增加了随意性和创造了不应有的空子，也为公共资金分配上的不公平提供了可乘之机。目前，各级政府预算编制基本上采用基数法进行，各部门获得预算经费多少，不是取决于事业发展的需要，而是取决于原来的基数。基数的大小对于预算经费的多少至关重要，而原有的预算支出基数却很难打破；另外，预算收支科目的分类标准不统一，按经济性质、支出功能、部门设置进行交叉分类的做法，因其内在逻辑关系不够严密，已与当前国际上通行的分类方法无法衔接。

（四）预算监督流于形式

受立法条件和技术的限制，中国现行法律、法规尤其是《预算法》，对于各级人大预算监督的规定还过于笼统，对监督的范围、程序、方法，以及相应的机构设置等规定还不完备，导致人大预算监督权难以有效行使。目前人大对政府预算审查监督具有一定的局限性，体现在以下几方面：第一，预算审查监督的法律法规不尽完善，人大代表的权力没有完全得到体现，这也是预算监督疲软乏力的总根源。第二，初审主体法律地位不明晰，人大预算工委审查同时是否允许相关部门参与界定比较模糊。第三，预算管理约束力不强，时限设置不尽科学，导致执行中预算批复不及时。人大代表一般在人代会召开时才能见到预算草案的报告，代表很难对预算进行深入的审查，再加上当前预算编制的简单、笼统、透明度低，最终导致预算草案审批流于形式。第四，预算调整审查监督机制欠规范，导致预算执行中预算变更、调整随意性较大。法律上的漏洞使得政府有空可钻，在预算法的前提下，人为的压低预算数，提高执行数，造成政府财政活动的随意性，从而使预算法中预算调整的审批程序流于形式。第五，决算审批主体不明确，存在严重的预算监督盲区。对预算外资金和经济开发区财政资金的审查监督一直是困扰各级人大的现实问题。可见，人大对预算审查监督存在审查环节滞后性、审查过程的游离性以及审查项目的模糊性等缺憾。

三　财政预算推动地方经济发展的必备条件

（一）公开原则

各级政府预算是反映政府活动的重要窗口，也是公众了解政府活动、监督政府正确使用财政资金、评判政府活动成效的主要依据。因此政府预算的整个过程必须是公开透明的，预算信息也须向公众全面公开。“阳光政府”是现代社会文明进步的必然趋势，是群众期盼的理想政府。构建阳光政府是面对新形势新任务，顺应经济社会发展变化，完善政府自身建设体系的重要组成部分，是加强各级政府自身建设的一项重要举措。政府预算应成为公开的文件，其内容应能被全社会所了解，除少数不宜公开的专项拨付外，其数据都应向社会公布，而不是少数人随心所欲的活动和“拍脑门决策”。重视各级政府预算的公开性，实质上是尊重公众的预算知情权。只有做到了公开和透明，才有可能保证公众对政府预算管理活动足够的知情权、参与权、决策权、监督权，从而保证财政资金使用符合民之所愿、民之所需。

（二）绩效激励原则

绩效性原则是指，部门预算应建立绩效考评制度，对预算的执行过程和完成结果进行全面的追踪问效，不断提高预算资金的使用效益。绩效预算的核心理念是根据支出项目的预期绩效来分配预算资金，从而增强支出部门使用资金的责任性。中国于 2003 年提出了预算编制要遵循绩效性原则。绩效预算要求政府的每一项支出都必须满足绩、效、预算三个要素的要求。中国的绩效预算改革还是在“摸着石头过河”，需要在实践中不断探索。首先，确定量化指标和定性范围，为绩效预算奠定基础。其次，监督预算执行，考核绩效执行情况，掌握绩效预算管理方法。最后，实施绩效预算必须以预算法治化和透明为前提。依法理财是法治政府的关键一环，更是建立绩效财政务必坚守的底线。

（三）参与和质询原则

在预算法修订中，要坚持参与原则，即将更多的监督主体纳入预算监督中，形成监督网络。根据监督主体的不同，各级政府预算的监督模式可以划分为国家监督和社会监督两种模式，国家监督指的是政府行政机关和立法机关实施的预算监督，属于体制内的监督，是权力对权力的监督；社会监督指的是公民、社会中介组织、社会舆论等实施的预算监督，属于体制外的监督，是权利对权力的监督。公众监督虽然不具有法律效力，但它可以通过法定渠道，将意志传输到国家监督中去，并通过后者产生法律效力，因此具有范围广、影响大、方式灵活等特点。社会中介组织介于政府和市场之间，可以降低信息成本，无形中也对服务对象的经济活动进行了监督，从而构成了预算监督的一部分。大众传媒监督通过公开质询、评论、提出改进建议等手段对政府机构和政府官员滥用权力等不当行为监督和制约。现阶段，更加需要突出人大的体制内监督作用，通过提高和强化人大及其相关部门对预算执行情况的“网络化监督”和“质询监督”水平，提高预算的运行效率。

四　财政分权体制下的预算管理创新

（一）拓展和完善预算范围

目前，各级政府部门还较为普遍地存在预算外资金、制度外“小金库”，仍有数量巨大的资金如巨额财政超收收入、政府部门尤其是地方政府的隐性举债形成的资金、各地的中央转移支付资金等没有纳入预算而游离于人大监督之外。因此建议在《预算法》中明确规定复式预算制度，扩大预算收入的范围，确立编制财政综合预算的法律地位。严格把关政府收支，在《预算法》中明确“预算收入”和“非预算收入”的范围，并扩展对预算收支的涵盖范围，尽可能全面反映预算内外资金的安排。中国实行部门预算，预算收支皆按部门编列，因此预算收入是在部门这一大的分类体系下进行划分的，预算支出的分类则同时要在部门和职能这两个分类体系下进行划分。预算收入比较简单，可以按其来源的不同划分为税收收入、公共收费和国有资产收入。在此基础上，再细分为类、款、项、目级科目，如有必要可再分出第五级科目“节”。

（二）硬化预算约束

政府预算具有约束力的前提条件主要包括：一是政府预算可信可行，具有操作性，各级政府及其预算单位能够从正式的预算安排中取得足够的预算收入，以满足必要的预算支出。二是政府预算规范、合理、有效。硬化政府预算约束，从制度层面讲，必须完善国家的预算管理制度，深化分税制的财政管理体制改革。一是构建政府预算管理的监督制衡机制。作为权力制衡机制的重要基础性工作，就是加强人大代表专业培训，提高人大代表的专业素质。二是构建政府财政信息披露机制。必须建立政府财政信息的披露机制，只有充分公开信息，公众才能对政府的财政行为进行有效监督，政府预算才能得到有效执行。三是建立政府违法的有效惩罚机制。四是构建社会共同监督机制。提高政府预算的法制化程度，真正发挥政府预算的约束力，必须同时提升政府的法治意识和公众的监督意识，而要实现这一点，制度保证必不可少。重点要解决预算收入执行超收、预算调整、定员定额、项目评估、先期执行以及《预算法》修订五个方面的问题。

（三）择机引进激励机制

绩效预算是一项顺应经济社会发展和政治治理模式变迁的改革。绩效预算是指由政府部门在明确需要履行的职能和需要消耗的资源的基础上确定绩效目标，编制绩效预算，并用量化的指标来衡量其在实施过程中取得的业绩和完成工作的情况。多年来，中国在传统政府治理框架以及投入控制型预算模式下，政府行政运作一直表现出低效率—低效益等资源浪费问题，由此引致的税负增加、财政低效益、管理落后和民众信任危机就成了中国推行绩效预算的直接动因。通过修改《预算法》，甚至制定《政府行政绩效法规》来建立一个能够切实推行绩效预算的政治人文环境。首先，初步建立以成本—收益或者产出—结果为导向的政府绩效预算模式，转变传统的以投入为重点的预算管理模式，构建起以预算产出和结果为衡量标准与指导方向的预算绩效管理模式。其次，将权责发生制引入绩效预算。再次，政府层级扁平化，减少代理链条，增强公民作为委托人对预算的监督，从根本上遏制公共政策执行过程中的“漏斗效应”。最后，增强预算的透明度，坚持对预算内容的公开，强化公民对预算监督的责任和义务，这也是真正落实绩效机制的最后保障。

（四）关注预算执行效率

为了完善公共财政体系，推进财政科学化、精细化管理，强化预算资金的使用效益，就必须关注预算执行的效率，即预算绩效管理。预算绩效是指预算资金所达到的产出和结果。预算绩效管理是政府绩效管理的重要组成部分，是一种以支出结果为导向的预算管理模式。它强化政府预算为民服务的理念，强调预算支出的责任和效率，要求在预算编制、执行、监督的全过程中更加关注预算资金的产出和结果，要求政府部门不断改进服务水平和质量，花尽量少的资金、办尽量多的实事，向社会公众提供更多、更好的公共产品和公共服务，使政府行为更加务实、高效。推进预算绩效管理，有利于提升预算管理水平、增强单位支出责任、提高公共服务质量、优化公共资源配置、节约公共支出成本。

为了从根本上关注预算执行的效率，各级财政部门和预算单位要切实统一思想和认识，切实做好预算绩效管理：第一，加强组织领导。各级财政部门要切实加强对预算绩效管理的统一领导，健全组织，充实人员，统筹规划，合理安排，理顺工作机制，理清工作思路，明确工作目标，制定具体措施。第二，建立健全制度。抓紧研究制定预算绩效管理规章制度，完善预算支出绩效评价办法，健全预算绩效评价指标体系，建立绩效评价结果反馈制度，推进预算绩效管理信息系统建设，为预算绩效管理提供制度和技术支撑。第三，推进相关改革。完善政府预算体系，研究完善政府会计制度，探索实施中长期预算管理，编制滚动预算。第四，加强宣传培训。要充分利用各种新闻媒体、政府网络平台等，积极宣传预算绩效管理理念，培育绩效管理文化，增强预算绩效意识，为预算绩效管理创造良好的舆论环境；要加强预算绩效管理专业知识培训，增强预算绩效管理工作人员的业务素质，提高预算绩效管理的工作水平。第五，建立考核机制。采取重点督查、随机检查等方式，加强预算绩效管理推进工作的督促检查，发现问题及时解决。建立预算绩效管理推进工作考核制度，对工作做得好的地区和单位予以表扬，对做得不好的地区和单位予以通报。[①]《预算法》修正之后的第六章对预算执行做出了修改，明确各单位的责任主体以及支出、上缴等的具体管理规范，为提高预算执行效率做出更好的硬化约束。

（五）加强人大等部门的监督与巡查

根据监督主体的不同，政府预算的监督模式划分为社会监督和国家监督两种模式。预算反映整个国家的政策，规定政府活动的范围和方向。预算信息公开是公共财政的本质要求，是推进政务公开的重要内容，也是各级财政部门和各部门贯彻落实《中华人民共和国政府信息公开条例》要求的具体体现。积极做好预算信息主动公开的工作，包括明确预算公开主体；主动公开预算、决算；积极推动部门预算公开；各级人大对于预算、决算报表以及部门预算报表的格式和内容有其他要求的，或要求另行报送

---

① 参见财政部〔2011〕416号文件《关于推进预算绩效管理的指导意见》。

其他报表的，按人大要求报送；大力推进重大民生支出公开。除上述内容外，还可结合当地预算公开的实际情况，按照《条例》要求公开其他预算信息，积极主动做好预算信息公开工作。[①]

另一方面，以促进人大对政府预算的实质监督、减少监督成本、提升监督能力、强化监督力度、加大惩罚力度为突破口，将人大监督作用贯穿于财政预算制定、调整、执行全过程，确保政府财政真正起到应有作用。首先，完善人大内部的预算监督组织机构，是促进人大对政府预算实行实质监督的必要条件。其次，整合人大预算审查监督与政府审计监督职能，是减少人大监督成本并迅速提升人大监督能力的有效途径。中国目前的行政性审计在提升政府运转效率上存在弊端，人大无法充分利用现有的审计资源提升监督能力。因此可以考虑整合审计职能与人大现有的审查职能，将行政审计模式转变为立法型审计。再次，加强人大对政府财政预算调整及预算执行的监督，是强化人大预算监督力度的最直接方式。中国预算执行的监督力度不够，其中重要原因是法律不够完善。例如，《预算法》第九条规定“经本级人民代表大会批准的预算，非经法定程序，不得改变”界定得相对含糊。而《预算法》（修正稿）第六十六条规定“预算调整是经全国人民代表大会批准的中央预算和经地方人民代表大会批准的地方各级政府预算，在执行过程中出现下列情况之一的预算变更：（一）本级人民代表大会批准的收支平衡的预算出现赤字，或者举借债务数额增加的；（二）需要增加预算总支出的；（三）需要调入预算稳定调节基金，或者需要减少预算总支出的；（四）需要调整预算安排的农业、教育、科技、文化、卫生、社会保障等重点支出数额的”。很明显，与之前的第五十三条中“特殊情况”相比较则更加明晰，人大及其相关部门在此基础上也可以做到有法可依，更好地履行其监督职能。

第四节 总结

早在西汉时期，司马迁就曾经写道：“天下熙熙皆为利来，天下攘攘皆

① 参见财政部〔2010〕31号文件《关于进一步做好预算信息公开工作的指导意见》。

为利往。夫千乘之王，万家之侯，百室之君，尚犹患贫，而况匹夫……”形象地描绘了天下人为了利益蜂拥而至，为了利益各奔东西的生活画卷。对“经纪人”的理解，让我们进一步看到所有的微观经济行为主体都具有自利的一面，一个主要的目标都在于追求自身利益最大化。上面的三节分析了财政分权体制改革视角下的地方政府行为，其主要内容都是题中应有之义。

地方政府作为一个人格化的微观主体，更多地表现为主要领导的价值观念，这一点在西方公共选择经济学中得到很充分的解释。探寻中国改革开放以来的政府政策选择，其根本出发点在于地方政府的主要代理人——各级政府领导的理想和目标。主要表现为以下几个方面。

第一，作为“为官一任，造福一方”的地方官员，仍旧以追求地方经济利益为主要内容。为了实现任期内的业绩目标，各级政府领导要保证足够的可支配的经济资源和财政收入。财政分权体制改革为地方政府的可控财政资源提供了很好的激励。地方政府为了实现可控收入最大化，不惜采取一些手段。首先，调动一些社会资本，充分利用中央政府的政策、经济、财政等方面有关规定，尽最大能力向中央要项目、要资金、要优惠政策，提高可控财政收入水平。2012 年 6 月，网上披露，湛江市市长王中丙在国家发改委门口亲吻地方政府从提出设想到被批准长达 34 年时间争取到的一个 700 亿元钢厂投资项目批文的照片红遍网络。“官员”总给人四平八稳的印象，而这位市长在大庭广众下的举动，看来是动了真情。真情的背后，想必巨大的艰辛也得到了巨大的回报。王市长的吻，让我们看到整个广东乃至全国的钢铁产业，都是政府手中的一盘大棋。产能如何规划、在哪里建厂、上什么项目，这些都由各级“英明领导”布局和构思。国家发改委构思全国“棋局”，地方政府为了在“棋局”中分到一杯羹，必须前仆后继地“跑部钱进”，因拿到发改委的“路条”、批文而激动不已[①]。严格来讲，湛江钢铁项目是一个商业决策，它本该由其利益攸关方来决定。负责投资的企业要算好财务回报，当地民众要在环境损失、就业机会和收入增长中做出权衡，地方政府则要尊重当地民意，并考虑是否符合国

① 《广东湛江 700 亿元项目获批，市长王中丙亲吻批文》，资料来源：http：//news. shm. com. cn//2012 -05/29/content_ 3787678. htm，最后访问时间：2013 年 3 月 1 日。

家法律。而现实中，湛江项目由政府推动，最后由远在北京的国家发改委决定。“会哭的孩子有奶吃”，就看哪个地方政府“哭”的水平高了。相信会有很多比这位王中丙更会“哭”的地方领导。其次，努力挖掘地方潜力。充分调动自己的任期内各种类型企业的积极性，出台各种政策，承诺各种优惠条件，在土地、资源、税收政策等各方面给企业提供便利条件和政策支持，以实现地方经济保增长，推动地方利益的目标；与此同时，在追求本地经济利益的同时，也采取地域壁垒的方式提高外部同行业的竞争门槛，让各种资源有选择地进入，为本地利益所用。最后，由地方主要领导和部门牵头努力招商引资、开源节流，实现借鸡下蛋。有人总结了地方政府招商引资的十二种模式，① 其中排在第一条的就是政府组团招商，各级领导集体出行，到各地声势浩大地推荐自己的资源优势和招商项目。虽然这种方式人财物的耗费巨大，而且就形式而言，随着信息化和网络化的迅猛发展，它正逐步过时、消失，但是其毕竟体现了地方政府对这些“母鸡”的渴望与实现当地经济利益的急迫感。

第二，当然，作为政府的主要代理人，地方主要领导并不是严格意义上单纯追求本地经济发展，也存在着追求自身利益的价值取向。一方面，各级官员追求自身政治利益。中国有别于西方国家的政治晋升的一个主要方面是“对上负责”，一旦被主要上级领导和组织人事部门通过各种有形或者无形的选拔考核认为优秀，那么晋升的机会就会大大增加。因此，地方领导追求地方经济利益的根本还在于为追求自身政治利益服务，以便于在自身晋升过程中谋得有利而光彩的铺垫和点缀。值得一提的是，这种选拔评价机制也带来了很严重的社会弊端，从近年来各地纷纷落马的政府高官，从他们为了片面追求政绩而打造的各种劳民伤财的政绩工程、形象工程可见一斑。另一方面，各级官员追求自身经济利益。地方政府官员手里掌握着各种资源，在缺乏监督的情况下，利用政策的漏洞采取或明或暗的手段“自肥”，这类案例无须枚举，也超过了本书讨论和研究的范围。

---

① 《地方政府招商引资的十二种模式》，资料来源：http：//www.topfo.com/Elite/Cases200706/CS-000020070618_ 128358.shtml，最后访问时间：2007 年 6 月 18 日。

第八章

激励的悖论：分权化对企业的经济影响

财政分权体制改革的初衷在于下放事权，赋予地方政府更多的自主权，借以搞活地方经济，推动经济增长。这种体制改革在实行之初的几年，地方可用财力增加，地方政府根据实际发展需要，将财政收入用于本地经济发展且收效显著。然而，在政策实行的过程中，出现了政策激励目标与政策结果之间相背离的新现象，很多财政分权改革初期没有出现的问题逐渐显现，诸如管理权限不明确、资源滥用、国有资产流失、监守自盗，甚至出现与此相关的寻租、腐败等情况，财政分权体制改革在一定程度出现了激励的悖论。

第一节　分权化改革下国有资产“流失的悲剧”

美国的哈丁（Garrett Hardin）教授观察到，“公地”（commons）制度是英国当时流行的一种土地制度，封建主在自己的领地中划出一片尚未耕种的土地作为牧场，无偿提供给当地的牧民放牧。然而，由于是无偿放牧，作为理性人的每一个放牧者，都希望自己的收益最大化，都想尽可能增加自己的牛羊数量，结果牛羊数量无节制地增加，牧场被过度使用，草地状况恶化，公地牧场成了不毛之地。国有资产具有明显的“公地经济”特征，基于“非排他性”特征，使得“在公地上活动的人”在决策时只比较个人的边际收益和边际成本，不会考虑其活动对他人的外部负效应，从而造成资源过度使用和枯竭，发生“公地的悲剧”——国有资产的流失

(Hardin，1968)。[①] 国有资产是通过一定渠道造成流失的，只有确定流失渠道，才能采取有针对性的措施治理流失。

政府职能部门和理论界对国有资产流失的渠道及表现形式分别进行了多方位、全角度的阐述。李荣融总结了国有资产流失的主要表现，认为主要体现在四个方面，即在转让国有产权过程中没有完全进入市场，难以发现国有产权的市场价格，很难判断国有资产是保值增值还是贬值流失；少数不法分子乘机暗箱操作，收受贿赂，低估贱卖国有资产；国有产权向管理层转让问题突出，内外勾结，低估贱卖国有资产；把职工经济补偿金等费用从转让国有净资产的价款中预先扣除，压低了产权转让价格。[②] 李金华从近些年来的审计情况考察，认为国有资产流失主要分为五个方面，即国企改制过程中，有些企业的转让卖出没有经过法定程序，内外勾结造成国有资产流失；改革过程中有些企业逐步把一些优质国有资产分离到副业中，主业管理人员在副业中参股甚至控股；有些效益好的国有企业领导利用亲朋好友成立民营企业，把大量效益很好的业务转包给民营企业从中获利；企业内部分配不公，损失浪费严重；非经济性国有资产，包括国家机关、事业单位办公楼、培训基地，大量财政补贴等的流失问题。[③]

中国的国有企业大都具有典型的“公地”性质，国有资产因其归属全体国民共同所有的特质，而成为一块人人伸手拿的公共地（李红坤，2003)。[④] 在国有资产这片“公地”上通过各种形式和渠道上演了一幕幕巨额流失“悲剧”。虽然政府部门和学者的研究结论具有一定的相同点，但是，也存在着较大区别，还需要进行深层次、规范性、概括性研究。

---

① Garrett Hardin，*Science*，162（1968)：1243－1348.

② 李荣融：《国有资产流失表现在四个方面》，《中国新闻网》，http：//finance. memail. net/050427/129. 5. 1274930. 00. shtml，最后访问时间：2005 年 4 月 27 日。

③ 李金华：《国有资产流失表现为五个方面》，《第一财经日报（上海)》，http：//money. 163. com/07/0510/05/3E3VMPKE002524SJ. html，最后访问时间：2007 年 5 月 10 日。

④ 李红坤：《公地的悲剧：国有经济效益滑坡的一种产权解释》，《财经科学》2003 年第 5 期。

一　公地经济与“流失的悲剧”

用经济学解释，“公地”作为一项资源或财产有许多拥有者，他们中的每一个都有使用权，但没有权力阻止其他人使用，这种产权的无排他性特征，使得在公地上活动的人在决策时只比较个人的边际收益和边际成本，不会考虑其活动对他人的外部负效应，从而造成资源过度使用和枯竭，于是公地的“悲剧”发生了（Hardin，1968）。事实上，公地的本质特征在于决定资产使用方式的产权结构，并非只有自然资源才适用“公地”模型，如果某种资产的产权安排决定了很多人都能不同程度地使用这种资产，那么这种资产就具有公地的特性。美国布兰迪斯大学（Brandies University）国际经济和金融学院的加里·杰弗森教授（Gary H. Jefferson）将“一种由若干层次产权没有完全界定清楚的经济主体构成的经济制度”定义为“公地经济”，并指出这种经济制度产生了大量的寻租行为，从而使经济体系失效和失败。根据这种界定，中国的国有企业大都具有典型的公地性质。

二　国有资产流失的主要表现形式

国有资产流失的渠道及表现形式是非常复杂的，可以说是名目繁多、渠道多变。通过归纳可以概括为以下四种类型。

第一，地方政府决策失误而造成的国有资产流失。具体包括：一是拉郎配，即地方政府为促进地方经济的迅速发展，强行进行重组，对控股权的放弃不够慎重，甚至过于盲目草率，导致新进入的大股东轻易获得控股权；更有甚者，如果重组过程中夹杂着权钱交易和内幕交易，新进入的企业管理者为尽快获得投资回报以补偿其额外“灰色成本”，更有可能大举侵占国有资产获取转移利益。二是自卖自买，一些政府领导和国企管理层在改制中一面高调改革，一面千方百计损公肥私，中饱私囊，大搞“看守者交易”，自己定价自己买，一夜暴富。三是运动式改制，地方政府对于国有企业改制认识不到位，把改制当做甩包袱，认为只要国资退出，劳动合同解除，职工得到相应补偿，改制就算成功，从此与政府再无干系，于是出现了行政命令主导下的“运动式改制”，热衷追求“改制政绩”，不详细制订改革方案，盲目扩大改制面，造成了国有资产的白白流失。

第二，企业改制过程中的国有资产流失。一是蛇吞象，即规模较小的企业，通过种种关系和手段超常规地吞并或者以很小的成本掌控规模、实力远大于自身的企业，由于法律法规的疏漏，一旦监管不力，极有可能出现大股东侵占国有资产行为的发生。二是合并报表，即一些企业通过财务处理技术，搞合并报表式的虚假重组，致使大量国有资产流入个人腰包。三是虚假评估，低估贱卖，指在出售国有资产过程中，一些企业经营者不通过评估，收受贿赂，暗箱操作，内部定价，或者买通评估机构，协助造假，采取转移资产、低估经营利润、把职工经济补偿金等费用从转让国有净资产的价款中预先扣除以压低产权转让价格等手法，内外勾结，低价出售国有资产，暗中分利，导致“肥水流入外人田”。

第三，大股东或管理层出于自身利益考虑，采取非经营手段“内控”而造成的国有资产流失。一是非相关产业重组，指在国有资产改革中，若控股股东实力不强又不能进行相关产业的内涵扩大式重组改制，仅仅进行“非相关产业”式的重组，就会导致被重组企业的核心竞争力无法得到提升，企业不能创造不断增长的利润和现金流，大股东侵占的动机就会大大加强，最后当企业濒临困境的时候，往往会发生大股东侵占、非法转移国有资产以达到“全身而退”的情况。二是零成本购买，中国 MBO 高管存在强烈的机会主义倾向，有些地方在管理层收购过程中大搞“零成本购买”，一些国企管理层通过操纵财务报表压低股价、操纵利润分配以及隐匿扭曲应披露信息等手法，人为压低出售价格，由原企业管理者低价收购，将国有企业搞到手，使国有资产成了管理层的私产。

第四，企业非正当经营造成的国有资产流失。一是体外循环变私有，一些企事业单位故意将部分国有资金不存放在银行，而是私自将资金高息借给一些企业和个人，利息列为账外资产，伺机瓜分，若蚀本则成国家资本弥补亏空。二是寄生公司，有些国有企业特别是垄断行业、高利润企业，把主营业务中的高收益部分独立出来，由企业领导、员工私人投资成立公司经营，获取的高额利润成为职工特别是中高层管理人员的“福利”。

三　所有者主体缺位：国有资产流失的制度成因

国有资产流失的原因是多方面的，如产权交易、债务重组缺乏科学操作规范，市场秩序发育不完善、管理混乱、内控制度不健全，会计行为失真、评估体系不严密，相关的法律法规建设滞后，借企业改组之机中饱私囊、非法侵占国有资产以及地方政府强行企业“拉郎配”甚至权钱交易，等等，然而，其深层原因为在放权让利的过程中企业经营者获得的剩余索取权缺乏与之相对应的监督机制，更进一步地讲，国有资产自身固有体制弊端——所有者主体缺位，是导致国有资产流失“悲剧”的症结所在，具体原因主要有以下几个方面。

第一，国有资产管理体制多重委托代理主体的模糊性。从所有者角度看，中国国有资产的产权主体虚拟性使其在现实中无法追溯到具体的自然人主体，国家及其派生的国有资产管理机构都只能是抽象的虚拟自然人主体，其合法身份只不过是国有资产所有者的代表，无法具备自然出资者所具有的资本增殖动力；而作为国有资产终极所有者的全体国民，由于不具备谈判和订立契约的行为能力而无法获得充当初始委托人的资格，全体国民要行使所有权必须通过多层次的行政性的委托—代理关系才能进行，因而国有资产的代理关系实际上是一种“代理人代理代理人”的关系（叶仁荪，2000）。[①] 这种多层次的委托代理链，造成初始委托人虚置、代理环节成本增多、对最终代理人的监督削减甚至灭失，国有资产的保值增值无从实现。

第二，国有资产管理体制中间代理链条的“非经济性失效”。[②] 在中国，国有资产的委托—代理关系是按这样的顺序延伸的，即国有资产的最终所有者——全体国民委托国家作为“全民财产”的代理者，国家又委托国有资产管理部门作为“国有资产”的代理者，国有资产管理部门再委托国有资产经营公司作为国有企业的投资主体，然后由国有企业及其股份制企业的厂长、经理或董事长、总经理具体执行国有企业保值增值任务。这

---

① 叶仁荪：《从委托代理关系看国有企业制度配置的选择》，《中国软科学》2000 年第 4 期。

② 关于“非经济性失效”的提法，见李笠农《论中间代理链条的非经济性失效》，《经济学家》2000 年第 3 期。

一系列冗长的委托—代理链条，从最终所有者一级到企业经营者一级，中间要经过性质非常不同的委托—代理关系，由初始的政治关系，通过中间的行政关系，最后传递到经济关系。由于中国现行的政治体制和行政体制以及每个链条中的人具有的委托—代理双重角色，国有资产委托—代理关系的有效性很难得到保证，因此国有资产无法得到很好的保护。甚至认为，“在政治体制给定的条件下，这种多层次性的实质，与其说是全体人民与最终代理者的一种经济性的资产委托代理关系，不如说是一种政治性的责权制约关系。因此，中间链条的‘非经济性失效’实质上是政治体制的性质和效率决定的权责制约关系的低效或无效”（刘斌，2003）。①

第三，国有企业激励约束机制存在问题，“内部人控制”问题严重。“内部人控制”失控问题并不仅仅是由于信息不对称与合约不完全等原因造成的，更主要的是由于国有产权委托人不明确，即“所有者主体缺位”造成的。如前所述，在所有者主体缺位的情况下，中国的国有企业委托—代理关系十分特殊。理论上，国有企业的初始委托人是全体公民，但在操作上，公民的所有权通过政府行使，政府再将其委托给国有资产管理部门或各主管部门，这样不仅委托人和代理人的关系难以确定，而且政府作为中间委托人本身缺乏利益约束制衡，其政绩不受企业经营成效的影响，缺乏对企业进行有效监督的动力，机会主义动机严重——管理部门作为委托人，由于没有剩余索取权，于是造成利用、滥用控制权来索取租金；职能部门作为代理人时，由于缺乏合理的激励机制，一方面他们可能对国有资产的管理会采取“不求有功，但求无过”的处理方式，有时甚至会利用信息不对称而产生寻租的行为，与经营者“合谋”侵吞国家资财；企业经营者利用政府和企业对经营决策信息掌握的不对称和市场发育滞后不能提供有效的外部治理手段等漏洞，置国有资产保值增值于不顾，只追求个人利益最大化，造成更大范围内的“内部人控制”和国有资产流失“悲剧”。因此可以说，由“所有者主体缺位”引起的委托问题是“内部人控制”问题产生的制度前提，“内部人控制”实际上是“所有者主体缺位”下现行“委托—代理”链延伸的结果。

① 刘斌：《国有企业“所有者缺位”问题及对策》，《学术论丛》2003 年第 1 期。

特别是在外部治理机制发育滞后的情况下，中国国有企业内部治理问题和流失状况更加令人堪忧。一般来讲，外部治理机制主要包括资本市场和经理人市场。目前，中国虽然已经建立了社会主义市场经济体系的基本框架，商品的市场化程度也已达到很高的水平，但要素市场的发育水平总体还不高，也不够完善。资本市场，尤其是产权交易市场还存在着许多制度性缺陷，经理人市场还没有真正形成，这些都会影响到市场机制的制衡约束功能。资本市场的滞后发育，使得既不能通过兼并收购行为有效制约经营者行为，又造成国有资本的价值评估缺乏客观科学的标准，无法形成一个透明公正的中介评估体系；同时由于缺乏充分竞争的经理市场，上市公司高管人员的聘任和评价都没有实现市场化，市场对经营者的外部约束作用还十分微弱，市场经济条件下的激励约束机制难以建立，国有资产流失在面临“内忧外患”的情况下得不到很好的遏制。

第二节　非经营性国有资产：主体缺位

非经营性国有资产的一个重要组成部分在于行政事业单位国有资产，[①]其数量庞大、种类繁杂；同时，这类国有资产又是保障国家正常运转的物质基础，对于国民经济发展意义重大。2006 年 12 月至 2007 年 10 月，财政部组织开展了全国行政事业单位资产清查。结果显示，截至 2006 年 12 月 31 日，全国行政事业单位国有资产总额达到 8.01 万亿元人民币，其中净资产总额为 5.31 万亿元人民币，占全部国有净资产总额的 35.14%。[②]然而，在中国经济体制的市场化进程中，人们始终将注意力集中在经营性国有资产的管理上，非经营性国有资产的管理问题至今仍被严重忽视，一直没有纳入规范管理的轨道，没有建立专项并且行之有效的管理制度。随着社会主义市场经济体制建设的不断深入，各级政府职能发生了深刻变

---

① 对非经营性国有资产的理解有多个角度。参见徐传谌、郑贵廷《国有经济资源优化配置系统论》，经济科学出版社，2006，第 60 ~ 61 页；邵学峰、安毅：《非经营性国有资产流失的财政分权治理研究》，《学习与探索》2009 年第 4 期。本文的分析视角在于机关事业单位用于正常运行所使用的国有资产，也可看做是狭义的非经营性国有资产。

② 《全国行政事业单位国有资产总额超过 8 万亿元》，人民网，http：//politics.people.com.cn/GB/6813315.html，最后访问时间：2008 年 1 月 23 日。

化，政府活动将更多的转向公共服务领域，也就意味着需要相应的非经营性国有资产提供更多支持。[①] 近年来，理论研究和实践都表明，非经营性国有资产所体现的“公地的悲剧”特点较其他形式国有资产更加严重，存在着较大的管理漏洞和流失规模。[②] 中央和地方政府部门所使用的非经营性国有资产越发引起各界广泛的关注。随着市场经济体制的确立和公共财政的建立，国有资产管理的重点转向非经营性国有资产已成为一种历史趋势。党的十七届五中全会特别提出，要积极探索国有资产监督和经营有效形式，建立健全非经营性资产的监管制度。

一 非经营性国有资产的基本状况和特点

一般而言，行政事业单位非经营性国有资产，是由各级财政拨款、按国家政策规定运用国有资产组织收入、接受捐赠和其他经法律确认为国家所有的、能以货币计量的公益性国有资产以及各种经济资源的总和。按照《行政事业单位国有资产管理暂行办法》，这种国有资产的表现形式为固定资产、流动资产和无形资产、长期投资和其他资产，由各级党政机关、事业单位和社会团体等在非生产流通领域占有、使用，不投入或不直接投入商品经营活动，以实现行政、社会的服务职能而不以营利增值为目的。由于行政事业单位非经营性国有资产不直接参与生产劳动，其本身不具有增值和积累功能，故对资产消耗的补偿只能来源于经营性国有资产的收益转移和财政预算支出，行政事业单位在使用这类资产时不需或只需支付部分占用费，同时，这类资产也无法归入到各级政府的财政预算管理框架，这是行政事业单位非经营性国有资产区别于经营性国有资产的主要特点。

上述特点具体体现为以下四个方面：第一，非生产性。从社会范围来看，非经营性资产主要分布在非生产领域的各种组织中，如党政机关、文化、教育、卫生等事业单位、各种人民团体等，其作用在于保证行政事业单位各项工作能顺利开展。其使用以服务而不以营利为根本目的，且不能

① 庄序莹：《行政事业单位国有资产监管理念与原则的探讨》，《行政事业资产与财务》2007年第1期。

② 邵学峰、安毅：《非经营性国有资产流失的财政分权治理研究》，《学习与探索》2009年第4期。

进行自我再生产、不产生利润，其更新、购建依赖财政资金的支持，与各级政府财政紧密相连。第二，服务的专属性。其使用是资产的纯消耗过程，不直接带来资产的货币化收益，因此不承担经营性资产的增值任务，否则会导致现实中追求资产盈利的欲念膨胀，威胁资产安全，影响公共品的提供。第三，非直接补偿性。行政事业单位的非经营性国有资产主要由各级政府拨款形成，其他来源包括政府划拨的土地使用权，社会捐赠的财产、文物等历史遗产，行政性收费和向消费者收费形成的资产等。第四，实物形态和规模约束。一方面，行政事业单位的非经营性国有资产有多种形态，但最主要的为实物形态，实物形态包括对如属于固定资产的房屋、建筑物、设备、文物、陈列品、图书等，其他形态包括属于流动资产的现金、存款、有价证券、应收预付款等，还包括专利等无形资产。另一方面，在数量上，具有一定的约束，以能为社会公众提供实时恰当的公共服务为限，要与私人部门的经济发展状况相适应，保持动态平衡。[①]

二　非经营性国有资产管理的现实问题

由于缺乏强有力的外部监督和内部约束机制，行政事业单位非经营性国有资产所反映出来的问题颇多。由于行为主体的自利性偏好，非经营性国有资产相比经营性国有资产，具有更为严重的“公地的悲剧”特点。如财政票据使用和管理不规范、擅自开设银行账户、挤占挪用专项资金等，造成了财政资金使用效益低下和财经秩序混乱。因此，加强对行政事业单位财务的有效监管，完善与规范财政财务管理工作，成为当前财政部门面临的重要课题。

第一，固定资产核算不尽如人意。在现行会计制度下，行政事业单位购置固定资产的全部支出都记入当期支出，同时反映其原始价值，不计提折旧。这样一来，资产被长期无偿占有，不评估、不流动、不核算、不提折旧、不考虑损耗或增值因素，会包含很大“水分”，账面上仅能反映当初的原价原值而无法体现其真正的新旧程度和实际价值，初始的原值除了

① 庄序莹：《行政事业单位国有资产监管理念与原则的探讨》，《行政事业资产与财务》2007年第1期。

说明当时的投资外，不能说明其他任何问题，因而也就失去了其原有的经济意义，使经济资源价值的变化情况无法得以真实反映，资产价值被严重高估，既无法对国有资产保值增值提供客观评价依据，无法为固定资产转让清理提供准确评估信息，也不利于固定资产的日常管理。不设置固定资产账目，只列支出不计资产账，账物无法核对；未按品名和类别建立明细账，未按期对固定资产实物进行清理，对新建已竣工的固定资产不及时办理竣工决算，对符合规定标准的固定资产未入账；对报废、遗失或已转让的固定资产长期挂账；对赠送、转入的固定资产未清理入账。[①] 固定资产的报废、调拨和变卖不按规定程序报批，随意处置，对责任人造成损失不报告、不处理更谈不上赔偿或追究责任，造成处置过程的浪费、腐败和资产的严重流失，无法验证资产的真实性和完整性，家底不清，造成较为严重的资产流失。

第二，用往来挂账作弊，导致会计资料失实。除业务上的收支外，在执行预算和开展业务过程中，为完成计划和任务而与其他单位或个人发生大量的资金相互结算账目，无法真实反映财务事实。其一，专项资金挂账。财政部门或上级主管部门拨入行政事业单位专项资金需要按照指定用途专款专用，不能挪作他用。而有的行政事业单位则将专项资金长期挂在往来账上或将结余款不结转。久而久之便模糊了资金来源，意在为转移资金、蓄意挪作他用大开方便之门，易产生诸多弊病，损害国家利益。其二，其他收入挂账。一些行政事业单位除财政拨款、上级补助收入外，还开展有偿服务或其他经济活动，取得部分其他收入，[②] 却没有按照规定及时纳入事业收入，而将其挂在往来账上，逐年结转，造成本年度决算失真。其三，业务支出挂账。将已发生并列支的费用挂入往来账户，年终把应计入当年支出的款项少计或不计入财务决算，以隐蔽超支或虚增结余。其意在为不影响本单位和职工个人利益，将应计入当年的支出置于往来挂账，人为虚增结余，以多提留专用基金，满足少数人利益需求。其四，费用预提。会计核算按规定一般采用收付实现制，但经营性收支业务核算可

---

① 孙晓：《加强行政事业单位的会计核算之我见》，《现代商业》2009 年第 5 期。

② 张静：《行政事业单位财务往来挂账的思考》，《商业现代化》2005 年第 2 期。

采用权责发生制。有的单位混淆二者的区别，在无任何经营的情况下，虚列费用、预提挂账，[①] 以利于申请经费，最大限度地满足本单位的利益需要。其五，私入“小金库”。行政事业单位应实行收支两条线。但有的行政事业单位却将收入支出都放在一个往来账户中，为少数人掌控，在管理部门缺少有效监督前提下，成为少数人的“蓄水池”。

第三，使用不规范的原始凭证及票据。有些单位的原始凭证要素不全，大笔资金支出没有明细报销事项，与所附原始凭证不符，有的甚至自制原始凭证，格式内容都不规范；用白条代替正式发票或收据，购物发票不填写数量和单价、内容笼统，有的甚至没有售货单位盖章；购实物的凭证只有领导签字而缺少验收人和经手人签字，手续不严密；领取的专用收据和非经营性统一收据未按规定建立领、销、存、登记制度，未严格按规定使用和保管，造成票据管理混乱，发出去的票据常年滞留在外而不能及时催收，使一些收费人员钻了空子，造成挪用收费款等违法违纪现象。

第四，财务管理与会计核算脱节。有的会计人员由于业务素质不高，不熟悉行业经济业务，造成记账随意，手续不齐，差错严重等，账务处理缺乏合理性、科学性。一些机关事业单位内部管理松弛，账目混乱，财产不实，数据失真，经营者企图掩盖真实财务和经营状况，而会计人员恰恰受职责范围及道德素质水平的限制而被动受制于经营者，伪造、变造虚假的会计凭证、会计账簿、会计报表，所反映会计信息的真实性和完整性难以保证。也有些机关事业单位会计人员由于自身职业道德欠缺而不认真行使会计监督职权，使一些主管财务的领导、业务经办人员钻了内控不严的空子，非法侵占单位资金。

三 原因剖析

总结非经营性国有资产的现状和问题，根本原因在于其“都使用”与“都不管”的特有属性，导致非经营性国有资产产权主体不清而形成更加严重却相对隐蔽的“公地的悲剧”。

第一，产权归属不清，管理体制滞后。理论上，国有资产属于国家，

---

① 张静：《行政事业单位财务往来挂账的思考》，《商业现代化》2005 年第 2 期。

行政事业单位的国有资产主要由各级财政拨款形成，但国家长期以来对行政事业单位国有资产疏于管理，国有资产管理体制本身也存在缺陷，一直未能准确界定行政事业单位国有资产由谁管理、怎样管理，导致产权归属不清晰，管理体制不顺。这就使行政事业单位对于自身的国有资产存在认识上的偏差，很多行政事业单位不是代表政府行使所有权，而经常把国家拨给的国有资产当做自身的资产来使用，同时，由于没有明确规定由哪个部门对国有资产进行管理，导致财务监管更加流于形式，也导致了国有资产的大量流失。

第二，管理权限不明，职能重叠交叉。财政部门对行政事业单位财务管理侧重于经费管理，以拨代支，单位的会计核算部门侧重于收支核算，只考虑收支平衡，而单位承担资产管理责任部门一般由总务、后勤等部门兼管，因此，作为资产管理的三个环节未能相互制约，形成合力。造成对资产管理中发现的问题，相互推诿，变成三家都管，三家都不能真正负责的局面。行政事业单位对国有资产的使用及处置浪费现象严重，对责任人随意处置国有资产时造成的损失不报告、不处理，更谈不上赔偿或追究责任，因而成为贪官贪污舞弊的有效工具和手段，造成国有资产的大量流失；使用的过程中又疏于管理，资产的实物管理与价值管理脱节，资产没有得到充分利用而是被大量闲置，这都跟各单位审批制度不合理有很大关系，审批制度不合理又致使财务监管难度加大，在保护国有资产安全完整方面愈显无力。

第三，财务制度缺失，运行效率低下。中国国有企业内部财务管理制度不健全主要表现在两个方面：一是控制体系不合理。如会计岗位设置和人员配置不当，业务交叉过杂，职责不明；会计的事前审核、事中复核和事后监督流于形式；如常规性的印单（票）分管制度、重要空白凭证保管使用制度及会计人员分工中的内部牵制原则等没有真正落实，会计凭证的填制缺乏合理有效的原始凭证支持等，企业会计控制残缺不全。二是控制体系没有落实。虽然较全面的制定了内部控制制度，但不执行、不落实，使制度流于形式，未能有效发挥作用来制约会计违法行为。①

① 林莉静：《基于防范国有资产流失的财务监管问题研究》，《集团经济研究》2006 年第 1 期。

第四，预算约束偏软，激励机制不足。预算软性约束放大了行政事业单位的自利性偏好，在一定程度上成为地方经济增长和深化改革的阻碍。[①]由于产权归属不明确，作为国有资本出资人或出资人代表的政府部门、上级单位等并不是经济意义上的投资者，这种国有产权不明晰或"所有者缺位"导致了无人或无力真正担负起对经营者实施产权监督的职责。另一方面，国有资产产权代表由于只是具有"官员"身份的干部而不是资本所有者，其实施财务监管的内在动力仅仅来自作为一个"官员"的责任而非与其自身利益相关的激励，而这种责任在工资奖金以及各种隐性收益面前往往无能为力。在企业内部，会计行为的价值取向直接受制于经营者的利益偏好，赋予财会、审计等内部职能部门监督经营者的制度与企业管理层级原则（下级服从上级）相悖，结果必然是"顶得住的站不住，站得住的顶不住"，监督流于形式，财会人员成为经营者直接操纵和反映其意图的工具。会计舞弊、人为调节成本、收益及串通弄虚作假屡见不鲜，防不胜防。

四　分权改革下的治理缺失

国有资产由于"所有者主体缺位"的体制性弊端，具有比较明显的"公地经济"的产权特征，导致各级政府、各个部门之间相互推诿，无法明晰这些资产的归属。由于非经营性国有资产市场秩序发育不全、量大而面广、构成情况复杂、管理主体分散、内控水平参差不齐，所反映出"公地的悲剧"的特点更加明显，存在着较大的管理漏洞和流失规模，甚至成为少数人腐败、寻租、"监守自盗"的猎物。在国有资产管理体制改革处于关键时期的背景下，非经营性国有资产地位愈发重要，但至少从目前看，对其管理却相对被忽视和滞后。尽管这一问题已经引起了各级政府部门、理论研究机构的高度重视，也出台了一些政策措施并在局部产生了一定效果，但是，都没有从根本上对该问题进行有效的分析和研究。的确，非经营性国有资产具有一般性国有资产的特有属性，也与经营性国有资产具有相同之处，但是，它也具有自身独特的方面。

---

① 邵学峰、邹昌志：《预算约束、地方政府偏好与国有企业改革》，《江汉论坛》2009 年第 1 期。

也正是由于这一原因，对非经营性国有资产的研究及其流失的治理要有别于其他国有资产。

我们的结论在于，通过有关部门归口管理或者通过市场化原则对非经营性国有资产进行治理都有失偏颇，对非经营性国有资产的管理需要确立合理的财政治理模式，以体制机制创新强化和规范财政管理方式和管理策略。其中，要特别强调分权框架下的国有资产管理效率，制定行之有效的激励政策和约束机制，提高非经营性国有资产的使用效率。

第四篇　发展与完善

第九章
完善的路径

财政分权体制是构建中央与地方关系以及地方各级政府之间财政关系的基本体制模式，也是政府参与市场经济行为，促进经济社会发展的重要方式。党的十六大把“社会更加和谐”作为中国未来发展目标之一，在十六届四中全会上明确提出“把构建和谐社会摆在重要位置”，党的十六届六中全会以高度的责任心和先进性提出“构建社会主义和谐社会若干问题的决定”，表明党正领导全国各族人民共同建设、共同享有和谐社会。和谐社会需要和谐财政（邓子基，2007）。优化和完善财政分权体制在构建社会主义和谐社会中必将大有作为。

第一节　面向和谐的财政分权改革

一　思考的标准和尺度

近年来，部分学者和政府官员就如何构建和谐财政阐述了一系列观点。对财政功能的理解上，认为和谐财政要具有三种功能：一是促进社会和谐，即通过财政的转移支付职能，缩小社会收入差距，保障社会公平进而推进和谐社会的构建，这是目前国内一部分学者所指的和谐财政的基本内涵；二是促进经济和谐，财政政策和经济运行之间必须保持和谐运行，这是财政的又一基本职能，具体体现在财政收入的总量、结构必须与经济运行保持合理的规模和比例，财政管理体制及收支总量、结构只有符合经济正常运行的需要，才能保障经济的有效运行；三是促进经济和社会的共同和谐，过度的强调财政政策的社会和谐功能必然导致平均主义，经济增长将缺乏后劲，社会的经济和谐运行将受到影响，反过来又必然导致财政政策的社会和谐功能难以实现①。对财政的目标及政策导向上，认为和谐财政就是道德上优先性的财政，在财政分配领域，应该以道德优先性作为准绳，以满足穷人的基本需要作为最低要求，以穷人的福利权利应该优先于富人利用剩余产品进行奢侈消费的权利作为价值尺度，最终达到公平正义②。在笔者看来，科学发展观指导下的社会经济需要兼顾人与人、人与自然、长远和未来、现实与可能等多方面的关系，和谐财政要关注于社会经济各方面利益的相互平衡和公平，与此相适应，适时调整财政理念，并以调整财政政策推动社会和谐发展。

第一，和谐财政分权体制改革的目标在于提供高质量的公共产品和服务。迄今为止，财政形成了三种不同类型，即自然经济状态下的“家计财政”、计划经济状态下的“国家财政”和市场经济状态下的“公共财政”（唐朱昌，2004）。公共财政的实质是市场经济财政，其核心在于弥补市场失灵，建立以财政主体在内的“公共服务”体系，在提供高质量的公共产品和服务、促进社会保障体系和社会公平的前提下，通过财政结构优化，提高满足公共支出的收入规模，实现经济公平。亚当·斯密最早提出了“平等”“经济”的财政思想，主张根据公平原则去制定适当的财政政策。也就是说，一方面，为政府财政支出提供保证；另一方面，存在必要的调控功能，其职能、范围以及财政目标被包括在公共财政“以支定收”的框架之下。在经济转型阶段，衡量政府参与市场的质量内涵，确定和谐政府的发展目标，需要构建合理的财政管理框架，通过财政模式再造的形式，对财政制度和体制进行结构性调整，促进财政质量提高、财政和谐以及通过政府参与经济调节，实现和谐政府的发展目标。

第二，和谐财政需要实现效率与公平二者的协调。成熟的市场经济

---

① 周建元：《和谐财政的三种功能》，《中国财经报》，http：//www. cfen. com. cn/web/cjb/，最后访问时间：2007 年 4 月 24 日。

② 孙永尧：《关于和谐财政思考》，http：//www. studa. net/yanjiu/061014/10375543. html，最后访问时间：2006 年 10 月 20 日。

体制，必须建立在有效率的资源配置基础上。“人们否定传统的计划经济模式而选择市场经济模式，其实质是选择了效率作为优先发展的目标”（程远光，2003）。财政政策及其管理体制在实现资源配置、合理调拨资金、提高资金运营效率等方面发挥着重要作用。但是，公平问题，特别是社会公平也需要摆在重要位置。随着科学技术的进步，人类社会已经进入知识经济和信息化时代，技术进步对经济增长产生了极大的作用。在这种社会和经济背景下，作为“自动稳定器”的财政政策，无疑能够在缩小社会贫富差距、促进社会公平方面发挥作用。财政分权体制改革要以财政政策调控和构建和谐财政体制为目标，在保证分权效率的前提下，促进社会和谐与分配和谐，实现财政的基本职能。特别是对于生产力水平相对落后的地区，其经济发展虽然仍旧坚持发挥市场配置资源基础性功能，把效率放在突出的位置，但是，仍需要运用财政调控手段，渐进式地突出公平的主体地位，以公平为效率搭建继续拓展和提高的平台。

第三，和谐财政要以增进社会福利为根本目标。在政府与市场关系中，当市场无法通过自发的机制和手段来保证值得珍视的“福利和生活质量”的时候，政府构建的合理的、可持续目标就会推动社会进步，政府的调控政策在一定程度上可以弥补市场失灵。阿马蒂亚·森（2003）揭示了收入差距对自由发展的影响和制约，认为“如果我们有理由抱怨的话，倒不如说是因为在很多经济学研究中，对不平等所赋予的相对重要性，只局限于非常狭窄的领域，即收入不平等。然而，收入不平等和经济不平等的区别是很重要的”。财政体制推动社会公平可以通过财政收支的分配方向、分配规模和分配结构的调整来体现对社会进步的意义，财政体制推动经济公平同样可以作为衡量更广泛的、对社会福利乃至生存质量的不同程度的基本尺度。

综上所述，构建和谐的财政分权体制，需要注重效率和公平的辩证统一关系，实现二者之间的均衡发展，以促进财政调控政策的转变和财政目标的适时调整。随着我国经济转型进入关键时期，要在科学发展观指导下及时更新理念和思维模式，凸显公平的重要作用，确立公平优先、以公平促进效率的财政思想，通过财政分权体制改革和财政政策的调整进一步缩小收入差距、增进社会福利，推动社会和谐稳定发展。

二　基本的目标

构建和谐社会下的财政分权体制，需要制定多方面发展目标。邓子基（2007）认为，建立和谐财政体制应该从如下几个方面着手：一是建立和谐的各级政府事权；二是合理划分税权，建立适度集权和适度分权的分税制模式；三是在财力和事权合理划分基础上，根据受益原则、适当原则、规模原则、便利原则，合理划分地方与中央主体税种，尤其是当前形势下构建适合中国经济发展的地方税主体税种，完善中央与地方共享税分成办法①。陈共（2007）认为，当前进行财政体制改革要关注以下目标：一是以制度化方式合理确定事权划分，确保各级政府在事权和财权上的相对独立性；二是合理划分财力，保证体制的相对独立性、稳定性和协调性；三是加强各级政府间的协调合作，增加财政体制的制衡性；四是规范、完善省级以下的转移支付，强化体制的相对独立性和稳定性；五是财政体制法律体系的协调配合，保证体制的稳定性、制衡性；六是各级政府要建立预算制度，上下结合负责的机制。在笔者看来，促进地方均衡发展的财政分权体制，要处理好以下几个关系。

第一，处理好中央与地方、地方各层级之间的关系。作为财政体制公共化的结果和重要组成部分，构建符合中国国情、与市场经济体制相一致的中央和地方、地方各层级之间的关系，既是提高经济效率和发展水平的关键环节，也是构建服务型政府、提高政府服务质量的主要组成部分，在中国财政体制改革中居于十分重要的地位，是财政分权体制改革最根本的目标。在笔者看来，处理好中央与地方、地方各层级之间的关系，在于理解全局利益和局部利益、增长和平衡、竞争和协调、外部性与一体化四方面的内涵。其一，中央与地方之间的关系其实就是经济发展中的全局和局部的关系，局部利益要服从全局利益，全局利益要兼顾局部利益，偏离全局利益的局部利益是孤立且不可持续的，而忽略局部利益的全局利益也是

---

① 邓子基：《和谐社会需要和谐财政》，http：//www. xmcz. gov. cn/tqck/tqck073/lltt/，最后访问时间：2007 年 9 月 1 日。

脱离实际而空泛的。财政分权所体现的中央与地方关系的根本在于处理好各个层面的利益关系，充分发挥他们的积极性，促进地区经济增长和社会进步。地方各层级之间的关系同样如此。其二，中央与地方、地方各层级之间还体现了增长与平衡的关系。分权的出发点在于赋予下级组织以自主权，促进本地经济增长，继而实现整个地区、全国经济的整体发展。然而，如果少数地区经济增长过快，就会形成系统内的收入差距过大。这种由于增长的不均衡带来的差距过大会成为经济增长的阻碍，影响社会安全与稳定。而社会安全的责任恰恰是中央政府需要承担的。因此，正确处理好增长和平衡的关系是中央和地方合理分权的前提和保证。其三，地方之间在分权体制框架下通过竞争获得经济增长，以不断提高经济效率。但是在全国或者相对较低的地区范围内，一个较小辖区的经济增长如果缺少必要的与其他相同规模辖区的协调和配合，则会抑制经济增长，或者无法充分发挥经济效率。中央和地方乃至地方各层面之间，在下层增长前提下建立上层协调机制，以实现均衡发展的目标和全局范围的资源优化配置。其四，地方或者层级较低的辖区的经济增长要充分考虑本地区的成本—收益之间的关系，而在其经济增长过程中难免会产生外部性，从而形成一种失灵或低效率行为。在上述情况下，可以通过诸如合并等提高效率的方式形成合理范围内的规模经济，有效促进外部性内部化，而这种机制的建设离不开中央和上级组织的平衡和协调。

第二，处理好集权和分权的关系。中国的财政分权体制脱胎于计划经济时代的传统模式，从已经实行多年的模式看，仍旧存在着对传统体制的路径依赖①。而这种“最初条件持续影响后续行为的系统”也必然导致中央放权也是一个渐进过程。在此过程中要处理好集权和分权的关系。集权和分权的核心在于事权和财权的划分②，也就是说，确定合理的中央与地方在政府责任和收入权力上的关系，实现各级政府“收—支”的合理匹

① 就目前的财政管理体制而言，仍旧存在着对“计划”的依赖，各种报表、汇报、对财政支出和收入的调拨和管控，在不同层面的财政部门都不同程度的存在。这可以看作是在经济转型过程中财政制度对传统体制的依赖。

② 其实，分权还包括立法权力在政府间的分配。但是中国受政治组织形式和管理体制的制约，立法权力在短期内仍旧需要由最高权力机关来行使，而不会在此范围内进行分权。

配，是处理好集权和分权的关键性问题。其实，并不存在严格意义上的集权或分权，特别是在中国这样一个幅员辽阔、人口众多的发展中国家，中央政府也不可能包揽所有的公共产品和服务，即使在计划经济时代也存在一定程度的事权下放，而绝对的分权——公安、国防等也不可能由哪一个地方政府独立承担；相对而言，地方政府在本辖区范围内具有相对事权，事权范围依其管辖范围而定。如果原本应该由中央政府承担的事权推卸给地方政府，则地方就会由于激励不足而导致公共产品和服务的质量不高或者数量不足；如果原本应该由地方政府承担的事权上收到上级政府特别是中央政府，则会造成过度集权带来的信息不对称以及偏好和表露机制不足的问题，导致资源浪费。在笔者看来，处理中央和地方的集权和分权的关系，关键在于界定政府间的职责范围，以法律的形式规范各级政府的权责制，做到“上（级政府）”不越位，“下（级政府）”不缺位，各级政府分别承担其责任和使用其权力；同时在渐进化分权过程中不断提高分权效率。

第三，处理好财政支出和收入的关系。分权化改革在于更好地提高财政运营效率。财政政策凭借着收入和支出“两翼”来实现对经济的调控，而这两个方面既涉及政府各层面内部规模和结构的关系，也涉及中央和地方、地方各层面之间的结构性调整，从而构成一个财政政策执行过程中的网络系统，共同担负着财政分权框架下促进地方经济发展的责任。抽象地看，为了推动地方经济的均衡发展，在财政收支关系上要考虑如下内容：其一，政府间财政收支规模。地方为了自身经济发展，充分挖掘本地区税源，以推动本地区经济增长。然而，地方财力在规模上毕竟存在着局限性，其收入规模无法满足支出需求；如果考虑到地方政府的投资冲动，财政缺口则更大。在此情况下，中央有必要约束地方财政收支。如果地方出于本地区经济发展的需要，并且这种投资或资金缺口在合理范围内，中央则有义务通过必要的机制（如专项拨款）等方式激励地方政府自主进行或者以中央和地方共同融资的方式进行；当然，也会存在地方政府投资过度膨胀的倾向，则中央有义务通过其监督和信息获取机制进行必要的约束。这种情况在地方各层面同样存在。其二，各级政府的支出结构。中央从全局利益出发，对地方财政支出渠道和结构进行指导，以避免地方财政支出结构的不合理状况，以兼顾财政支出结构的重点和一般，实现资源的优化配置；地方通过意愿表达机制和信息沟通机制，向中央反馈地方公共产品和服务的需求，以利于经济效率的提高。其三，财政收入结构的优化和协调。财政分权实现了对地方的激励，促进其充分扶植和挖掘地方税源，以利于本地经济发展。然而，在税收的制度性约束和中央财政增加财力的前提下，地方存在着“收入外移”的倾向，即不断扩大预算外收入甚至制度外收入规模，以非税收入弥补税收收入的不足①，从而弱化了分权化体制改革的效率。中央事权的下放必然需要以财权的下放为前提，以保证财政分权对地方经济发展的促进作用。

第四，处理好中央与地方政府的激励关系。财政分权体制改革改变了原有体制框架下地方政府对中央政府、企业对政府的依附关系，使地方政府能够自主地为辖区提供公共产品和服务，使（国有）企业可以真正成为市场经济条件下自主经营的经济主体。市场化改革过程中各利益主体依据体制调整而改变自己的选择，也面临着财政分权对中央、地方政府及企业的激励关系调整。其一，中央与地方政府的关系。财政分权使地方政府可以充分利用信息优势提供比较好的公共产品和服务，而中央政府逐渐从直接管理转变为间接管理，仅保留涉及全国性的公共产品供给功能。因此，对于地方政府而言，要充分发挥自身效率推动本地经济增长，同时还需要履行本地经济发展的其他目标和承担社会责任；而对于中央政府而言，体制框架下下放权力和责任，也导致其管理范围和程度的弱化，而政府代理人——政府官员——管理和服务的能力、观念等方面的提高和转变也存在着相对较长的过程。中央政府出于宏观调控的需要②，仍然能够“在基本面上有效控制地方政府的行为”（胡书东，2001），因此，为了更好地对地方政府进行激励，需要在制度建设上规范政府间的权力和责任。其二，地方政府和企业的关系。财政分权改革之后，落后地区和发达地区的地方政府为了提高本地区经济发展水平，与企

---

① 当然，非税收入中也存在着一些中央政府允许的收入来源。但是，从发展趋势上看，即使是这类“有规定”的非税收入也是需要进一步规范和减少的。

② 现实情况是，即使已经规范了中央政府的管理权限，但是中央政府官员仍旧存在着诸多领域的“越位”，干预地方政府的经济行为，导致对地方激励的弱化。

业的关系也存在着两种倾向。对于落后地区，一方面，各级政府官员不计成本地招商引资；另一方面，却对本辖区企业在税收上给指标、定任务，以实现“养鸡下蛋”的目标。对于发达地区，一方面，企业投资属于自主行为，政府部门主动提供高效的管理环境和基础设施，因此不需要在吸引投资上投入过多的资金；另一方面，由于辖区内收入宽松，甚至出现地方政府和企业“共谋”隐瞒税源，实现“藏富”的目的。地方政府和企业的截然不同的两种行为选择是分权体制下对其激励的一种结果，也是中央政府需要认真解决的问题。其三，软约束的硬化过程。研究表明财政分权可以硬化预算约束。然而，就目前中国财政分权的情况看，由于地方政府在财权上还没有完全独立，还不具备对中央政府有效约束的压力。同时，纳税人（选民）还不具备蒂伯特模型中描述的完全自由的意愿揭示（退出或表达）机制，也就不能形成一个比较有效的激励和约束机制，如何在财政分权体制改革过程中硬化预算约束也是完善体制改革的目标。

第二节 向改革方向迈进

正如丹尼尔，W. 布罗姆利（2006）的阐述：“如果效率和分配观念是福利经济学和公共政策核心，那么经济制度也是核心。”地方经济发展需要效率和公平二者之间的均衡，需要不断完善财政分权体制，并以此作为地方经济均衡发展的推动力量。

一 对政策的修缮

财政分权体制改革不仅仅是单纯意义上的政府财政关系的调整，其涉及范围十分广泛，涵盖了政府在参与市场经济活动中的重要领域和内容。同时，完善和深化财政分权体制是一个渐进的发展过程，而这种体制所依托的基础性条件也是十分关键的内容。为了进一步完善中国的财政分权管理体制，需要在以下四个方面加强基础性建设。

第一，创建服务型政府，促进地方经济发展。现代市场经济条件下，政府参与市场经济行为具有双重角色，一方面，作为市场运行的“运动员”参与市场经济活动；另一方面，作为市场经济的“管理员”对经济活动进行有效管理。作为市场的“管理员”，政府的主要职能在于弥补市场机制调节经济运行的不足，即在市场出现低效或失效的时候进行资源优化配置、提供公共产品和服务、维护社会收入分配的公平以及保持宏观经济稳定等；然而，当市场运行良好的时候，政府过度参与市场的运营管理，则会影响市场经济的正常运行，出现“越位”的情况；而忽视市场管理者的身份，则会出现政府“缺位”的状况。上述的两种状况都会导致政府提供公共产品和服务的失效和低效，甚至成为市场经济正常运行的阻碍。因此，正确认识政府的职能是实现经济正常运行的重要前提。从计划经济向市场经济转型过程中，转变政府职能是一个亟待解决的问题，长远看，甚至关系到经济体制改革和经济发展能否稳定有序地进行。在计划经济时代，政府承担了统揽国计民生的重大责任。与此相适应，财政兼有公共服务和资产管理的双重角色，在很多方面无法调动微观经济行为主体的积极性，对国有企业和广大消费者的激励是十分有限的。随着体制从计划经济向市场经济转型，很多原来由政府承担或管理的支出行为交由市场管理和运行，政府逐渐由直接管理者转变为市场指导者。随着政府职能的转变，政府调控方式、支出规模和结构也相应发生变化，必将涉及财政政策在经济发展中的作用。近年来，政府职能虽然发生较大变化，但是，仍旧有很多方面需要进一步完善和提高。因此，健全和完善财政分权体制改革，必须进一步转变政府职能，使各级政府充分认识到各自的职责范围，确立政府行为在市场经济活动中应该发挥的作用，建立公共服务型政府，这是实现地方财政推进经济发展的前提条件。

第二，压缩政府行政科层，内化财政制度成本。目前，中国行政管理自上而下划分为五个层面，即“中央—省—市（地区）—县—乡（镇）”[①]，这种多层次的政府行政机构对财政收支和管理带来了很大的负担，主要表现为：一是层级过多、机构庞大导致行政效率低下，各级地

① 虽然宪法上规定了行政管理分为“中央—省—县—乡”的级别，而市（地区）仅仅是省一级的派出机构，并不是实际意义上的组织机构。但是，改革开放以来，一些观念认为市（地区）一级管理机构的建立有利于经济建设，从而导致五级行政管理体制的政府层级。

方政府难以合理划分支出责任，部门之间政令不通，相互推诿扯皮；二是机构庞大而复杂造成较为严重的财政负担，在事权划分上难以形成比较规范的管理形式，在财政收入上也会形成“层层扒皮”的现象，导致县、乡一级政府财政困境，甚至会影响到分级财政基本框架的稳定（贾康、白景明，2002）；三是行政设置混乱导致区域之间沟通机制失灵，阻碍了地区经济的均衡有序发展。因此，需要不断进行行政体制改革，通过精简行政科层，实现层级扁平化，以降低地方财政的困难，解决信息沟通和完善监督机制，更好地促进经济效率的提高。“现在的五级政府与1994年分税制财政体制改革的实质性深化发生了不相容问题，即无法按照五级把税种合理切分。经济体制、财政体制改革与行政体制改革之间形成了矛盾，如果我们坚持市场经济体制的发展方向，行政体制就必须与财经改革配套而尽快改革”（高培勇，2005a）。减少政府层级改革可以实行渐进式分步的方式进行，短期内实行“中央—省—县—乡（镇）”四级管理，逐步发展为“中央—省—县”的三级管理体系。其一，压缩市（地区）一级的政府事权和财权，一部分上收到省级的政府部门承担，另一部分先放到所管理的县级政府负责，并相应理顺财政管理体制，逐步以省和县两级管理体制替代市（地区）的全部或部分职能。其二，鉴于目前正在实行的建设社会主义新农村的战略构想，短期内压缩乡（镇）一级的政府尚不具备现实条件，但是可以逐渐对其进行“虚化”，在其仍旧承担部分事权的前提下，逐步减少财政收入的分配权力，将其视同为县级政府的派出机构，把县和乡（镇）放到一个基层政府财政平台上，成为“扁平化”后的基层政府，从而有利于事权的划分、信息的沟通、监督机制的完善以及降低行政体系的运行成本，更好地促进地方经济的发展。

第三，建立地方政府横向协调机制，降低地方壁垒。交易成本理论认为，交易双方如果试图通过第三方的介入来协调彼此间关系，则会导致交易费用增加，而通过协商，则可以建立一种降低交易成本的机制。区域之间“以邻为壑”，相互之间缺少沟通协调，抑制了彼此之间比较优势的发挥，不利于本地区经济增长。地区之间在缺少沟通的情况下，很容易导致重复建设的低效率行为，甚至地方部门之间如果采取恶性竞争，会加剧地区之间的差距，增加竞争成本，影响到经济发展的可持续性和稳定性。随着改革开放的不断深入，中央政府与地方政府的分权改变了后者的地位与利益取向，也为地方政府带来了双重身份：一方面，它是中央政府的“代理人”，要服从于中央政府的利益；另一方面，在一定程度上又是一个地区的“所有者”，通过组织与运用经济资源可以增进自己的利益（张紧跟，2003）。地方政府作为相对独立的利益主体，为横向沟通和协作创造了有利条件。由于各地区之间资源禀赋存在着较大差异，客观上需要通过互利合作而实现利益最大化。因此，打破地方的“诸侯经济”，建立地区之间的横向沟通机制，通过地区之间的横向经济协调与合作，降低地区之间经济发展的交易成本，消除不利于市场经济发展的障碍，使得地方政府之间能够互通有无，促进经济要素的自然流动和跨区的经济技术合作，实现公共产品和服务的规模生产，不仅可以促进本地区经济发展，而且有利于降低地区经济发展过程中的不平衡。

第四，完善政府间监督和信息沟通机制。胡书东（2001）认为，解决政府间信息和监督问题是财政分权的客观基础。一方面，中央政府和地方政府、地方各级政府和企业之间比较完备的信息沟通机制，可以比较有效地降低由于信息不对称导致的逆向选择和道德风险问题，提高经济效率和经济发展水平；另一方面，上级政府对下级政府监督机制的健全，不但可以确保政府事权的有效落实，而且还可以创建合理、公正的政府部门，提供高效的公共产品和服务。因此，建立一个比较完善的政府预算管理体制、行政审批机制以及强化人大的监督制约机制等是财政分权改革促进地方均衡发展的有效保证。其一，不断扩大政府预算管理体制的覆盖面，对政府各项公共支出加强监督和控制，实现有效地管理，降低地方政府由于预算内资金不足而导致的扩大预算外（制度外）支出的倾向。其二，进一步完善政府采购、审批制度，提高统计制度和监控机制的层次和水平，减少和杜绝不规范的政府财政收支活动，建立有效、合理、公正、透明的政府公共资金收支渠道。其三，硬化预算约束，提高地方财政预算刚性，在严格审批和信息顺畅的基础上，减少地方政府官员由于政绩偏好而导致的不合理的支出行为。其四，强化人大的监督制约机制，提高人大代表的管理水平，充分贯彻地方财政的民主监控机制，推动财政在促进地方经济发展中的作用。

二 路径选择

市场经济条件下财政分权体制在渐进的改革过程中逐步完善。按照陈共（2007）的观点，改革的成功在于规范了政府间财政关系、有利于产业结构的合理调整和资源的优化配置、“两个比重”逐步上升、调动了地方组织收入的积极性并促进了地方收入的快速增长。然而，随着中国经济的发展，分权化的财政体制改革也要进一步在实践中总结经验，不断深化和完善。

第一，进一步规范事权和财政支出范围。如上所述，市场经济条件下要明确政府的职责和作用，合理划分各级政府的事权，并本着“一级行政、一级财权”的原则，实行分权化管理。1994 年财政分权体制改革虽然规定了中央与地方政府的事权和支出范围，但是却没有将事权具体化，省以下地方政府的事权划分仍旧含糊不清，容易导致职责划分不明确，甚至出现相互干扰的情况。从近年来的一些经验看，这种情况更加突出。因此，需要进一步规范政府间事权范围，相应对财政支出进行结构性调整。概括地讲，各级政府要关注于本级的基本事权和重点事权，实现以点代面的策略。具体地讲，中央政府将现有事权①作为本级的基本事权，重点事权放在国家战略发展规划、产业和生产力布局、重大基础设施建设、国民收入分配、社会保障体系、公共安全预警保障体系②建设等全局性重大决策等；省级政府将现有事权③作为本级基本事权，重点事权放在区域性经济发展、基础设施建设、社会福利改善、区域性公共产品和服务等方面；借鉴美国、日本、德国等发达国家的经验，在规范行政管理体制的前提下，相应下放一些事权到县一级行政部门，并相应下放财政权力，以杜绝省级政府以下“落而不实”、“一刀切”等低效率状况，减少“给政策不给经费”情况下“体内损失体外补”等变相缓解财政压力的不规范行为，

① 详见本书第三章第二节。

② 包括社会、经济、政治等多角度的公共安全预警管理保障体系。

③ 详见本书第三章第二节。

缓解由于事权下放而财权上收而导致的“倒逼机制”的发生①。

第二，合理划分财权，规范地方政府的非税收入。对财权的划分，主要从立法权、（收入）执行权和使用权等方面来衡量。其一，从立法权来看，很多文献认为可以参照一些国家实行彻底的分权，赋予（省级）地方适度的税收立法权，以根据本地实际情况筹集财政收入。笔者看来，下放立法权至少从目前情况看时机尚不成熟。主要理由在于：①现有政治体制制约了这种财政模式的形成；②地方自主的立法会造成政策洼地，形成更加广泛性的竞争；③实行立法权下放，地区之间会形成差距逐渐拉大的局面。因此，税收立法权仍旧需要由中央和全国人大掌控。其二，从（收入）执行权来看，自 1994 年以来，在划分税种前提下实行分税制财政体制改革，以国、地税两套队伍的格局执行税收制度。但是，这两个机构在执行国家税法过程中存在着多项业务交叉，一些本来属于地税的税款由于划分不明确或者机制不完善而由国税部门征收，上解到中央（省）后再划拨到相应部门；同时，地方（主要是省一级）政府满足本辖区内财政收入，在国税基础上不断追加地方性收入任务，甚至在实际操作过程中变相增加地方税收收入；另外，两套税务机构也增加了数额巨大的税务成本。因此，笔者认为，应在财政政策执行上借鉴部分发达国家的实际做法，本着“精简、高效”的原则，从现有模式逐渐过渡到由一套机构同时征收两级税款，在财政或银行部门按照税种或者分享机制分别划转到中央和地方两级的征收管理体系；同时，建立比较精干的（税务）稽查和（财政）审计机构，对纳税人的完税情况进行检查，保证税法执行和各级税收收入的实现。其三，从税收使用（分配）权来看，进一步完善分享与共享并存的机制。一方面，确保中央财政在总规模中所占比例；另一方面，适当增加地方政府收入，满足地方支出需求。因此，在考虑县级地方经济的前提下，对现有税收分配机制进行调整和完善。①消费税、关税等原属于中央

---

① 在现行财政分权体制框架下，事权范围与财政支出范围不够协调，尤其是新增支出的负担与分级财政体制矛盾突出。由于这些缺陷，下级的收入短缺问题最终会转化为支出问题上交上级，形成支出上的“倒逼机制”。这种“倒逼机制”形成的一个直接后果就是财权向上聚集，事权向下积压。从近年来全国和中央财政收入逐年增加，县（乡）财政却没有根本好转、甚至困难不断增大可见一斑。

级的税收收入予以保留；②为了调动地方政府发展本地经济的积极性，调整增值税、企业所得税、个人所得税的收入分享比例，个人所得税由中央独享，增值税和所得税由中央、省、县三级财政中分享，同时加大地方政府在企业所得税的分享比例；③一些地方性特点较为浓厚的个税以及其他收入规模相对较小的税种，可以下放到省级以下地方政府；④完善省级以下政府的税收收入分配机制，在对现有行政体制进行调整的前提下，适时增加县级财政收入固定渠道和收入来源，激励地方发展本地经济；⑤规范非税收入，降低微观经济行为主体的税费压力，逐步建立和谐的经济环境。

第三，加快各级政府间转移支付制度的建设和实施。转移支付既是财政分权体制框架下调整纵向和横向财政收支不平衡的基本手段，也是通过必要机制引导和平衡基层政府经济活动的必要手段，是目前国际上公认的比较理想的“财政平衡术”[①]。完善政府间转移支付制度是实现地方经济均衡发展的重点，也是现有财政分权体制框架下较为欠缺并亟待解决的问题。1994 年实行分税制财政体制改革以来，转移支付不断规范和完善，但是仍旧存在着一定问题。表现在纵向上，中央转移性支出比重仍旧偏低，对地方的资金支持仍旧不足。“上级政府必然首先考虑本级政府的财政利益，往往会利用其所拥有的体制决策权制定出按行政隶属或行业进行分税的财力分配模式以便自己能够占有大税种和大税源，同时也不愿意通过转移支付的形式向下级政府让渡自己的财力”（王小龙，2004）。表现在横向上，由于地方政府收入差距过大，可利用财力水平悬殊，地方间公共产品和服务差距进一步拉大。造成这种情况的主要原因在于：其一，缺少一个相对规范的转移支付形式和制度框架，多种形式的转移支付并存，导致透明度弱、调节效果较差；其二，纵向转移支付主要通过税收返还的形式进行，而这种形式建立的初衷在于维护既得利益、减少改革阻力，却逐渐成为进一步改革的阻力。一方面，虽然中央在账面上财政收入有所提高，但是实际并没有增加财力；另一方面，税收返还由于基础不同而更加有利于

① 刘旭：《传新分税制调整方案形成，中央与地方将重新分配》，http://news.sohu.com/20080629/n257815307.shtml，最后访问时间：2008 年 6 月 29 日。

发达地区，进一步拉大了地区间经济差距（陈共，2007）。因此，下一步改革的方向是，进一步规范财政转移支付的制度形式，参照发达国家经验和中国的实际情况，按照不同目标逐步调整和健全转移支付制度。首先，建立一般性转移支付制度。实行中央向地方无条件的资金转移，体现公平化、透明化、法制化、信息化的原则，制定合理的划拨程序和标准，兼顾纵向和横向平衡的标准。在纵向上突出中央的资金补助或税收返还，在横向上平衡区域之间的收入差距，以激励发达地区建设经济和对欠发达地区予以补助。其次，建立规范化的特殊转移支付制度。对于不可预期的情况，纵向实行中央政府的专项拨款，横向实行地区之间的横向援助，以降低由于不可抗拒力量所导致的收入差距扩大。同时，出于国家战略发展需要，纵向上由中央财政增加区域性经济发展的启动资金和扩大基础设施补贴，横向上扩大区域之间的经济交流与合作，实现优势互补和规模经济效应。最后，加强和完善省级以下的转移支付体系建设，在中央和省已有经验的前提下，本着突出重点（政策向贫困地区倾斜）、积极稳妥（在试点前提下逐步推广）以及简单规范的原则，逐步扩大转移支付体系向县（乡）一级的延伸，缩小辖区内财力差距，促进区域之间和谐健康发展和提高全社会福利水平。

第四，增强财政预算监督管理能力，提高激励水平。财政分权体制的一个基本目标在于实现对地方政府和企业的激励，推动地方经济增长和效率水平的提高。同时，分权化改革需要建立一个比较健全的信息沟通和监督机制，这既是财政分权目标得以实现的必要前提，也是分权化改革的一个结果。然而，在现有经济分权与政治集权并存的情况下，地方政府及其官员向上负责和向下管理的不平衡状态扭曲了激励效果，导致其“在分税制后（地方）财政收入急剧减少的情况下完成政绩考核指标，并且一直以来‘以经济建设为中心’，更强化追求当地的经济增长来达到增加财政收入的动机”（孔善广，2007）。因此，需要健全和完善对地方政府和企业的监督和信息沟通机制，并且建立符合中国特色的激励机制。其一，增加政府监督部门的管理能力和管理强度，提高人大、政协及其各部门的监督力度，在地方官员考核任命过程中发挥这些部门的作用，不做“绿叶”和“花瓶”，真正发挥其监督职能和作用。其二，改进地方政府及其官员的政绩评估机制和评估体系，一方面，改革考核机构和基层选民的信息沟通机制，充分考虑纳税人的意愿表达，以改变政绩考核与社会利益目标难以相容的状况；另一方面，在评估体系上不仅关注地方经济增长，还需要关注地方“软实力”（如教育、医疗及环境等）和区域内各个基层地区之间平衡发展的问题，以此作为评价政绩和管理能力的补充。其三，不断硬化预算约束，通过必要的信息传输机制，提高上级对下级的信息掌控水平，增强政府与企业的信息沟通，在完善机制过程中硬化约束，提高经济增长效率。其四，鼓励地方部门之间加强协调合作，在区域合作过程中缩小地区之间的差距，促进资源配置优化和社会福利改善。

第三节　配套机制

构建地方经济均衡发展的和谐财政分权体制是一项系统工程，不仅涉及到国家经济战略性调整、经济政策以及财政制度和体制的调整，还需要相关配套设施的建设。概括讲，主要包括以下几个方面。

一　产业结构优化升级

推进产业结构的优化升级是今后一段时期内经济工作的核心。产业结构优化与财政分权体制改革相互配合，可以更好地促进区域均衡发展。产业结构优化和转型的主要措施在于：其一，加快工业结构调整的步伐，采取包括财政支出结构性调整在内的一系列政策，促进地区传统工业企业转型和发展高新技术产业，通过政策性“孵化”机制实现对科技型企业的培养和推动，以实现区域内产品更新换代和产业结构转型，培育地方主打产品和提高竞争优势。其二，加强财政性农业投资支出的支持，优化农业经济结构，确保农产品质量和生产效率的提高，促进农业增产增收，以实现市场经济条件下农村现代化和农民生活水平的提高，缩小城乡之间的收入差距。其三，加强欠发达地区水利、交通、能源等基础设施建设，改善产业布局和结构，提高生产经营的能力和竞争优势。

二 融资结构与融资渠道的优化与拓宽

资本是企业赖以生存的重要资源，如何提高资本配置效率，提高投资效率，以促进经济发展和实现微观经济主体利益最大化，在理论界或实务部门都是值得关注的问题。不同地区由于多种原因，在融资规模、融资能力以及融资渠道存在着很大不同，而资金不畅直接影响到地区经济发展，虽然有地方财政政策和中央财政的转移支付以及政策性支持，然而，资金规模十分有限，难以满足地方经济发展的需求。而建立合理的融资结构和融资渠道，与地方性财政资金相互配合，可以发挥相得益彰的作用。融资结构和融资渠道是多方面的①，都在不同程度上促进地方经济的发展，尤其是债券融资，不但发行成本和资金成本较低、能够发挥财务杠杆的作用，而且对发行企业而言，还具有硬化预算约束的激励作用。在市场经济条件下，企业的债券融资不失为一个良好的融资选择。因此，在现阶段大力发展以企业债券融资为主的融资渠道和融资方式，与地方财政相互配合，为企业和地方性项目寻找资金短缺的解决之道，突破融资渠道狭窄的“瓶颈”，共同促进地方，特别是欠发达地区的经济发展。

三 社会保障体系的建设与完善

在中国经济体制改革过程中，国有企业改革、农村改革、金融改革、就业和再就业制度改革等，在相当程度上，都有赖于社会保障制度改革（高培勇，2005b），完善现有社会保障体系作为改善民生、提高社会福利水平的重要组成部分，可以有效地促进地方经济发展，而财政分权体制改革能够和社会保障体系建设相互支持，共同发挥作用。其一，通过社会保障体系建立一套针对贫穷、年老、失业、病灾以及突发事件等可

① 市场经济条件下，企业融资按照储蓄与投资的联系方式可以分为内源融资和外源融资。内源融资是投资者利用自我储蓄进行投资，外源融资是投资者利用他人储蓄作为投资资金。外源融资具体包括间接融资和直接融资，其中，通过金融机构为媒介进行的融资活动为间接融资，而不经过任何金融中介，由资金短缺部门发行有价证券进行融资为直接融资，主要包括发行股票和企业债券等具体方式。

能对社会带来负面影响的相关措施和制度安排，逐渐消除地区经济发展和管理体制上的不均衡性，缩小区域、行业、部门以及个人之间的差别，实现社会福利的无差别待遇。其二，建立保障性约束机制，规范社会保障资金的收缴形式和比例，形成规范化的制度要素安排，建立具有法律强制效力的制度运行机制，加强对保障资金收缴的硬性约束。其三，社会保障要符合现有社会经济的承受能力，和地方经济发展水平相适应，兼顾企业和个人的负担能力；同时，在中央转移支付和地方财政支持下，平衡地区之间社会保障水平的差异。其四，社会保障资金对社会而言具有相当规模，政府财政部门要充分发挥代理人作用，保证社会保障资金的安全和保值增值。

第十章 研究拓展

回顾财政分权体制改革这个领域的演化，学者们在这个领域所开展的工作已经取得了很多成绩。的确，财政分权对我们的行为影响巨大，以至于稍微留意就会发现它的存在。经济社会体制仿佛一座大厦，存在于经济系统社会文化、道德观念、价值标准的集合空间之中，包容了丰富的制度内涵。财政体制的内在调整在这座大厦整体框架下进一步丰富内涵，让它的功能更加完善且更加丰富多彩。不同经济系统由于构造的理念和价值观念有所区别，财政体制改革的架构和政策工具必然有所不同，但是并不妨碍财政分权的发展方向，这一点在很多经典文献中已经多次得到深刻分析。在寻找财政分权体制改革所具有的普适性的道路上，我们这部著作仅仅稍做点缀。

中国30多年来的经济体制改革就像一部浓缩的历史，走过了国外上百年的发展道路，也在这种快速发展过程中充分体会“成长的快乐与烦恼”。国家各个层面、各个地域具有较大的差异，而这种差异的关键在于发展机遇和经济资源有所不同，因此，在变革过程中必然面临着发展速度、水平甚至分配和社会福利的差别。在经济快速发展过程中，政府的财政收入快速增长，其职能也应该快速转变。财政分权体制改革面临的社会经济问题，对各个层级政府提出了挑战。改革开放总设计师邓小平曾经说过改革就像“摸着石头过河”，积淀于中国特色社会主义基础之上的财政分权改革必然会有挫折和坎坷。重要的是，我们要学会如何过河，这也许就是制度变迁的机会成本。

这部著作的着眼点在于财政体制改革，我们在撰写的过程中也力求围绕这一范畴进行研究和探索，挖掘财政体制与经济的互动关系，从学理的角度分析财政制度的内生性。这部书的研究内容也是我们在过去几年一直关注之处，它的献拙是一段研究的阶段性成果。在组稿的后续阶段，我们发现围绕这一主题，居然还有更多的内容值得深入思考，这些（还会有更多），也许是我们未来一段时间内所关注和感兴趣的范畴。

从政府宏观经济的角度看，财政政策与货币金融政策是两个最主要的政策工具，二者共同发挥作用对实现效率是有利的。当前，一方面进行财政体制改革以推进政府效率，另一方面也在探索有效的企业融资渠道和融资方式。经济系统的中小企业融资渠道创新不仅可以提高经济活力，还可以促进社会资源的优化配置，也有利于提高福利水平。自2008年金融危机以来，美国为了拯救中小企业群这一被誉为“美国经济的脊梁”的困局，国会、财政部和美联储等部门使出浑身解数，先后颁布了《经济刺激法案》（2008）、《美国恢复和再投资法案》（ARRA，2009）以及“启动美国伙伴计划”（2012）等，启动10亿美元资金，激励那些高增长、技术型小企业创新、增加就业岗位。我们的思考在于，借鉴美国通过财政货币政策对中小企业的方式，在财政体制框架下，借助金融机构融资渠道、融资网络的优势，对分布广泛、技术潜力大、就业优势明显、对地方经济发展有带动作用的中小企业扶持深入研究。

中国社会经济的一大现实问题在于“三农”问题，近些年来，随着城市规模扩张，城乡差距不断增大，逐渐出现一些新问题和新矛盾，其中最值得关注的在于农民工失地与农业劳动力城市化转移问题。土地是农民赖以生存的基础，然而近些年来，失去农业用地的农民数量骤增。有专家研究结论显示，目前失地农民达到4000万人，而这些土地被地方政府以出让的方式转让给开发商从事商业性开发，其获益绝大部分被地方政府和企业获得，失地农民仅仅获得少量补偿，地方政府在缺少有效监督情况下无视农民生存甚至到了肆意敛取收入满足地方需求的地步。有研究显示，2010年，湖南衡东县白莲镇白莲村农民的19.3亩地被收购后，开发商获得收益850万元，政府获得收益620万元，而农民只获得47万元补偿。[①] 不仅如

① 《专家称我国失地农民约4千万，愿回乡民工不足1成》，《新京报》，http://www.chinanews.com/estate/2011/10-31/3424379.shtml，最后访问时间：2011年10月30日。

此，这些农民工到城市就业大多从事苦脏累险的低附加值工作，即便如此，愿意回农村定居的农民工也只占8.8%。另外，农民工进入城市后，也带来了一系列诸如人口就业、教育、资源分配、社会福利保障等现实问题。我们的思考在于，将财政分权体制改革与劳动力开发和城市发展相结合，对农民工失地与农业劳动力城市化转移问题深入研究。

到目前为止，我们的研究侧重于财政分权体制改革以来的政策与经济的关系，而与此密切相关，财政制度和管理体制内部的诸多内容也值得研究。从近年来的社会前沿性热点问题来看，增值税转型对企业生产经营方式的激励，房产税在现阶段抑制房价过程中的杠杆作用，各级政府在推动经济发展过程中的资金投入和项目绩效等都是非常有兴趣的研究内容。就房产税而言，这一轮政府宏观调控到目前为止，虽然采取了包括财政税收、货币甚至直接调控等方式，虽然有些阶段的确有一定效果，但是总体看收效甚微，房价居高不下甚至时有伺机抬头的趋势。有资料显示，截至2012年8月，一线城市如北京等地房价又呈现松动趋势，导致一向对房价非常敏感的“温州炒房团”也在筹划带着大批资金和人力进军房地产。我们所关心的问题之一在于，这一轮号称“史上最严厉”的房地产调控的真实效果如何？为什么到目前为止房地产价格仍旧坚挺或者无明显回落？我们所关心的问题之二在于，号称有效的调控杠杆——税收，在这一轮房地产调控过程中为什么收效甚微？郎咸平先生甚至得出“房产税是高房价幕后推手”①。房产税的效用究竟如何呢？这里面既有当前市场的自有规律，也存在制度性内涵。诸如此类的内容，让我们流连于财政分权体制框架下的各层级地方政府财政权力划分和利益分配问题。

中国的环境污染问题越发严重，由此带来了各级政府、企业以及消费者之间的利益博弈。企业的生产经营会对环境造成或多或少的影响，使企业出现经营成本和社会成本之间的差异，导致生产的负的外部性问

① 郎咸平：《房产税是高房价幕后推手，要跳楼进股市》，中国日报网，http：//finance. ifeng. com/stock/zqyw/20120823/6933420. shtml，最后访问时间：2012年8月23日。

题。在过去相当长的一段时间里，各级政府为了尽快推动 GDP 的增长，不计成本的招商引资和“大干快上”追求各种大项目大工程，忽视了这种生产性行为对资源、环境甚至人文资源的侵害。这种行为，如果从对地方经济增长的角度，至少在短期内是有效的；但是由于忽视了潜在的经济和社会成本，对社会造成了重要伤害，甚至很多都是无法挽回的。诸如此类的案例比比皆是。我们的思考在于，在财政分权体制框架下，研究财政政策与环境污染的问题，分析企业生产经营行为的外部性与生态财政的相关内容。

总的结论

这部著作在财政分权经典文献的基础上，对比发达国家的政策实践，针对中国财政分权在地方经济发展中的作用进行了系统研究。

总体看，国内外关于财政分权在地方经济发展中发挥的作用这一方面没有一致定论。一方面，财政分权对经济增长的影响尚存在分歧，一些学者认为财政分权有利于地方经济增长和经济效率提高，但同时有很多学者提出了相反的意见；另一方面，财政分权是否可以实现分配公平、缩小经济差距更是仁者见仁，智者见智。地方经济发展是社会福利总体提高的过程，包括了经济社会发展和进步、效率与公平的合理搭配等诸多方面的均衡状态。财政作为政府参与市场经济活动的重要组成部分，在实现社会资源优化配置、促进公平分配以及保持社会稳定等方面发挥重要作用。财政分权作为政策制度的运行模式，在地方经济均衡发展中的作用是不容忽视的。

国外的经验表明，政府间财政关系各具特色，并没有可供遵循的规律；但是，形式各异的财政分权体制都兼顾了经济增长、收入分配等改善福利的诸多变量的协调和均衡。中国在经济转型前后进行了不同形式的财政分权，其目标都在于调整政府间经济利益关系，以期实现提高地方经济发展水平和加强中央财政调控能力并重的效果。

实践表明，中国现有财政分权体制模式基本实现了阶段性目标，但是仍旧有值得总结和不断完善之处。第一，财政分权在推动地方经济增长过程中比较好的发挥了作用。地方政府在上级政府激励机制下存在着追求经济增长的冲动，但是，这种政府间博弈关系也会产生一定的效率损失。如何在平衡中央与地方利益格局基础上调整和完善激励关系和管理体系，规范政府间权力和责任，不断硬化预算约束，是值得深入研究的内容。第二，财政分权在推动地方经济增长的同时，却不同程度地成为了经济差距拉大的助推力量，特别是在相关配套机制滞后的情况下这种状况尤为显现。因此，在市场经济条件下要明确政府的职责和作用，规范各级政府间事权和财权，不断完善转移支付体系的建设，提高财政预算监督管理能力和激励水平。第三，现有财政分权体制改革总的趋势是好的，但是在实施过程中由于制度性缺失或者运行效率较低而导致一定的不均衡发展态势。因此，需要通过和谐财政体制的构建，实现地区经济增长与收入差距缩小二者之间的平衡，推动地方经济均衡发展。

参考文献

中文文献

1. 书籍

毕世杰、马春文编《发展经济学》，高等教育出版社，2004 年。

陈共编《财政学》，中国人民大学出版社，2007 年，(第五版)。

曹荣湘：《蒂布特模型》，社会科学文献出版社，2004 年。

董礼胜：《欧盟成员国中央与地方关系比较研究》，中国政法大学出版社，2000 年。

高培勇：《中国财政经济理论前沿》，社会科学文献出版社，2005 年。

高强编《日本税制》，中国财政经济出版社，2000 年。

高强编《德国税制》，中国财政经济出版社，2004 年。

高强编《美国税制》，中国财政经济出版社，2000 年。

黄恒学编《公共经济学》，北京大学出版社，2002 年。

胡书东：《经济发展中的中央与地方关系：中国财政制度变迁研究》，上海人民出版社，2001 年。

刘黎明等编《财政体制的理论与模型方法研究》，首都经济贸易大学出版社，2007 年。

刘光耀：《德国社会市场经济：理论、发展与比较》，中共中央党校出版社，2006 年。

李齐云：《分级财政体制研究》，经济科学出版社，2003 年。

林毅夫、蔡昉、李周：《中国的奇迹：发展战略与经济改革（增订版)》，上海三联书店、上海人民出版社，1999 年。

《马克思恩格斯全集》，人民出版社，第1、2卷，1995年。

乔宝云：《增长与均等的取舍——中国财政分权政策研究》，人民出版社，2002年。

孙开：《多级财政体制比较研究》，中国经济出版社，1999年。

苏明：《财政理论研究》，中国审计出版社，2001年。

唐朱昌编《新编公共财政》，复旦大学出版社，2004年。

魏杰、于同申：《现代财政制度通论》，高等教育出版社，第1版，1998年。

许纯祯编《西方经济学》，高等教育出版社，2001年。

叶振鹏、张馨编《公共财政论》，经济科学出版社，1999年。

张晏：《分税制下的财政政策与经济增长》，上海人民出版社，2005年。

〔美〕阿吉翁等：《内生增长理论》，陶然等译，北京大学出版社，2004年。

〔印〕阿马蒂亚·森：《以自由看待发展》，中国人民大学出版社，2003年。

〔美〕阿维纳什·K. 迪克西特：《经济政策的制定：交易成本政治学的视角》，中国人民大学出版社，2004年。

〔美〕安东尼·唐斯：《官僚制内幕》，中国人民大学出版社，2006年。

〔日〕大政川三等：《日本的财政》，创成社，2000年。

〔美〕丹尼尔·W. 布罗姆利：《经济利益与经济制度——公共政策理论基础》，上海三联书店、上海人民出版社，2006年。

〔德〕赫尔穆特·沃尔曼：《德国地方政府》，北京大学出版社，2005年。

〔德〕柯武刚、史漫飞：《制度经济学——社会秩序与公共政策》，商务印书馆，2002年。

〔美〕米尔顿·弗里德曼、罗丝·弗里德曼：《自由选择》，机械工业出版社，2008年。

〔美〕保罗·萨缪尔森、威廉·诺德豪斯编《经济学》，中国发展出版社，1995年。

〔比〕热若尔·罗兰编《转型与经济学》，北京大学出版社，2002年。

〔英〕斯蒂芬·贝利：《地方政府经济学：理论与实践》，北京大学出版社，2006年。

〔美〕庄宗明：《中国经济转型》，中国人民大学出版社，2005年。

2. 期刊

程远光：《论市场经济下的公平与效率》，《社会科学辑刊》2003年第3期。

陈工：《完善分权制财政体制改革的基本思路》，《财政研究》2007年第8期。

陈健：《财政联邦制、非正式财政与政府债务——对中国转型经济的规范分析》，《财经研究》2007年第2期。

陈抗、Hillman、顾清扬：《财政集权与地方政府行为变化——从援助之手到攫取之手》，《经济学（季刊）》2002年第1期。

杜卫华：《经济增长会带来生活质量的提高么》，《上海经济研究》2005年第6期。

方晓利、周业安：《财政分权理论述评》，《教学与研究》2001年第3期。

冯健身、刘玲玲：《加快政府间转移支付立法》，《财政研究》2006年第8期。

傅勇、张晏：《中国式分权与财政支出结构偏向：为增长而竞争的代价》，《管理世界》2007第3期。

高培勇：《在推进改革中转向"稳健"》，《税务研究》2005年第1期。

郭冬梅：《日本近代地方财政制度的形成》，《现代日本经济》2007年第3期。

郭庆旺、吕兵洋：《分税制改革与税收快速增长：基于分权契约框架的分析》，《税务研究》2006年第8期。

郭旭新：《经济转型中的财政分权化与经济稳定》，《经济社会体制改革》2007年第2期。

韩朝华、戴慕珍：《中国民营化的财政动因》，《经济研究》2008年第2期。

贾康、白景明：《县乡财政困难和财政体制创新》，《经济研究》2002年第2期。

孔善广：《分税制后地方政府事权非对称性及约束激励机制变化研究》，《经济社会体制改革》2007年第1期。

李淑霞、苗裴：《日本财政分权与经济增长》，《现代日本经济》2007

年第4期。

李红坤：《公地的悲剧：国有经济效益滑坡的一种产权解释》，《财经科学》2003年第5期。

林毅夫、刘志强：《中国的财政分权与经济增长》，《北京大学学报（哲学社会科学版）》2000年第4期。

刘穷志：《公共支出归宿：中国政府公共服务落实到贫困人口手中了吗？》，《管理世界》2007年第4期。

刘树成、张晓晶：《中国经济持续高增长的特点和地区间经济差异的缩小》，《经济研究》2007年第10期。

刘尚希：《中国财政风险的制度特征："风险大锅饭"》，《管理世界》2004年第5期。

刘晓路：《财政分权与经济增长：第二代财政分权理论》，《财贸经济》2007年第3期。

刘银喜：《财政联邦主义视角下的政府间关系》，《中国行政管理》2008年第1期。

陆铭、陈钊、严冀：《收益递增、发展战略与区域经济的分割》，《经济研究》2004年第1期。

马栓友、于红霞：《转移支付与地区经济收敛》，《经济研究》2003年第3期。

倪红日：《对中国政府间财政关系现状的基本判断和发展趋势分析》，《经济社会体制改革》2007年第1期。

潘屹：《论中国国家福利的重构》，《经济社会体制改革》2007年第2期。

平新乔：《中国地方政府支出规模的膨胀趋势》，《经济社会体制改革》2007年第1期。

邵学峰：《财政转型下的公共投资结构分析》，《吉林大学社会科学学报》2007年第5期。

邵学峰：《以公平促进效率：科学发展观指导下的税收理念》，《江汉论坛》2006年第7期。

邵学峰：《财政风险：根源、影响及防范》，《学习与探索》2007年第

2 期。

沈坤荣、付文林：《中国的财政分权制度与地区经济增长》，《管理世界》2005 年第 1 期。

沈坤荣、付文林：《税收竞争、地区博弈及其增长绩效》，《经济研究》2006 年第 1 期。

史宇鹏、周黎安：《地区放权与经济效率：以计划单列为例》，《经济研究》2007 年第 1 期。

宋超、邵智：《中国财政转移支付规模问题研究》，《地方财政研究》2005 年第 1 期。

王小鲁、樊纲：《中国地区差距的变动趋势和影响因素》，《经济研究》2004 年第 1 期。

王小龙：《中国地方政府治理结构改革——一种财政视角的分析》，《新华文摘》2004 年第 17 期。

王文剑、覃成林：《财政分权、地方政府行为与地区经济增长——一个基于经验的判断与检验》，《经济理论与经济管理》2007 年第 10 期。

王文剑、覃成林：《地方政府行为与财政分权增长效应的地区性差异——基于经验分析的判断、假说及检验》，《管理世界》2008 年第 1 期。

王亚华、胡鞍钢：《从五大资本比较看中国经济追赶美国》，《经济社会体制比较》2007 年第 1 期。

王永钦、张晏、章元、陈钊、陆铭：《中国的大国发展道路——论分权制改革的得失》，《经济研究》2007 年第 1 期。

薛刚、曾祥、董红锋：《对我国政府间税收竞争的认识及规范》，《涉外税务》2000 年第 8 期。

严冀、陆铭：《分权与区域经济发展：面向一个最优分权程度的理论》，《世界经济文汇》2003 年第 3 期。

杨汝岱、朱诗娥：《公平与效率不可兼得吗？——基于居民边际消费倾向的研究》，《经济研究》2007 年第 12 期。

杨雷：《财政分权中非正式财政收入的膨胀及后果》，《上海财经大学学报》2004 年第 6 期。

姚洋、杨雷：《制度供给失衡和中国财政分权的后果》，《战略与管理》

2003 年第 3 期。

赵奉军：《收入与幸福关系的经济学考察》，《财经研究》2004 年第 5 期。

张军、傅勇、高远、张弘：《中国为什么拥有良好的基础设施?》，《经济研究》2007 年第 3 期。

张军：《分权与增长：中国的故事》，《经济学（季刊）》2007 年第 1 期。

张澍：《财政联邦主义理论的新发展》，《财经科学》2004 年第 5 期。

张晏、龚六堂：《地区差距、要素流动与财政分权》，《经济研究》2004 年第 7 期。

张晏、龚六堂：《分税制改革、财政分权与中国经济增长》，《经济学（季刊）》2005 年第 4 期。

张晏、夏纪军：《地区竞争与市场化进程的趋同性——中国是否会出现“一个国家，两种经济”》，《财经问题研究》2007 年第 4 期。

张志海：《财政分权、政治集权与经济增长——基于公共品投入信息不对称的博弈分析》，《世界经济情况》2007 年第 8 期。

张紧跟：《浅析协调政府间横向关系》，《云南行政学院学报》2003 年第 2 期。

周黎安：《晋升博弈中政府官员的激励与合作——兼论中国地方保护主义和重复建设问题长期存在的原因》，《经济研究》2004 年第 6 期。

周黎安：《中国地方官员的晋升锦标赛模式研究》，《经济研究》2007 年第 7 期。

〔美〕阿萨德·阿拉姆、〔德〕马克·辛德伯格：《十年财政转型》，庞娟译，《社会经济体制比较》2007 年第 3 期。

英文文献

1. 书籍

Arrow, Kenneth J., *Social Choice and Individual Value* (New York: Wiley, 1951).

C. V. Brown, P. M. Jackson, *Public Sector Economics* (Blackwell Ltd., 2000).

Marco, Antonio De Viti., *First Principles of Public Finance* (New York, 1936).

Musgrave, *The Theory of Public Finance* (New York: McGraw - Hill, 1959).

Nelson, Richard R. and Winter, Sydney G., *An Evolutionary Theory of Economic Charge* (Cambridge, Mass.: Belknap Press, 1982).

Niskanen, William A, Jr., *Bureaucracy and Representative Government* (Chicago: Aldine, 1971).

Oates, Wallace E., *Fiscal Federalism* (New York: Harcourt Brace Jovanovich, 1971).

Rosen, Harvey S., *Public Finance* (McGRAW Hill International Edition Press, Ⅶ, 2005).

Ricard W. Tresch., *Public Finance* (Business Publication. Inc., 1981).

Schmidt, K., *The Cost and Benefits of Privatization: An Incomplete Contracts Approach* (Mimeo, University of Bonn, 1995).

Shirk, S., *The Political Logic of Economic Reform in China* (Berkeley: University of California Press, 1993).

2. 期刊

Akai N., Sakata M., "Fiscal Decentralization Contributes to Economic Growth: Evidence from State - Level Cross - Section Data for the United States", *Journal of Urban Economics* 52 (2002).

Baicker, K., "The Spillover Effects of State Spending", *Journal of Public Economics*, 89 (2005).

Bewely, T., "A Critique of Tiebout's Theory of Local Public Expenditures", *Econometrica* (1982).

Blanchard, O., and A. Shleifer, "Federalism with and without Political Centralization: China versus Russia", *MIT Working Paper*, 00215 (2000).

Bromley, Daniel W., "Resources and Economic Development: An Institutional Perspective", *Journal of Economic*, Issues 19 (1985).

Buchanan, J. M., "An Economic Theory of Clubs", *Economica*, 31 (1965).

Besley and Case, "Incumbent Behavior: Vote - seeking, Tax - setting, and Yardstick Copmetition", *American Economic Review*, 85 (1995).

Buchanan, James M. and Charles J. Goetz., "Efficiency Limits of Fiscal Mobility: An Assessment of the Tiebout Model", *Journal of Public Economics*, 1 (April 1972).

Buchanan, James M., "A Contractarion Paradigm for Applying Economics", *American Economics Reviews*, No. 5 (1975).

Cai, Hongbin and Daniel Treisman, "Does Competition for Capital Discipline Governments Decentralization, Globalization and Public Policy", *American Economic Review*, 95, 3 (2005).

Era Dabla - Norris, "The Challenge of Fiscal Decentralization in Transition Countries", *Comparative Economic Studies*, 48 (2006).

Field, Alexander James, "On the Explanation of Rules Using Rational Choice Models", *Journal of Economic*, Issues 13 (1979).

Fischel, William, "Public Goods and Property Rights: Of Coase, Tiebout, and Just Compensation", *The Economics and Law of Property Rights Conference held at the Hoover Institution*, *Stanford*, *CA*, May 15 (2000).

Hamilton, Bruce, "Zoning and Property Taxation in a System of Local Governments", *Urban Studies*, 12 (June 1975).

Jin Hehui, Qian Yingyi, Weingast Barry. "Regional Decentralization and Fiscal Incentives: Federalism, Chinese Style", *Journal of Public Economics*, Vol. 89 (9 - 10) (2005).

Li, Hongbinand Li - an, Zhou, "Political Turnover and Economic Performance: the Incentive Role of Personnel Control in China", *Journal of Public Economic*, 89 (2005).

Lin, J. Y. and Z. Liu, "Fiscal Decentralization and Economic Growth in China", *Economic Development and Cultural Change*, 49 (1) (2000).

Martinez - Vazquez, Jorge and R. M. McNab, "Fiscal Decentralization and Economic Growth", *World Development*, 31 (2003).

M. Keen, and M. Marchand, "Fiscal Competition and the Pattern of Public Spending", *Journal of Public Economic*, Vol. 66 (1997).

Musgrave, Richard A., "The Voluntary Exchange Theory of Public Economy", *Quarterly Journal of Economics*, (February 1939).

Oates, Wallace E., "The Effects of Property Taxes and Local Public Spending on Property Values: an Empirical Study of Tax Capitalization and the Tiebout Hypothesis". *The Journal of Political Economy*, Vol. 77 (1969).

Oates, Wallace E., "Fiscal Decentralization and Economic Development". *National Tax Journal*, (1993).

Oates, Wallace E., "An Essay on Fiscal Federalism", *Journal of Economic Literature*, Vol. 37 (1999).

Oates, Wallace E., "Toward A Second – Generation Theory of Fiscal Federalism", *International Tax and Public Finance*, 12 (2005).

Persson, T., G. Roland, and Tabellini, "Comparative Politics and Public Finance", *Journal of Political Economy*, (2002).

Qian, Yingyi, and Chenggang Xu, "Why China's Economic Reform Differ: the M – Form Hierachy and Entry/Expansion of the Non – state Sector". *Economics of Transition*, 1 (2) (1993).

Qian, Yingyi, and Weingast, "Federalism as A Commitment to Preserving Market Incentives", *Journal of Economic Perspectives*, 11 (4) (1997).

Qian Yingyi and Gerard Roland, "Federalism and the Soft Budget Constraint". *American Economic Review*, Vol. 88, No. 5 (1998).

Rubinfeld, Daniel L., Shapiro, Perry and Roberts, Judith, "Tiebout Bias and the Demand for Local Public Schooling", *The Review of Economics and Statistics*, Vol. 69, Issue 3 (1987).

Rogowski, Ronald, "Globalization and Governance: Implications of Tiebout Models for a World of Mobile Factors", *Annual Meeting of American Political Science Association*, (2000).

Samuelson, Paul A., "The Pure Theory of Public Expenditures", *Review of Economics and Statistics*, XXXVI, No. 4 (November 1954).

Shah, Anwar and Qureshi, Zia, "Intergovernmental Fiscal Relations in Indonesia", *World Bank Discussion papers*, 239 (1994).

Stansel D, “Local Decentralization and Local Economic Growth: A Cross-Sectional Examination of US Metropolitan Areas”, *Journal of Urban Economics*, 57 (2000).

Tiebout, Charles M., “A Pure Theory of Local Expenditures”, *Journal of Political Economy*, Vol. 64 (1956).

Xie D, Zou H, Davoodi H, “Fiscal Decentralization and Economic Growth in the United States.” *Journal of Urban Economics*, 45 (1999).

Zhang, T. and Zou, H., “Fiscal Decentralization, Public Spending, and Economic Growth in China”, *Journal of Public Economics*, Vol. 67 (2) (1999).

索　引[*]

中（译）文人名索引

* 本索引涵盖了全书与财政分权有关的主要人名和关键词，部分相对不重要的人名和关键词未包括在内。

英文人名索引

关键词索引

后　记

一部著作就是一段人生的缩影。这部拙作，是我们在经历过去若干年中国制度变迁和体制改革之后的粗浅认识，也是这几年从事这项工作的一个小结。

常怀感恩之心是一种生活态度。这一研究主题的开展，得益于和北京大学姚洋教授的多次交流，他在研究框架、视角、方法等方面颇有见地，让我们大有醍醐灌顶之感。吉林大学李俊江教授在担任院长工作非常繁忙的情况下毫不吝惜时间和精力对我们给予关注和帮助，保证了这项工作的顺利完成。非常感谢吉林大学吴宇晖教授，他对科研工作和学术事业的热诚关怀与执著追求是我们积极工作的基石。这部书稿得以完成，离不开吉林大学谢地教授、齐平教授的大力推动和鼎力支持，衷心感谢吉林大学校领导和以社科处处长孙长智研究员为首的管理团队。在书稿撰写整理阶段，孙玉坤、王麟柯、赵洪亮、徐春宇和杨建军等同学付出卓有成效的艰苦努力。这部书得以出版发行，离不开出版社各位领导、编辑的辛苦与付出。

感谢本书中所有被引用文献的作者，感谢国内外从事相关研究工作或对此研究领域感兴趣的读者，也真诚希望得到你们的指导和建议。

作　者

2013 年 2 月 19 日

图书在版编目(CIP)数据

中国经济发展中的财政分权体制改革研究 / 邵学峰，张在茂著.
—北京：社会科学文献出版社，2013.7
（吉林大学哲学社会科学学术文库）
ISBN 978-7-5097-4509-0

Ⅰ.①中… Ⅱ.①邵… ②张… Ⅲ.①财政管理体制-经济体制改革-研究-中国 Ⅳ.①F812.2

中国版本图书馆CIP数据核字（2013）第072458号

·吉林大学哲学社会科学学术文库·
中国经济发展中的财政分权体制改革研究

著　　者 / 邵学峰　张在茂

出 版 人 / 谢寿光
出 版 者 / 社会科学文献出版社
地　　址 / 北京市西城区北三环中路甲29号院3号楼华龙大厦
邮政编码 / 100029

责任部门 / 经济与管理出版中心（010）59367226　　责任编辑 / 张　扬
电子信箱 / caijingbu@ssap.cn　　责任校对 / 杜若普
项目统筹 / 恽　薇　林　尧　　责任印制 / 岳　阳
经　　销 / 社会科学文献出版社市场营销中心（010）59367081　59367089
读者服务 / 读者服务中心（010）59367028

印　　装 / 北京鹏润伟业印刷有限公司
开　　本 / 787mm×1092mm　1/16　　印　　张 / 15.75
版　　次 / 2013年7月第1版　　字　　数 / 230千字
印　　次 / 2013年7月第1次印刷
书　　号 / ISBN 978-7-5097-4509-0
定　　价 / 59.00元